经济法论丛 JINGJIFA LUNCONG

中国与东盟发展相互投资的法律机制研究

呼书秀 ◎著

图书在版编目(CIP)数据

中国与东盟发展相互投资的法律机制研究/呼书秀著.——北京:北京大学出版社,2005.10
(经济法论丛)
ISBN 7-301-09796-4

Ⅰ.中… Ⅱ.呼… Ⅲ.投资-经济法-研究-中国、东南亚 Ⅳ.D922-290.4

中国版本图书馆 CIP 数据核字(2005)第 118546 号

书　　　名:中国与东盟发展相互投资的法律机制研究
著作责任者:呼书秀　著
责　任　编　辑:吕亚萍
标　准　书　号:ISBN 7-301-09796-4/D·1313
出　版　发　行:北京大学出版社
地　　　址:北京市海淀区成府路 205 号　100871
网　　　址:http://cbs.pku.edu.cn
电　　　话:邮购部 62752015　发行部 62750672　编辑部 62752027
电　子　信　箱:pl@pup.pku.edu.cn
排　版　者:北京高新特打字服务社　82350640
印　刷　者:三河新世纪印务有限公司
经　销　者:新华书店
　　　　　650 毫米×980 毫米　16 开本　16.75 印张　278 千字
　　　　　2005 年 10 月第 1 版　2005 年 10 月第 1 次印刷
定　　　价:26.00 元

未经许可,不得以任何方式复制或抄袭本书之部分或全部内容。
版权所有,翻版必究

序　言

当今时代,经济全球化和区域经济一体化已经成为一股不可抗拒的潮流。中国加入世界贸易组织标志着中国的对外开放进入了一个新的阶段,是中国进一步参与经济全球化进程的重要体现。与此同时,中国奉行"与邻为善、以邻为伴"和"睦邻、安邻、富邻"的周边外交政策。几年前,中国与东盟启动了中国—东盟自由贸易区的建设进程,致力于建立面向和平与繁荣的战略伙伴关系。去年11月,中国与东盟国家领导人签署《货物贸易协议》和《争端解决机制协议》。今年7月20日,双方就7000种税目产品全面降税,标志着双方合作将谈判成果付诸具体行动。自贸区服务贸易、投资合作的谈判也成为进行时。这股时代潮流为研究者开展"合于时济于事"的学术研究提供了许多前沿性课题和无限广阔的空间。其中,一个至关重要的领域——投资领域涉及的问题错综复杂:既有理论问题,又有实际问题;既有经济问题,又有法律问题。在法律问题中,既有投资法问题,又有其他法律问题;在投资法问题中,既有属于经济法范畴的涉外投资法问题,又有属于国际经济法范畴的国际投资法问题;在国际投资法问题中,既有双边投资规则,又有多边投资规则;在多边投资规则中,既有区域性投资规则,又有世界性投资规则。近年来,国内外学者对中国与东盟的投资问题进行了许多研究工作,有不少论著问世,取得了相当大的成绩,但是尚有不足。主要表现为:从经济学的角度论述的多,从法学的角度论述的不够;对单个国家论述的多,对中国与东盟国家进行综合研究的不够;从理论与实际的结合上、从经济法学与国际经济法学的结合上进行深刻论述的尚不多见。目前,在中外文献中,尚未发现学术水平较高的关于中国与东盟相互投资关系法律调整的著作。呼书秀博士独立完成的这部专著,以多学科、特别是经济法学和国际经济法学为视角,从理论与实际的结合上,对中国与东盟发展相互投资的法律机制进行了全面、系统、深入的论述。该专著选题重要、难度大、创新性强。可以说,这是一部填补空白的佳作。

这部专著之所以说它是一部佳作,首先是因为该专著的创造性研究成果突出。这集中表现为:作者第一个提出并论述了我国与东盟发展相互投资的法律机制是:"以利益作基础,以法律为保障;以博弈达协调,以合作求共赢。"具有独到的理论见解。与此同时，作者提出并论述了中国与东盟发展相互投资的八项新的对策建议，特别是创制《中国—东盟自由贸易区投资协定》的立法建议。其次，该专著研究方法得当。一部好的著作不仅要有大量可靠的材料作支撑，而且要求作者具有很强的驾驭材料的能力。呼书秀博士运用法律的经济分析、博弈分析、比较研究和实证研究等方法，对翔实的材料进行了深入的分析，说理清楚，能够做到用材料说明观点，以观点统率材料。再次，该专著结构合理，条理清晰，逻辑性强，写作规范，语言丰富、表达流畅。最后，该专著具有重要的理论意义和实用价值。作为学术著作不仅要有理论创新，而且要用创新的理论解决实践中提出的新的实际问题。应该说，呼书秀博士的这部专著在这两方面都作出了较大的贡献。

这部专著之所以能够成为一部佳作不是偶然的。在客观上，这是由于它适应了经济全球化和区域经济一体化的要求，适应了中国—东盟自由贸易区建设的要求，适应了中国与东盟发展相互投资的要求。在主观上，这是同该书作者善于学习、勤于思考、勇于创新分不开的，因而她在本门学科上掌握了坚实宽广的基础理论和系统深入的专门知识，独立从事科学研究的能力强。同时，这同作者在撰写专著的过程中，较好地发挥了她知识结构上的优势也是分不开的。具体来说，呼书秀在攻读博士学位期间，不仅完成了培养计划规定的学位课程，而且参加了北京大学开设的一些相关课程的学习，取得了优异成绩；她注重调查研究，善于在实践中学习；她积极从事科研工作，参加了《中国大百科全书》（第二版）经济法条目的撰写，发表了多篇学术论文；她学风严谨，撰写博士论文和专著下了很大功夫；她学习研究经济学多年，对经济学的许多问题具有独立的思考和见解；她从事国际投资工作多年，积累了投资工作的丰富经验；她当过记者，在国外学习、工作多年，中外文功底扎实。

呼书秀博士的这部专著是以她的博士论文为基础的。她的博士论文在答辩时被各位教授一致推荐为优秀论文。在形成此专著时，作者又作了补充修改，得到了进一步完善。但是，它所涉及的有些问题尚需进一步深入研究。事物在发展，时代在前进，实践中将不断提出新的理论问题和实际问题等待人们去研究、去解决。作为呼书秀的博士生导师，我对她取得的成绩表示由衷的赞赏；同时，希望她再接再厉，在未来的学术研究中取得更大的成就！

杨紫烜

2005 年 9 月于北京大学法学楼

前　　言

《中国与东盟发展相互投资的法律机制研究》一书,是在笔者博士学位论文的基础上,增加了新的内容,扩展后完成的。其内容为经过法律博弈建立合作型法律机制,达到协调相互直接投资关系的目的。它属于正在进行中的中国—东盟自由贸易区建设的重要组成部分。

一、选题的背景

(一)经济全球化和区域经济一体化

从20世纪末叶起,经济全球化和区域经济一体化逐渐成为当今世界经济发展的两大潮流。国际货币基金组织于1997年提出:"全球化是指跨国商品和服务交易及国际资本流动规模和形式的增加,以及技术的广泛迅速传播,使世界各国经济的相互依赖性增强。"[1]这一界定是较为权威的。中国学者进一步指出:"所谓经济全球化(Globalization),是指商品、服务、生产要素与信息的跨国界流动的规模与形式不断增加,通过国际分工,在世界市场范围内提高资源配置的效率,从而使各国间经济相互依赖程度日益加深的趋势。"[2]1995年取代关税与贸易总协定(GATT)而正式成立世界贸易组织(WTO),即是经济全球化的突出表现。WTO以其强制而又不失灵活的多边贸易体制和国际市场规则推动经济全球化的发展。

客观地考察,经济全球化是一把双刃剑。广大发展中国家在从经济全球化中获得一定益处的同时,也承受着极大的风险。马来西亚前总理马哈蒂尔说得非常深刻:"全球化的到来,并不意味着我们应该坐在那儿,眼巴巴地看着掠食者把我们摧毁。"[3]中国的立场是十分明确的,即我们要"推动经济全球化朝着有利于共同繁荣的方向发展"[4];努力避免和消除某些发达国

---

[1] 国际货币基金组织(IMF):《世界经济展望》,中国金融出版社1997年版。
[2] 吴欣:《融入经济全球化潮流》,载《人民日报》2000年2月1日第1版。
[3] 马哈蒂尔:《全球化与新的现实(演说词选辑)》,2002年版。
[4] 胡锦涛:《在邓小平同志诞辰100周年纪念大会上的讲话》(2004年8月22日)。

家利用经济全球化所导致的不公平的国际经济秩序。

经济全球化涉及的关系极其复杂,其目标实现存在相当的难度,较为容易推行的则是区域经济一体化。所谓区域经济一体化,是指商品、服务、生产要素与信息在区域内的逐步自由流动,从而使该区域内各成员国经济贸易的联系更加密切的趋势。WTO秘书处1995年的一份研究报告指出,区域协议允许一部分国家谈判规则和承诺,超过了在当时情况下多边谈判所能达到的程度。作为一种特殊的例外,1994年"乌拉圭回合"通过的GATT第24条允许建立区域贸易安排,但必须符合某些严格的标准。尤其重要的是,这些安排应该帮助贸易在(区域)集团内国家间自由流动,不增加对集团外国家的贸易壁垒。换言之,区域一体化应该是多边贸易体制的补充,而不应对其构成威胁。该份报告的结论说:"……实际程度比人们认识到的要大得多,区域一体化进程和多边一体化进程在追求更加开放的贸易方面是互补的,而不是相互替代。"① 如今,全球的区域贸易协定数以百计,区域经济组织日渐增多,而且成员之间相互交叉,其业务范围也远远超出了传统"贸易"领域。

全球化、一体化都只是相对的概念,而且是动态的概念。西方学者曾作过相当广泛的定义:"我们建议将经济一体化定义为既是一个过程(a process),又是一种状态(a state of affairs)。就过程而言,它包括采取种种措施消除各国经济单位之间的歧视(discrimination);就状态而言,则表现为各国间各种形式的差别的消失。"② 这段言论中,关于"过程"与"状态"的概括,基本符合国际经济合作和区际经济合作的发展规律。

(二) "10+1"合作

中国和东盟国家在考虑自己的发展时,都顺应时代的潮流,一方面积极加入经济全球化进程,另一方面又积极推动本地区经济合作。东盟10国中,6个创始成员国——印度尼西亚、马来西亚、菲律宾、新加坡、泰国和文莱以及4个新成员中的缅甸、柬埔寨均已成为WTO成员;老挝、越南正处在争取加入的过程中。中国已于2001年正式加入WTO。

---

① 世界贸易组织秘书处编:《贸易走向未来(世界贸易组织概要)》,法律出版社1999年版,第81—82页。

② Bela A. Balassa, *The Theory of Economic Integration*, London, George Allen and Unwin LTD. 1965, p.1.

1992年，成立25年之后的东盟决定建立东南亚自由贸易区(AFTA)，这是对以往各种经济合作方式的综合提升。迄至2003年，AFTA在东盟6个老成员国之间基本建成，并拟于2010年全面实现零关税的目标；至于4个新成员国，则推迟到2015年(部分敏感产品的零关税还可延至2018年之前实行)。除此之外，东盟还有一个重要的联合动作，即1998年签署了《东盟投资区框架协议》(2001年作了修改)，决定将在2010年建成一个具有竞争力的东盟投资区，到2020年实现东盟地区投资自由化的目标。

中国在加入WTO的同时，于2001年11月与东盟10国形成共识，双方决定在10年内建立中国—东盟自由贸易区(CAFTA)，即"10+1"合作框架。这是中国首次同其他国家或国家联盟达成区域性自由贸易安排。上述两项重大的战略举措，一是参与经济全球化，一是参与区域经济一体化，将中国的对外开放推进到一个新的阶段。

2002年11月，中国与东盟10国签署了具有前瞻性的《中国与东盟全面经济合作框架协议》，以构筑双方在21世纪更紧密的经济联系。其中，包括确定"相互投资"为5个优先加强合作的领域之一，并明确地提出"促进投资并建立一个自由、便利、透明并具有竞争力的投资体制"、"逐步实现投资机制的自由化"的目标。

2003年10月，中国与东盟各国领导人签署《联合宣言》，宣布建立"面向和平与繁荣的战略伙伴关系"，这是对中国与东盟关系作出的新定位。其中，强调确保在2010年前顺利建成中国—东盟自由贸易区；提出进一步深化"相互投资"等5个重点领域的合作。

为了全面实施《中国与东盟全面经济合作框架协议》，中国与东盟各国自2003年起，就货物贸易、服务贸易和投资等领域开始进行具体的谈判。一般说来，国际上的贸易谈判比投资谈判会要顺利一些，因为投资谈判涉及的问题更为复杂。事实正是这样。2004年11月，中国与东盟达成了货物贸易协议和争端解决机制协议；下一步的重要工作是，在切实落实上述两个协议的同时，加快服务贸易谈判和投资谈判。自2003年起，历时1年多的投资谈判已取得一定进展。但对产业开放、国民待遇等涉及投资自由化的问题上，尚存在一些分歧。中国与东盟各国原则上都赞同投资自由化、便利化，然而，是一步到位地、全面地推行投资自由化，还是逐步地、分层次地推进投资自由化，则需要冷静的分析和周密的策划，即从实际出发，考虑各国的基础、需要和可能，考虑中国与东盟各国的共同利益和本地区的共同目标。这里，难免存在差异，要求进行协调。协调的基本途径就是通过谈判，消除分歧,取得共识,谋求共赢。

经济全球化的浪潮,"10+1"的合作框架,以及在这一框架下的投资谈判与投资实践,构成了本书研究建立中国与东盟发展相互投资法律机制问题的背景。

二、研究的意义

(一) 实践意义

首先,这是一个实践性的课题,属于跨国的或国际的直接投资领域的法律问题。

国际投资,按照投资方式,可分为直接投资与间接投资。其中,"国际直接投资是指一国的投资者将资本用于他国的生产或经营,并掌握一定经营控制权的投资行为。它是资本要素国际流动的主要方式之一。"① 而"国际间接投资是指投资者不参加企业经营管理,也不享有企业的控制权或支配权,而仅以其持有的能提供收入的股票或证券进行的投资。……所以,直接投资与间接投资的区别,实质上是集中在对企业有无管理权或控制权这一问题上。"② 例如,印度尼西亚1967年制定的第一部外国投资法,对外国投资所下的定义是:"外国投资是指外国资本所有者,以在印度尼西亚进行企业经营为目的,根据本法直接投资并直接承担风险。"又如,越南2000年修改补充合成版《外国投资法》宣称,该法对外国在越南直接投资作出规定。本书仅限于研究外国直接投资(FDI)。中国—东盟自由贸易区的建设,即是创立了一个FDI的重要平台。

中国与东盟的相互投资实践,可从以下两个方面进行分析:

一是投资关系。如以主体划分,有国家(政府)与国家(政府)之间的关系、国家(东道国、投资者母国)与投资者之间的关系、投资者与东道国合营者或合作者之间的关系。如以内容考察,有外资进入与退出、外商投资企业经营管理等诸多具体关系。

二是投资规则。如以主体划分,有世界性的规则、区域性的规则、双边

---

① 李岚清主编:《中国利用外资基础知识》,中共中央党校出版社、中国对外经济贸易出版社1995年版,第13页。

② 余劲松、吴志攀主编:《国际经济法》,北京大学出版社、高等教育出版社2000年版,第198页。

性的规则、各国单边性的规则。如以内容考察,有促进(鼓励)的规则、保护的规则、监管的规则。

目前,中国与东盟之间的"投资关系"并未完全理顺,"投资规则"并未充分协调,特别反映在如何把握投资自由化、便利化的进程上尚未达成共识,这些是不能回避的现状。适应发展需要,针对现存问题,从经济与法律的结合上提出对策性建议,谋求中国与东盟之间建立自由、便利、透明而富有竞争力的相互投资机制,即为此项研究的实践意义。

（二）理论意义

其次,这又是一个理论性的课题,既属于经济法学中的涉外经济法学领域,又属于国际经济法学领域。

中国与东盟的相互投资既然是跨国投资,这类关系同时要受国内法和国际法的调整。就国内法而言,"任何一国的涉外经济法都没有当然的域外效力,但是当外国的企业、其他经济组织或者个人承认并愿意按照某国的涉外经济法进行交往时,该国的涉外经济法就会发挥其作为国家协调本国涉外经济运行之法的功能,为涉外经济的正常运行提供法律保证。"[①]这即是本书研究涉及的第一个具体学科——经济法学的涉外部分,主要是涉外投资部分。就国际法而言,它对相关国家均具有法律效力。这即是本书研究涉及的第二个具体学科——国际经济法学,主要是跨国投资部分。在这里,"涉外投资"与"跨国投资"两个概念是重合的。本书的研究目标在于,对中国与东盟双方在投资交往中的法律问题作一个整合性研究,力图探索相互投资法律调整的规律性,在理论上对经济法学(尤其是涉外投资法学部分)及国际经济法学(尤其是国际投资法学部分)有所拓展。单一地研究国内意义上的经济法,或者只是研究国际意义上的经济法,难以实现此种意图。

区域经济一体化条件下成员国之间发展相互投资的法学理论具有许多特殊性。笔者设想,以经济法学一般理论为指导,以国内经济法学(含涉外经济法学)为基点,运用比较法研究等方法,将国内法与国际法结合起来进行整合性研究。这种整合性研究将会得出一种规律性的认识:从经济协调的要求出发,经过法律博弈过程,形成法律协调的直接结果,最终达到经济协调的目标。本书的理论贡献就在于,提出并论证了通过合作型法律博弈

[①] 呼书秀:《应对全球化挑战的中国涉外经济法》,载《经济法制论坛》2003年第2期,第24—25页。

以建立合作型投资法律机制。

实践是理论的基础,而理论又转过来为实践服务,作为实践的指导。前述中国与东盟之间"理顺投资关系"、"协调投资规则"的实践,如能提升为上述相应的投资法学理论,并在实践中加以运用和检验,必能进一步发展这种理论。

通过对区域经济一体化下的相互投资合作机制提供论证,力图推进经济法理论(特别是涉外投资法理论),即为此项研究的理论意义。

综上所述,本书的研究目标有二:一是解决现实问题,二是提出理论依据。两者相互联系。

三、本书的主要内容

《中国与东盟发展相互投资的法律机制研究》一书,其内容为探讨经过法律博弈建立合作型法律机制,达到协调相互投资关系的目的。它属于正在进行中的中国—东盟自由贸易区建设的重要组成部分。

全文分为导言、本论、结语。

(一) 导言部分

导言中,首先提出本书研究的背景和意义;继而对国内外相关文献进行综述;在此基础上,着重阐述本书的基本思路,包括中心思想、理论指导、基本框架和分析方法。导言初步提出本书的核心理论——围绕解决引资与投资这一矛盾,通过合作型法律博弈以建立合作型投资法律机制。导言确定本项研究的定位为应用法学,表明本书将立足于解决中国与东盟相互投资关系中的现实问题而逐步推进。

(二) 本论部分

又可分为总论和分论两大板块。总论包含2章,即全文的第一、二章。

第一章,建立相互投资法律机制问题的提出。本章指出,之所以要研究建立中国与东盟发展相互投资的法律机制,是基于两大现状——投资进展的现状,相应法律调整的现状;是为了满足三个需要——发展相互投资的需要,协调相互利益的需要,提供制度保障的需要。换言之,不完备、不协调的原有法律调整机制跟不上形势的要求,必须改进和革新,这就是提出建立合作型投资法律机制的动因。

第二章,相互投资法律博弈的理论分析。发展中国与东盟之间的相互投资关系,必须建立合作机制;而这种合作机制,又必须通过合作型法律博弈方能实现。本章作为基本理论分析框架,探讨和揭示合作型法律博弈的理论基础和现实基础,它的诸要素如何由主体的战略行为有机组合,并采用合适的路径促使投资合作机制得以形成。

分论包含 4 章,即全文的第三、四、五、六章。

第三章,投资促进的法律博弈。本章着重从投资自由化、便利化的要求出发,分析中国与东盟在鼓励相互投资过程中,就外资准入、投资待遇等方面所发生的法律博弈,并据此提出完善促进投资机制的 4 项具体对策性建议。

第四章,投资保护的法律博弈。本章着重分析中国与东盟在保护相互投资过程中,就外商投资政治风险的防范和化解以及解决纠纷等方面所发生的法律博弈,并据此提出完善保护投资机制的 2 项具体对策性建议。

第五章,投资监管的法律博弈。本章着重分析中国与东盟分别作为东道国、投资者母国在管理外来投资和向海外投资过程中所发生的法律博弈,并据此提出完善投资监管机制的 2 项具体对策性建议。

第六章,在"10 + 1"框架下创制投资共同规则的建议。在前述三章依次探讨鼓励、保护、监管三种投资法律机制的基础上,本章将考察的视角集中到中国—东盟自由贸易区即"10 + 1"合作框架之内,研究今后相互投资运行机制如何进一步发展。为此,论文提出创制《中国—东盟自由贸易区投资协议》的建议方案,并进行了初步的设计。这项综合性的对策,将鼓励、保护、监管三种机制合为一体。这种合作型投资法律机制的集中表现,既是以往合作型法律博弈的重大成果,又将成为今后相互投资重复博弈的基本指南。

通过以上 6 章的安排,本论部分列出了中国与东盟在相互投资领域所面临的机遇与挑战,揭示了解决现实问题的理论基础,提出了以促进投资为目标和重点的解决现存问题的实际对策。

(三) 结语部分

结语概括了以涉外投资法为中心的该项研究的基本结论、创新之处及存在的问题和继续努力的方向。

四、相关研究概况

(一) 现有研究达到的基本共识

改革开放和现代化建设,是中国学者关注的热点。中国—东盟自由贸易区构想提出之后,学者们对此领域进行了许多研究工作,出现了一批初步成果。关于中国与东盟相互投资关系,大体上解决了以下几个问题:

第一,对中国与东盟相互投资现状的评估。认为中国与东盟之间相互投资已有了一定进展,但投资总量不大,而且中国对东盟的投资还少于东盟对中国的投资,因而整体上尚未能尽如人意。

第二,对中国与东盟发展相互投资的必要性和重要性的认识。认为东南亚国家是中国企业到海外投资的重要地区之一;而中国内地巨大的市场和投资机会对东盟国家的经济发展亦具有重大的促进作用。进一步发展中国与东盟之间的投资关系至关重要。

第三,对中国与东盟发展相互投资的可行性的分析。认为中国与东盟之间经济的互补性与竞争性同时存在,虽然不可避免地会发生一些矛盾,但合作才能双赢、共赢;应当继续共同努力,进一步促进平等互利的、合作型的贸易投资关系。

第四,对中国、东盟发展相互投资的困难、障碍及改进办法的研究。认为中国、东盟之间发展相互投资关系还存在某些政策上、法律上的不完备和实际交往中的不协调,因而必须进一步提供制度保障和工作配合。

以上简单概括了相关研究文献中已达到的基本共识。但要解决相互投资中的实践问题,则比这种理论上、学术上的共识复杂得多、困难得多。

(二) 现有研究状况的不足

首先,需要指出,目前中外文献中,尚未发现关于中国与东盟相互投资关系法律调整的理论专著。因此,笔者选择本项研究课题时,希望能够在这一领域有所贡献。

其次,分析上述列举的文献,就中国与东盟相互投资关系问题而言,从总体研究上来看还存在以下不足之处:

第一,目前国内外学术界及实际工作部门对中国与东盟之间的投资关系,从经济上论述得多些,而从法律上论述得少些;对单方(单个国家)分别论述得多些,而对双方综合论述得少些。

第二,对涉及中国与东盟之间相互投资的多种法律制度因素的交互作用问题研究不够。

第三,对中国与东盟双方投资政策、法律的平衡协调问题研究不够。

概括起来,就是制度或机制的综合性、交互性、平衡性三个方面的问题,而这正是需要突破和推进的领域。

一般来说,一种理论研究必须了解已有的思想材料,不能割断这种研究同先前的思想成果之间的联系,虽然理论的来源归根到底深藏于社会的现实之中。但是,理论研究的原创性,又要求不能仅仅停留在前人的思想成果上,必须有所发展、有所前进。所以,本书对前述研究文献,一方面注意吸收其精华,另一方面力求向前推进。

五、基本思路与框架结构

(一) 基本思路

本书的基本思路是沿着提出问题、分析问题、解决问题的线索进行。即,从经济(投资)问题出发,进行法律上的论证分析,又回到经济(投资)问题上来。立足引资与投资之间互动关系这一主线,把握现实针对性,形成关于在区域经济一体化条件下,通过合作型法律博弈,建立合作型投资法律机制的新见解。

本书切入点为:分析中国与东盟相互投资关系的现状及发展趋势,突出点明投资领域因法律规制不完备和不协调而影响到投资利益的创造和分配的问题。针对上述不完备、不协调的问题进行分析研究,如何使之更完备、更协调。

(二) 总体结构

全书包括导言、本论、结语三大部分,主要内容为本论。

导言,即把本书需要作的研究工作引导出来。为什么选这个题?国内外对这一领域研究状况如何?本书的研究打算怎样进行?这就是导言的内容。

本论又分总论和分论。其中,总论共2章:一是问题的提出;二是相互投资法律博弈的理论分析。这两章为其后的对策研究作铺垫与指导。分论共 4 章:一是投资促进的法律博弈;二是投资保护的法律博弈;三是投资监管的法律博弈;四是在"10 + 1"框架下创制投资共同规则的建议。这四章具体分析问题,提出解决对策。

结语概括了本书得出什么结论,有何创新之处,以及存在的问题和继续努力的方向。

全书重点所在为第二章和第六章。第二章,理论上的,即基本的指导思想;第六章,实践上的,即集中的对策建议。从理论上的重点进而发展到实践上的重点。

本题目研究存在一定的难度。主要是:对中国与东盟相互投资法律适用的实际状况及对投资利益的创造和分配造成的影响的评估;对创制投资共同规则的认同及各方立场的协调。

虽然有很大难度,但进行本课题研究仍是具有可行性的:(1) 中国与东盟相互投资已有一定基础,并正在进一步发展,这是指社会条件;(2) 经济学、法学等方面已有相当多的思想材料可供参考,这是指理论基础;(3) 笔者在东南亚和中国内地、香港、澳门特别行政区学习、工作过,且具有国际投资的实践经历,收集资料亦较为方便。

六、理论指导与研究方法

(一) 理论指导

1. 经济学方面

经济学和国际经济学的一般原理在国际投资实践中的应用,笔者认为,主要有以下几点:

第一,国际分工。社会生产力发展到一定阶段,就会超越国界,资本的国际流动即是一种重要的国际分工。发展涉外投资,既反映了各国经济上的相互联系,又体现了各国经济的相互依存。

第二,投入产出。用最小的支出获得最大的收益,国际投资同样奉行这条经济学的交易成本规则。

第三,经济竞争。商品经济、市场经济运行必须遵循价值规律,而价值规律的最终实现取决于经济竞争,投资领域亦是如此。

第四,比较优势。各国利用外资都要发挥自己的比较优势,尤其是发展中国家。中国与东盟国家应当实行优势互补。在中国方面,比较优势主要有市场、技术力量、部分自然资源和劳动力。在一些东盟国家,资源、技术力量、管理水平和劳动力以及宽松的融资、外汇体制更显比较优势。

2. 法学方面

法理学、经济法学、国际经济法学、国际私法学和比较法学的一般原理在国际投资实践中的应用,笔者认为,主要有以下几点:

第一,效率与公平。这是经济学、也是法学面对的一对基本矛盾。正如《中国与东盟全面经济合作框架协议》和中国与东盟各国分别签订的双边投资协议中所指出的,一方面要提高经济效率,另一方面要坚持平等互利。

第二,诚信与法制。维持市场经济秩序,包括国际投资秩序,既要讲法制,又要讲信用。2003年的《世界经济发展宣言》(珠海宣言)道出了国际有识之士的共同心声:"诚信与法制是竞争的基础和保障。"①

第三,比较与合作。比较是认识事物的基本方法和开展合作的基本前提。各国有各国的法律制度,借助比较法研究的方法,才能知己知彼,达成共识,加强合作。

第四,避免冲突与解决冲突。按照现代国际私法学的观念,调整涉外民商事关系,一种方法是间接调整,即适用冲突法规范,以寻求如何解决法律冲突;另一种方法是直接调整,即适用统一实体法规范,以避免或消除法律冲突。② 国际投资领域遇到多样化的法律结构,同样面临"避免法律冲突"与"解决法律冲突"的问题。

说到底,对本研究课题的认识还得回到对经济法、国际经济法的基本理解上。一种有代表性的意见是:"经济法是调整在国家协调本国经济运行过程中发生的经济关系的法律规范的总称。""国际经济法,是调整在两个以上国家共同协调国际经济运行过程中发生的经济关系的法律规范的总称。"③ 不论学术界存在多少种表述或见解,经济法主张的"国家出面"、"依法协调"或"依法干预"、"依法管理"等乃为实践所见证。

3. 本书的核心理论——围绕解决引资与投资这一矛盾,通过合作型法律博弈建立合作型投资法律机制

博弈实质上即是对策。解决前述"不完备"、"不协调"的问题,有赖于

---

① 《世界经济发展宣言》(珠海宣言),载《人民日报》2003年11月7日第4版。
② 韩德培主编:《国际私法》,高等教育出版社、北京大学出版社2000年版,第4、91页。
③ 杨紫烜主编:《经济法》,北京大学出版社、高等教育出版社1999年版,第35页;杨紫烜主编:《国际经济法新论——国际协调论》,北京大学出版社2000年版,第96页。

相应的对策。我们需要采取什么样的对策呢？可以是非合作型的,也可以是合作型的。毫无疑问,在中国与东盟之间进行的引资与投资过程中,应当采取合作型的对策。其论据有三：

第一,和平与发展是当今世界的主题与潮流。

第二,中国主张同亚洲各国共创亚洲振兴的新局面。其中,在经济方面,中国与亚洲各国要"形成互利、互补、互助的新型合作关系"①。中国现时大力弘扬的"科学发展观"中关于"统筹国内发展和对外开放"的要求,体现的即是这种"新型合作关系"的思想。

第三,中国与东盟签署的《全面经济合作框架协议》和中国与东盟领导人签署的《联合声明》,达成了"构筑双方在21世纪更紧密的经济联系"和"在21世纪全面深化和拓展中国与东盟的合作关系"的共识。

关于通过合作型法律博弈形成投资合作机制、经过法律协调最终实现经济协调（投资协调）的原理,本书第二章将会着重阐述。

（二）研究方法

本书拟运用以下几种研究方法：

法律的经济分析。自20世纪中叶以来,西方一些经济学家和法学家开始致力于法律的经济分析,出现了"法律经济学"、"法经济学"、"经济与法"等概念和著述。法律的经济分析运用经济学的理论和方法阐述法律现象——原理、规则与争议处理,虽然兼具经济学和法学的跨学科性,但主要倾向仍是经济学。正如波斯纳所指出的："经济学的考察能使法学研究重新致力于对法律作为社会工具的理解,并使法律在这方面起到更有效率的作用。"②本书对如何完善、如何协调、如何适用有关投资的法律亦当采用经济分析的方法,既作定性分析,又作定量分析,并努力将定性分析与定量分析结合起来。

法律的博弈分析。博弈是社会生活中广泛、普遍存在的现象,只不过人们的认识与行动自觉或不自觉罢了。竞争就是博弈,对策就是博弈。对引资与投资这一互动行为的考察,科学的方法中包含博弈分析。博弈理论是

---

① 胡锦涛：《中国的发展 亚洲的机遇——在博鳌亚洲论坛2004年年会开幕式上的演讲》(2004年4月24日)。

② 理查德·A.波斯纳：《法律的经济分析》,蒋兆康译,中国大百科全书出版社1997年版,"作者序言"第2页。

法学重要的分析工具。正如博弈理论对经济学的全面改造一样,博弈论也必将为法学研究注入新的血液。① 本书突出阐述并应用"合作型法律博弈"建立"合作型法律机制"的思想,从而对国际投资法律现象及其规律性增加一些动态的分析。

法律的比较研究。比较法,简言之,即法之比较。西方比较法学者认为:"全部比较法的方法论的基本原则是功能性原则。"② 本书拟比较在处理投资关系方面国际上和区域间的有关规范和做法、双边和单边的有关规范和做法,分析异同点,探讨规律性,然后在此基础上提出借鉴、改进的建议和加强合作的意见。

法律的实证研究。实,即真实;实证,指实际的证明。本书拟通过对国内外第一手资料包括个案、数据的搜集、整理,从客观存在的中国与东盟投资关系事实出发,通过这些事实的分析提出对策、办法来。

本书正是立足于谋求解决中国与东盟相互投资关系中的现实问题,而逐步推进的。

---

① 道格拉斯·G.拜尔、罗伯特·H.格特纳、兰德尔·C.皮克:《法律的博弈分析》,严旭阳译,法律出版社1999年版。
② K.茨威格特、H.克茨:《比较法总论》,潘汉典等译,法律出版社2003年版,第54页。

CONTENTS 目　录

第一章　建立相互投资法律机制问题的提出	1
第一节　相互投资关系及其法律调整的现状	1
一、相互投资关系及其进展	1
二、与投资相关的国内法规则的调整	5
三、与投资相关的国际法规则的调整	8
第二节　提出建立合作型投资法律机制的动因	11
一、发展相互投资的需要	11
二、协调相互利益的需要	13
三、提供制度保障的需要	15
第二章　相互投资法律博弈的理论分析	19
第一节　合作型法律博弈的理论基础	19
一、从博弈到协调——合作型投资法律机制的含义	19
二、经济法的博弈理论与相互投资实践的契合点	26
第二节　合作型法律博弈的现实基础	31
一、政治、外交关系的正常化	31
二、共同的经济利益要求	32
三、相同的市场经济地位	33
四、中国—东盟自由贸易区的制度安排	37
第三节　合作型法律博弈的要素组合	38
一、博弈的主体（参与者）	38
二、博弈的目标或预期的结局	42

CONTENTS 目 录

  三、博弈的规则 44
  四、博弈的策略 46
  五、上述诸要素的有机组合——主体
    的战略行为 47
 第四节 合作型法律博弈的多样路径 48
  一、创建透明的、完备的涉外投资法体系 48
  二、相关法的整合 48
  三、相关法的适用 50
  四、投资利益的创造、分配和维护 52

第三章 投资促进的法律博弈 55
 第一节 外资准入的逐步自由化 55
  一、投资导向 55
  二、投资比例 59
  三、出资方式 60
  四、组织形式 61
  五、比较与改进（法律博弈的对策之一）：
    放宽外资市场准入 65
 第二节 投资待遇 69
  一、外商投资企业自主权 69
  二、最惠国待遇 71
  三、国民待遇 73
  四、公正、公平待遇 75
  五、比较与改进（法律博弈的对策之二）：
    对外商投资给予合理待遇 75

CONTENTS 目 录

第三节　优惠措施　　　　　　　　　　80
　一、税收优惠　　　　　　　　　　　80
　二、其他优惠　　　　　　　　　　　83
　三、比较与改进（法律博弈的对策之三）：
　　　对外商投资给予适当优惠　　　　85
第四节　外资进入的逐步便利化　　　　87
　一、行政管理程序上的便利　　　　　87
　二、其他服务方面的便利　　　　　　88
　三、比较与改进（法律博弈的对策之四）：
　　　提供投资方便　　　　　　　　　89

第四章　投资保护的法律博弈　　　　　91
第一节　投资风险的规避与化解　　　　91
　一、投资风险概述　　　　　　　　　91
　二、政治暴力险　　　　　　　　　　93
　三、财产征收险　　　　　　　　　　95
　四、资本转移险　　　　　　　　　　98
　五、东道国违约险　　　　　　　　　101
　六、所谓"边缘化"风险　　　　　　103
　七、比较与改进（法律博弈的对策之五）：
　　　防范和化解投资风险　　　　　　105
第二节　投资争端的解决　　　　　　　108
　一、中国与东盟国家作为投资缔约国之间
　　　争端的解决　　　　　　　　　　108
　二、作为缔约一方的东道国与缔约另一方
　　　投资者之间争端的解决　　　　　109

CONTENTS 目 录

三、投资者与合营者、合作者之间争端
的解决　　　　　　　　　　　　111

四、比较与改进(法律博弈的对策之六)：
有效解决投资争端　　　　　　　112

第五章　投资监管的法律博弈　　　　　　114

第一节　东道国政府的监管与服务　　　114

一、东道国对外来投资的管辖权　　114

二、对外商投资进入的许可机制　　117

三、对外商投资企业营运的监管机制　119

四、不当限制性投资措施及其纠正　122

五、比较与改进(法律博弈的对策之七)：
健全东道国政府对外商投资
的监管机制与服务体系　　　　　123

第二节　投资者母国政府的监管与支持　124

一、投资者母国对资本输出的扶持义务　124

二、对海外投资的监管机制　　　　126

三、海外投资保险与代位求偿　　　129

四、比较与改进(法律博弈的对策之八)：
完善投资者母国政府对境外投资
的监管机制与支持体系　　　　　132

**第六章　在"10＋1"框架下创制投资共同
规则的建议　　　　　　　　　　　134**

第一节　《投资协议》的创制及其意义　134

一、创制《投资协议》的必要性　　134

CONTENTS 目 录

　　二、创制《投资协议》的可行性　　　　　　　136
　　三、《投资协议》是合作型投资法律机制
　　　　的集中成果　　　　　　　　　　　　　138
　第二节　创制《投资协议》的总体思路　　　　138
　　一、中国、东盟各国相关法的吸收和转化　　138
　　二、中国、东盟之间相关协议的承继和发展　139
　　三、区域性及世界性相关协议、文件
　　　　的借鉴与运用　　　　　　　　　　　　140
　第三节　《投资协议》建议稿　　　　　　　　142
　第四节　对《投资协议》基本设计的若干
　　　　　说明　　　　　　　　　　　　　　　150
　　一、关于总则部分的说明　　　　　　　　　150
　　二、关于分则部分的说明　　　　　　　　　150

结语　　　　　　　　　　　　　　　　　　　153

**附录：中国、东盟经济关系（主要是投资关系）
　　　若干重要文献**　　　　　　　　　　　　156

参考文献　　　　　　　　　　　　　　　　　237

后记　　　　　　　　　　　　　　　　　　　242

第一章 建立相互投资法律机制问题的提出

任何理论的分析与对策的谋划,都应当从实际出发,做到有的放矢。之所以要研究建立中国与东盟发展相互投资的法律机制,是基于两大现状——投资进展的现状,相应法律调整的现状;是为了满足三个需要——发展相互投资的需要,协调相互利益的需要,提供制度保障的需要。一言以蔽之,为了中国与东盟的共同发展与整体繁荣。

第一节 相互投资关系及其法律调整的现状

一、相互投资关系及其进展

(一) 相互投资关系

中国与东盟国家之间的相互直接投资属于国际投资关系,因而与一般国际投资关系一样,表现为以下三种具体的关系:

1. 投资者与东道国(资本输入国)合营者、合作者的关系

这是指中国与东盟的企业(公司)和其他经济组织或者个人,经过一定程序,在对方国家投资、举办企业而产生的经济关系,既有合作关系,又有竞争关系,但都属于平等主体之间的商事关系。

2. 投资者与东道国(资本输入国)的关系

这是指中国的或者东盟的投资者进入对方国家进行投资,在此过程中,与东道国政府产生的关系,既有管理关系,又有特殊的商事关系(如国家契约——投资合同)。

3. 投资者与其母国(资本输出国)的关系

这是指中国的或者东盟的投资者进入对方国家进行投资,在此过程中,与其母国政府产生的关系,既有管理关系,又有特殊的商事关系(如海外投资保险)。

中国与东盟国家在投资领域的政府行为(如中国与柬埔寨、老挝、缅甸、泰国、越南共同参与的湄公河次区域开发合作),既有管理关系,又有特殊的商事关系(如政府投资),还有政府直接推动和协调下的企业之间的贸易投资关系。

由于中国与东盟国家之间的相互直接投资属于发展中国家之间的投资，因而与发达国家相互之间、发达国家与发展中国家之间发生的投资关系相比，亦表现出不同或有所不同的情况，主要表现在投资自由化、便利化的进程上。

又由于正在建设中国—东盟自由贸易区，中国与东盟国家之间的投资将纳入区域经济一体化的框架之内，因而与原先的投资关系相比，亦会呈现出新的情况，主要表现于经济联系的紧密程度上。

（二）相互投资的进展概况

自 20 世纪后半叶以来，在中国和东南亚共 11 个国家中，吸收外国直接投资（世界范围内）最多的是中国、新加坡、马来西亚、泰国、印度尼西亚等。在中国与东盟国家之间，对中国投资最多的是新加坡和马来西亚；中国对东盟地区投资最多的为泰国和印度尼西亚。

从投资数量与领域来看，一方面，东盟地区是中国引进外资的重要地区之一。据统计，截至 2004 年底，东盟国家来华投资项目 24513 项；协议投资金额 726.21 亿美元，实际投入 354.13 亿美元（见表 1）。近几年来东盟国家来华投资的实际投入金额保持在每年 30 亿元左右，并呈现以下主要特点：(1) 项目平均投资额小，大项目不多。(2) 投资行业在逐步拓展。传统上，投资集中在加工业和不动产业（包括饭店、酒店和住宅等房地产开发项目）；近年来，发展到金融业、零售业、钢铁、石化产品等行业。(3) 投资来源主要集中在印尼、马来西亚、菲律宾、新加坡和泰国，其中又以新加坡为主。(4) 投资主体部分为华商企业。

表 1　东盟国家在华投资情况（截至 2004 年底）

	2003 年			2004 年			截至 2004 年底		
	项目数	合同金额（亿美元）	实际利用（亿美元）	项目数	合同金额（亿美元）	实际利用（亿美元）	项目数	合同金额（亿美元）	实际利用（亿美元）
新加坡	1144	34.19	20.58	1279	44.23	20.08	13150	479.91	255.39
马来西亚	350	9.58	2.51	352	13.00	3.85	3240	84.59	34.72
印尼	143	6.31	1.50	122	1.95	1.05	1201	27.73	13.73
泰国	194	6.12	1.74	162	7.94	1.79	3537	71.16	27.27
菲律宾	297	5.57	2.20	241	6.83	2.33	2186	44.26	18.78
越南	16	0.17	0.03	12	0.10	0.01	412	4.04	0.94
缅甸	13	0.13	0.04	13	0.04	0.09	194	2.75	0.65
柬埔寨	14	0.12	0.13	17	0.67	0.27	122	1.94	0.79
文莱	129	2.42	0.53	239	5.49	0.96	450	9.39	1.70
老挝	2	0.14	0.00	1	0.02	0.04	21	0.44	0.16
合计	2302	64.7	29.3	2438	80.26	30.41	24513	726.21	354.13

资料来源：中华人民共和国商务部统计资料（2005 年）

第一章 建立相互投资法律机制问题的提出

另一方面,东盟地区又是中国对外投资的重要场所之一。据统计,截至 2004 年底,中国对东盟国家投资项目 947 项,实际投资已达 11.646 亿美元(见表 2)。从东盟国家"引进来"是 354.13 亿美元,向东盟国家"走出去"只有 11.646 亿美元,相比之下差距很大。

表 2　中国在东盟的投资情况(截至 2004 年底)

	2003 年		2004 年		截至 2004 年底	
	项目数	中方投资 (万美元)	项目数	中方投资 (万美元)	项目数	中方投资 (万美元)
泰国	11	4913	17	2800	262	29185
印尼	6	10312	10	2645	75	19452
柬埔寨	4	3338	5	10160	70	26001
新加坡	16	2622	16	1745	204	11532
越南	17	817	19	1990	109	11304
缅甸	0	0	3	1228	41	7843
马来西亚	8	319	10	708	115	4595
老挝	2	123	7	1022	27	4808
菲律宾	1	50	0	54	43	1695
文莱	0	0	0	0	1	45
合计	65	22493	90	22352	947	116460

资料来源:中华人民共和国商务部统计资料(2005 年)

尽管如此,中国企业在东盟地区的投资范围,已涉及建筑、机电、采掘和运输等领域。许多企业投资东盟地区,亦取得了一定的成功。

从投资效益来看,对中国而言,东盟国家企业的投资不仅带来了大量的资金和先进的设备技术,同时也带来了先进的经营管理思想和方法,加速了中国建立市场经济体制并与国际接轨的进程。特别是,东南亚华商的投资,起到了先锋和桥梁的作用。[①] 在东南亚的华人、华商,已成为联结东盟国家与中国的一条主要线路。

对东盟国家而言,中国企业的投资弥补了一些国家在信息产业、电力能源、机械电子等行业发展的不足,有利于其产业结构的调整;除此之外,对于促进东盟对外经贸合作多元化,摆脱对某些发达国家的依赖,增强内部发展后劲,也起到了一定的作用。

---

① 王望波:《近 20 年来东南亚华商在中国大陆的投资》,载《东南亚研究》2002 年第 4 期。

(三) 存在的问题及原因

从以上的数据中可以发现,中国与东盟国家之间相互投资总量不大,而且中国对东盟国家的投资远远少于东盟国家对中国的投资。这种不尽如人意的现状,给中国和东盟国家提出了挑战,同时也发出了强烈的信号:为什么会是这样? 今后应当怎么办?

中国、东盟之间投资状况不甚理想,其原因是多方面的,包括:经济方面的原因,如投资竞争力敌不过发达国家;政治方面的原因,如仍未摆脱某些历史上造成的阴影;法律方面的原因,如投资政策与制度上的不完备、不协调;还有实际工作方面的原因,如相互之间信息交流不够;等等。说到底,相互投资还远未形成自由化、便利化的体制与机制。

解决问题应有针对性,需要统筹考虑,系统研究。本书着重从法律角度进行分析,特别是针对如何逐步达到投资自由化、便利化的需求这一基本问题开展研究。

(四) 发展趋势

1. 在自由贸易框架下相互投资将会加快发展

新一代的自由贸易协定与自由贸易区,已不像传统的自由贸易协定那样局限于贸易领域,相互投资、以贸易带动投资已成为普遍的做法。《中国与东盟全面经济合作框架协议》即包含投资内容,而且放在重要地位。在建设中国—东盟自由贸易区的进程中,"相互投资"被确定为 5 个重点合作领域之一。近年来,中国对亚洲国家(包括东盟国家)和地区的直接投资以年均 20% 的速度增长;同样,东盟国家对中国的投资也在逐步增长。中国—东盟自由贸易区的建设和建成,将减少壁垒,降低成本,使中国与东盟之间的贸易、投资的数量和效益大大地向前推进。据估算,中国—东盟自由贸易区将使东盟对中国的出口增长 48%,中国对东盟的出口增长 55.1%;分别对东盟与中国的国内生产总值增长贡献 0.9%(约 54 亿美元)和 0.3%(约 22 亿美元)。因此,可以断言,中国—东盟自由贸易区对各方来说,是互利互惠的。[①]

2. 今后 5 年加快相互投资行动计划

为巩固中国—东盟战略伙伴关系,促进该地区和平、发展和繁荣,积极应对新千年的机遇和挑战,中国与东盟于 2004 年 11 月制定了《落实中国—

---

① 东盟秘书处副秘书长马苏尔·阿赫马 2004 年 9 月 18 日在中国—东盟特别高官会议(南宁)上的讲话。

第一章　建立相互投资法律机制问题的提出

东盟面向和平与繁荣的战略伙伴关系联合宣言的行动计划》,作为今后5年(2005—2010)的"总体计划",全面深化和拓展双方关系与互利合作。其中,在"投资合作"方面,中国与东盟将共同采取以下行动和措施:

(1) 通过加强投资主管部门和私营部门的交流与相互了解,促进中国与东盟成员国的相互投资;

(2) 通过在中国和东盟国家举办投资政策推介会和在中国南宁定期举行"中国—东盟博览会"等活动,促进政府部门、商会、学术机构和大企业之间建立网络,开展合作。在条件合适的时候也可在东盟举行"中国—东盟博览会";

(3) 通过商会、中国—东盟商务与投资峰会和中国—东盟商务理事会等机制,促进中国与东盟成员国企业界的相互了解与合作;

(4) 鼓励中国和东盟企业把对方作为优先投资目的地,为双方投资流动创造更有利和更具吸引力的环境;

(5) 加强执法与法规建设,创造优良投资环境。

可以相信,只要各方真诚合作,切实努力,应该能够推进相互投资较快发展。

二、与投资相关的国内法规则的调整

(一) 两种国内法

调整涉外的或者说跨国的投资关系的国内法可分为两大类型:

一是资本输入国(又称东道国)吸收外资的法律,可称之为"外国投资法"。其内容主要规定东道国对外来投资的鼓励、保护、监管制度。

二是资本输出国(即投资者母国)对外投资的法律,可称之为"对外(或海外)投资法"。其内容主要规定母国对本国投资者到海外投资的监督管理与保险或保证制度。

一国制定的"外国投资法"加上"对外投资法",可统称为该国的"涉外投资法"。

(二) 中国的涉外投资法

1. 主要立法

作为东道国,中国制定了一系列吸收、利用外资的法律规定。主要有:

《宪法》(1982年)第18条关于促进和保护外商投资的规定,确定了中国利用外资的宪政基础。

《中外合资经营企业法》(1979年,1990年,2001年)及其《实施条例》

(1983年,2001年)、《中外合作经营企业法》(1988年,2000年)及其《实施细则》(1995年)、《外资企业法》(1986年,2000年)及其《实施细则》(1990年,2001年)、《对外合作开采海洋石油资源条例》(1982年,2001年)、《对外合作开采陆上石油资源条例》(1993年,2001年)、《外资金融机构管理条例》(2001年)、《外资保险公司管理条例》(2001年)、《关于鼓励外商投资的规定》(1986年)、《指导外商投资方向规定》(1995年,2002年)等法律法规关于直接利用外资的规定,确立了中国利用外资的基本规则。

还有与利用外资相关的法,如《外商投资企业和外国企业所得税法》(1991年)及其《实施细则》(1991年)、《关于外商投资企业和外国企业适用增值税、消费税、营业税等税收暂行条例的决定》(1993年)等税收规定。

涉及或者可以适用于外商投资的《民法通则》、《公司法》、《合同法》、《外汇管理条例》等法律、法规的有关规定。

作为资本输出国,中国在这方面目前只有一些零散的规定,尚未形成较为完整的法律法规。

2. 存在的问题

中国现行涉外投资法,主要存在两个方面的问题:

一是不够完备。例如,《外汇法》、《反垄断法》等还未颁布。再如,《对外(或海外)投资法》仍为空白。

二是不够协调。例如,《公司法》第18条提出:"外商投资的有限责任公司适用本法,有关中外合资经营企业、中外合作经营企业、外商独资企业的法律另有规定的,适用其规定。"但到底哪些属于"另有规定的"应另外"适用",立法上不甚明确,可能引起认识上的歧义和操作上的困难。再如,中国陆续允许举办外商投资股份有限公司、外商投资性公司,以及允许跨国并购(兼并与收购)、建造—经营—转让(BOT)等利用外资的新形式,这些均与原有的某些规定不尽一致,或者说,原有的某些法律、法规无法适应新的发展要求。此外,有关立法内容发生重复,如三部外商投资企业法之间。

(三) 东盟国家的涉外投资法

1. 作为单个国家的立法

先行加入东盟的各个国家中,将外资立法摆在重要位置上。

印度尼西亚的《外国投资法》(1967年),后经多次修正。1998年以后,特别是进入21世纪后,为了进一步吸引外国投资,以加速振兴经济的步骤,大幅度地修改了已实行30多年的有关外国投资与国内投资法规。总的趋向是放宽限制,扩大开放。

第一章 建立相互投资法律机制问题的提出

马来西亚的《投资奖励法》(1960年),后经多次修正(1986年、1992年等)。1997—1998年亚洲金融危机过后,马来西亚对吸收外商投资政策作了相应调整,放宽外商投资的领域、股权比例、股东构成、内外销比例等限制,放宽外资管制。

新加坡以积极利用外资推进工业化为基本国策,营造自由竞争的经济环境。其《经济发展奖励法》(1967年),亦经多次修正。现已形成产业政策、税收措施、投资鼓励与管理等一系列专门的和相关的外商投资的制度安排。

菲律宾的《外国企业管理法》(1968年)、《综合投资法》(1981年)、《外国投资法》(1987年),几经修正,发展到现在,已更趋开放。现行《外国投资法》(1991年)实行放开外商投资限制。

泰国的《外商经营法》(1972年制定,1998年修改,1999年实施)、《鼓励投资法》(1977年制定,1987年、1993年作了较大修改)等,规定了利用外资的基本政策。进入21世纪后,泰国又进一步调整了投资政策,包括鼓励外商投资、给予优惠待遇的区域政策和产业政策,为外来投资者提供更多的机会。

文莱的《鼓励投资法》(1975年),后经修正(2001年),以优惠政策鼓励国内投资和外来投资。

后加入东盟的几个国家,亦有自己的涉外投资法。

越南的《外国投资法》于1987年制定,1990、1992、1996、2000年先后修改;2000年通过修改补充合成版,2003年颁布该法实施细则修改补充决定。

老挝的《外商投资法》于1988年制定,1994年通过一部新法,2001年颁布该法实施细则。

缅甸的《外国投资法》于1988年制定,后来也作了修改。

柬埔寨的《投资法》于1994年制定,1997年、1999年修改;该法适用于柬埔寨人和外国人在柬埔寨的投资活动。

由此可见,东盟各国采取单边行动,即制定和实施自己的单边投资政策与立法,也是作出了很大的努力的。它们的外商投资政策随着外商投资发展趋势而演变。①

东盟国家现行涉外投资法,同样存在两个方面的问题:一是不够完备,

---

① 汪慕恒等:《东盟国家外资投资发展趋势与外资投资政策演变》,厦门大学出版社2002年版。

二是不够协调。如有些国家陆陆续续对原有投资法作了局部修正,然而并没有对外公布完整的、现行有效的投资法。

2. 作为区域整体的规范性文件

1987年,东盟6国(文莱、印度尼西亚、马来西亚、菲律宾、新加坡和泰国)达成一项关于促进和保护投资的区域性多边投资文件——《促进和保护投资协定》,适用于东盟成员国之间的直接投资。这一投资协议"奠定了(东盟)区域内投资逐步走向自由化的法律基础"[①]。

1995年,东盟第5次首脑会议决定建立东盟投资区(AIA)。1998年,在肯定1987年的《促进和保护投资协定》的基础上,东盟9国签署了《东盟投资区框架协议》。该协议的宗旨是,在东盟成员国之间营造一个更自由、更透明的投资环境,实现建立具有竞争力的东盟投资区,以便大量增加来自东盟和非东盟国家的投资。为加快该投资区建设,东盟10国于2001年(此时柬埔寨已加入)修改了《东盟投资区框架协议》。根据上述投资协议,东盟10国的外资政策在区内成员之间渐趋一致,对区外则逐步采取共同行动。

在涉外投资实践中,东盟各国仍以国内法为主对外发生经济往来,但作为一个整体的、超越国内法的共同规则——《东盟投资区框架协议》亦已成为重要的投资指导和投资规则。

三、与投资相关的国际法规则的调整

(一)双边投资协定

调整国际投资关系的国际法规则中,首推双边投资协定。

两国之间为促进和保护相互投资而签订的协定,对缔约双方是具有法律约束力的。从1985年开始,中国陆续与10个东盟国家分别达成了关于相互促进和保护投资的双边安排。依次为:

1985年,中国与泰国:《关于促进和保护投资协定》;

1985年,中国与新加坡:《关于促进和保护投资协定》;

1988年,中国与马来西亚:《关于相互鼓励和保护投资协定》;

1992年,中国与菲律宾:《关于相互鼓励和保护投资协定》;

1992年,中国与越南:《关于鼓励和相互保护投资协定》;

---

① 刘笋:《国际投资保护的国际法制——若干重要法律问题研究》,法律出版社2001年版,第36页。

第一章 建立相互投资法律机制问题的提出

1993年,中国与老挝:《关于鼓励和相互保护投资协定》;
1994年,中国与印度尼西亚:《关于促进和保护投资协定》;
1996年,中国与柬埔寨:《关于促进和保护投资协定》;
2000年,中国与文莱:《关于鼓励和相互保护投资协定》;
2001年,中国与缅甸:《关于鼓励、促进和保护投资协定》。

以上10个协议的名称和内容略有差别,但总体上是一致的。它们分别成为中国与东盟某一个国家之间确立和协调相互投资关系的基本准则。

(二) 与投资相关的区域性规则

1.《中国与东盟全面经济合作框架协议》(2002年)

该《框架协议》第5条"投资",确立了中国与东盟在投资领域的合作的法律基础。该条全文如下:"为了促进投资并建立一个自由、便利、透明并具有竞争力的投资体制,各缔约方同意:(a) 谈判以逐步实现投资机制的自由化;(b) 加强投资领域的合作,便利投资并提高投资规章和法规的透明度;以及(c) 提供投资保护。"

"自由、便利、透明","促进、保护"这几个关键词,就将中国与东盟相互投资的合作型法律机制的基调确定下来了。现在的问题在于如何具体机制化、如何具体实施。

2.《亚太经济合作组织非约束性投资原则》(1994年)

亚太经济合作组织(APEC),包含了20多个国家和地区,是一个松散型、开放式的结合。东盟多数国家均为APEC成员;中国也于1991年加入了APEC,从此改变了中国没有参加任何区域性经济组织的状况。虽然在APEC范围内,各种承诺和政策的实施都要在自主自愿的基础上作出,但APEC的有关政策指引对中国和东盟都将产生一定的影响。这其中就包括1994年的《亚太经济合作组织非约束性投资原则》。

(三) 与投资相关的世界性规则

1.《多边投资担保机构公约》(1985年)

带有实体性内容的《多边投资担保机构公约》是1985年在汉城召开的世界银行年会上正式通过的(故称《汉城公约》),至今已有100多个国家签署。中国和一些东盟国家亦已加入。依该《公约》的规定,多边投资担保机构(简称MIGA)的目标是,鼓励生产性投资在会员国之间流动,尤其是向发展中国家的会员流动,以补充国际复兴开发银行、国际金融公司和其他国际开发金融机构的活动。

作为世界银行集团的第五个成员,MIGA的主要职能是,为一成员国投资者在另一发展中国家成员国境内的投资提供政治风险保险服务,具体承保货币汇兑险、征收和类似措施险、违约险、战争与内战险等,但它不承担商业风险保险服务。

2.《解决国家与他国国民之间投资争端公约》(1965年)

主要从程序上考虑的《解决国家与他国国民之间投资争端公约》是1965年在华盛顿召开的世界银行执行董事会上正式通过的(故又称《华盛顿公约》),至今已有100多个国家签署。中国和一些东盟国家亦已加入。依该《公约》的规定,成立了解决投资争端国际中心(简称ICSID)。其宗旨是,为解决各缔约国和其他缔约国国民之间的投资争端提供调解和仲裁的便利,从而促进私人直接投资的跨国流动。

隶属于世界银行集团的ICSID,主张排除投资者母国政府的介入,努力确保投资争端解决的"非政治化",即对于已提交ICSID仲裁的案件,除非东道国政府不履行ICSID作出的裁决,否则,投资者母国政府不能实行外交保护或提出国际求偿。

3. 联合国体系内的其他有关文件

经过长期的努力,发展中国家与发达国家的激烈斗争(这就是博弈)终于产生了一系列成果:1962年联合国大会通过《关于自然资源永久主权的决议》;1974年联合国大会特别会议通过《建立新的国际经济秩序宣言》和《建立新的国际经济秩序行动纲领》;随后,1974年联合国大会又通过《各国经济权利和义务宪章》。

以上文件不仅一般地确立了新的国际经济秩序的基本原则,而且具体地规定了主权国家对本国自然资源的永久主权、管制外来投资的权利、实行国有化及补偿的权利义务等,成为调整国际投资关系的重要国际法准则。

4.《与贸易有关的投资措施协议》(1994年)

从关税与贸易总协定(GATT)到世界贸易组织(WTO),基本目标都是为了实现贸易自由化。然而,发达国家基于自身的考虑,极力将投资问题纳入多边贸易体制框架。经过艰苦的谈判(这也是博弈),1994年"乌拉圭回合"最终达成《与贸易有关的投资措施协议》(简称TRIMs协议)。TRIMs协议适用于世界贸易组织所有成员方。其涉及范围有限,仅对各成员方制定的投资措施中涉及货物贸易进出口的部分作了界定和限制。投资措施一般是指,为了促使外国投资者达到某种业绩标准而采取的政策。TRIMs协议旨在防止某些投资措施可能产生的贸易限制和扭曲,以更好地发展进出口贸易、便利国内外投资。

5.《服务贸易总协定》(1994年)

服务业即第三产业,包括商务服务、通信服务、建筑和相关工程服务、分销服务、教育服务、环境服务、金融服务、健康服务、旅游服务、娱乐文化体育服务、运输服务和其他服务。1994年"乌拉圭回合"最终通过《服务贸易总协定》(简称 GATS)。GATS 将服务贸易分为跨境交付、境外消费、商业存在(指跨境设立商业或专业机构)、自然人流动等四种形式。它涉及国际投资的一个重要领域——服务业的投资。

6. WTO 体系内的其他有关文件

WTO 体系内的《与贸易有关的知识产权协议》(简称 TRIPs 协议)、《补贴与反补贴措施协议》(简称 SCM)以及《关于争端解决规则与程序的谅解书》(简称 DSU)等,对国际投资也发生直接的影响。

综上所述,虽然迄今为止尚未产生一部综合性的、实体性的国际投资公约,但少量国际文件仍提供了重要的投资指南和投资规则。它们可以适用于或借鉴运用于中国与东盟之间的投资关系。

第二节 提出建立合作型投资法律机制的动因

一、发展相互投资的需要

(一) 经济全球化和区域经济一体化所带来的机遇和挑战

在中国发展国民经济过程中,扩大对外开放、提高利用外资水平是一个十分重要的环节。在东南亚国家发展国民经济过程中,坚持对外开放、有效利用外资,同样是一个十分重要的环节。"从一定程度上讲,东南亚经济发展的历史就是一部外资不断涌入,并不断推动经济增长的历史。"[①]新加坡、泰国、印度尼西亚、马来西亚、菲律宾等国尤其如此。积极发展中国与东盟之间的经济往来,包括相互鼓励和保护投资,对双方都有重大的现实意义。这种意义,不仅是经济方面的,还有政治方面的。

各国经济的发展,社会的演进,科学技术的日新月异,再加上全球性共同问题(资源、环境、公共卫生、非传统安全领域等),使得各国对外开放的程度不断提高。经济全球化、区域经济一体化的趋势大大地加强了各国之间的经济联系。尤其是建设中国—东盟自由贸易区计划的提出,给中国与东

---

① 曹云华主编:《东南亚国家可持续发展研究》,中国经济出版社2000年版,第118页。

盟的经济发展带来了前所未有的机遇——一个拥有 17 亿消费者,1.2 万亿美元贸易总额,国内生产总值达 2 万亿美元的经济体,多么庞大的市场,多么诱人的商机!

中国有 13 亿人口,是世界上最大的潜在市场。改革开放 20 多年来,中国已成为世界第三大进口市场和亚洲第一大进口市场。近几年来,中国从亚洲国家和地区的进口增长;到亚洲国家和地区的直接投资亦在增长。目前,东盟已成为中国的第五大贸易伙伴,中国已成为东盟的第六大贸易伙伴。据 2003 年底的统计,东盟已成为中国第三大进口来源地(前七位为日本、欧盟、东盟、韩国、美国、香港特别行政区、俄罗斯),中国对外出口的第五大地区为东盟(前七位为美国、香港特别行政区、欧盟、日本、东盟、韩国、俄罗斯)。尽管全球经济发展减速,但中国与东盟之间的贸易、投资近年来仍保持了显著的增长。中国与东盟要在 2005 年实现双方贸易额达到 1000 亿美元的近期目标,要确保在 2010 年顺利建成自由贸易区的更远目标,给双方提供了有利的发展机遇。而且,中国内地于 2003 年分别与香港、澳门签订了《关于建立更紧密经贸关系的安排(两个 CEPA)》;中国南部九省区和香港及澳门特别行政区于 2004 年签订了《泛珠三角区域合作框架协议》。中国内部的合作也必将促进中国与东盟的合作,两个市场的融合具有无限的潜力。

与此同时,也要认识到,经济全球化乃是一把"双刃剑",许多方面并未获得共识。1999 年西雅图会场外的反对声,2003 年坎昆会议上的激烈争论以致会议无果而终,即为明证。就投资领域而言,有两点颇值得注意:第一,1997 年亚洲金融危机之后,一些外资从东南亚国家撤走;至今,东南亚国家对外资的吸收力仍敌不过西方发达国家。这是区域外部的竞争。第二,中国的和平崛起和投资环境,比某些东盟国家更具竞争力,因而有可能流向东盟国家的外资发生转向,投向中国境内。东盟有人估计,在亚洲金融危机爆发前,世界上其他国家向中国、东盟地区的直接投资是东盟占七成,中国占三成,近年来这种比例颠倒过来了。[①] 但这并不以中国或东盟国家本身的意志为转移。这是区域内部的竞争。由此看出,挑战是客观存在的,对形势的严重性和紧迫性不能轻视。

明智的态度只能是:各国(特别是某些东盟国家)要抓住机遇,调整政策,采取措施,切实把本国的事情办好,积极迎接外部的挑战。

---

① Comment made on October 9, 2002, on *Asian Wall Street Journal*.

（二）改善各方投资环境的迫切要求

投资环境是一个综合性概念。硬环境如场地、交通、通信设施；软环境如法制和政策的完备和透明度、服务等。实践表明，改善投资的硬环境和软环境，已成为一国增强对外资吸引力的根本有效之举。近年来特别是2002年非洲国家（均为发展中国家或最不发达国家）吸收外资大幅度减少，究其原因，投资环境之不适合，乃是基本的教训。

中国与东盟国家自20世纪末以来，均在不同程度地改善自己的投资环境，也的确有了很大的进步。然而，与经济全球化和区域经济一体化的要求相比，仍存在不少的差距。例如，在某些国家，硬环境不够理想——资源不多，设施不足，交通困难等；在某些国家，软环境不能满意——"门槛"过高，手续繁杂，服务不足等。影响投资的因素有多个方面，不仅仅是法律问题，但是，法制环境可以起到主导作用，因而必须引起特别的关注。

中国与东盟共11个国家之间，经济发展水平、经济发展阶段各不相同，有些甚至差距明显，因而，对于相互投资领域合作的目标、开放的承受能力不尽一致。在这一地区内，至今仍存在一定的、甚至是严重的投资壁垒。如果是管制过严的法制环境，外商可能望而却步。

无论经济全球化，抑或区域经济一体化，都不只是某一国或地区的单方行动，而是需要共同行动。这种共同行动的集中表现，就是通过法律博弈达到法律协调，最终实现经济协调。发展中国与东盟国家之间的投资，必然涉及相应的法律制度安排，即以法律、合同联结交往，以制度、规则解决问题。换言之，必须建立合作型投资法律机制。

二、协调相互利益的需要

（一）投资者利益、国家利益及区域利益

利益是指人类基于生存和发展而产生的需求，它作为社会存在的基础，又成为社会进步的动力。中国、东盟之间的投资关系，本质上也是经济利益关系，可以分解为三大类：

第一类是投资者利益即企业（公司）利益、个人（国民）利益。企业、个人作为投资者，其考虑的问题有三：(1)投资的安全有无保障；(2)投资是否有利可图；(3)原始资本与投资收益即所分得的利润、其他合法收入和资金能否汇回本国或转移到第三国。鉴于中国与东盟国家相关法律规定不尽一致，又鉴于投资者与东道国的具体目标不尽一致，因此也就产生了协调的要求。

第二类是国家利益。中国与东盟之间存在经济上的相似性与竞争性。无论是吸收外资,还是对外投资,不同国家都会考虑到是否从整体上有利于本国国民经济和社会发展,包括对本国产业结构、地区发展等发生的影响。鉴于中国与东盟国家经济上既存在互补性,又存在竞争性,因而产生利益冲突是必然的,协调中国与东盟之间的国家利益关系也就成为一项基础性要求。

第三类是区域利益。"许多国家感觉到,区域合作比国际组织更能实际地体现国家的利益需求。"①如果将中国—东盟自由贸易区当作一个整体看待,那么它相对于欧盟、北美自由贸易区等,也存在一定的利益冲突,而这种利益冲突是由国际性的竞争和垄断而引起的。这也产生了在中国—东盟自由贸易区内部各成员之间相关法律协调的要求,以增强该区域的共同繁荣和整体竞争力。

(二)在差异中寻求相互利益的平衡点和共同利益的汇合点

从利益的角度考察,中国、东盟国家之间存在三大差异,或说三大矛盾:

一是经济上的竞争性。中国与东盟国家经济结构上的某些类似导致了经济利益的冲突。中国与东盟国家都要吸收外资,并都要对外投资,中国与东盟之外的国家和地区无论是到中国和东盟投资,或是吸收中国和东盟的投资,都会从是否对自己有利的立场作出策略的选择。因而,客观上就会存在中国和东盟在投资领域的直接竞争问题。

二是政策、法律上的不平衡性。中国和东盟各国比较起来,有的国家利用外资自由、便利程度高一些,有的则低一些,由此对国际资本的流向发生直接的影响。

三是历史问题造成的不和谐性。这主要指南海问题上的冲突。由于历史的原因,中国与一些东南亚国家(越南、菲律宾、马来西亚、印度尼西亚等)长期以来的矛盾主要发生在南海主权的争端上。它与投资问题有着直接关联,如处理不当则会影响到投资者的信心。

冲突基于利益,协调亦基于利益——投资利益的创造和分配。中国与东盟同属亚洲地区,地理相邻,经济发展水平差异很大,但又有很强的互补性;文化传统多样,却又存在不少相似之处。特别应当认识到的是,中国与东盟全面合作的发展,扩大了利益汇合点:地区利益应当包括国别利益,共同利益应当大于利益分歧;而国家利益、区域利益都与投资者利益相关。处

---

① Palmer N.: New Regionalism in Asia the Pacific, Lexington, 1991.

第一章　建立相互投资法律机制问题的提出

于多元化的、开放的世界,各方只有在差异中寻找相互利益的平衡点和共同利益的汇合点,才能开展卓有成效的合作。解决中国、东盟国家基于投资产生的利益矛盾(这就是经济上的不协调),合作型投资法律机制成为不可或缺的甚至可以说是基本的制度措施。

三、提供制度保障的需要

（一）投资方面现行制度的障碍或不足

1. 关于市场准入

市场准入是指经济活动主体进入市场的资格以及这种资格得到政府主管当局的认可。现有的10个双边投资协定中,1985年的中泰协定规定:"缔约各方在顾及其计划和政策的同时,应鼓励和促进缔约另一方国民和公司在其领土内的投资。"1985年的中新协定规定:"缔约任何一方在其领土内,应鼓励和为缔约另一方国民和公司在符合其经济总政策条件下进行投资创造良好的环境。"后面的8个协定就不再有此类"计划和政策"、"经济总政策"的限定,这说明开始还不大开放,同时也提出了协调市场准入前提的需求。事实上至今仍然存在这类问题。有关各国对外开放、利用外资立法存在差异;或者是对外资市场准入控制过严,造成外资不易进入;或者是在银行、保险及电信等行业对外资股权比例限制过多,造成服务贸易与投资的障碍。此外,中国向部分东盟国家出口遇到的非关税壁垒,也不同程度地影响着中国与东盟之间的贸易和投资。

市场准入的条件之一是要有适格的投资。"投资"一词系指缔约一方投资者依照缔约另一方的法律、法规在缔约另一方领土内所投入的各种财产,包括动产、不动产及其他财产权利。这在各个投资协定中大体上是一致的。只是对知识产权的表述有些不尽一致,较为完整的要数中印(印尼)协定,其中规定,"知识产权",包括著作权、商标、专利、工业设计、专有技术、商名、商业秘密和商誉。在有关各国的投资法中,对"投资范围"的规定,主要表现之一亦为"知识产权"的外延不尽一致。

市场准入的另一个条件是要有适格的投资者。按照中泰协定,投资者中的"国民"一词系指依照缔约任何一方的有效法律,具有该缔约一方国籍的自然人;"公司"一词系指依照缔约任何一方的有效法律在其领土上设立或组成的法人,不论其责任是否有限以及是否以营利为目的。按照中新协定,"公司"一词在新加坡方面,系指通过有效法律在新加坡组成、设立或登记的公司、企业、社团或组织,而不论是否为法人。按照中马协定,作为机构的"投资者"在中国方面是指根据中国法律设立,其住所在中国领土内的经济实体;中菲协定、中缅协定中亦称"经济实体";中越协定则称为"经济组织",中老协定、中印(印尼)协定、中柬协定亦称"经济组织"。中文协定放得最宽,"投资者"中,"公司"一词系指正当设立、组建或组织的,具有或不具有法人资格的任何实体,包括合伙、公司、个体业主、商号、协会或其他组织。以上情况表明,对作为机构的投资者尚待统一设定:(1)是否必须是法人,或者不论是否为法人;(2)是否必须是企业性经济组织,或者只要是具有经济性职能、能够承担独立财产责任的实体性组织均可。在有关各国的投资法中,对"投资者范围"的规定,也有不一致之处。例如,在中国境内举办的中外合资经营企业、中外合作经营企业,中国合营者、合作者仍限定为企业性经济组织,没有放宽到个人这一主体。

2. 关于投资待遇

投资待遇既属于鼓励问题,又属于保护问题。待遇适用的范围和标准直接关系到投资者的地位和权利。在中泰协定中,规定投资及其收益和管理、使用、享有或处理其投资方面实行公平待遇和最惠国待遇。在中新协定中,仅规定投资及其收益享受公平待遇和最惠国待遇。在中菲协定中,规定投资和与该投资有关的活动享受公正待遇和最惠国待遇。在中印(印尼)协定中,规定投资及其收益和管理、使用、享有或处理其投资及与这些投资有关的任何活动应享受公平待遇和最惠国待遇。由此可见,中印(印尼)协定规定得较为充分。同时,也暴露出了投资待遇规定不尽一致的问题。

3. 关于优惠

各有关国的投资法中,最大的差别之一就是优惠待遇的设计:没有优惠又担心引不进外资,优惠过多又会与国内企业失衡,并且影响国家财政收入。但权衡利弊,总的倾向仍是以优惠措施吸引外资,这也是采用博弈策略。现在存在的问题是差异性过大,稳定性不足。

4. 关于投资便利

目前,中国与东盟国家之间在相互投资过程中还存在一些不方便的问题。例如,中国经贸人员在一些东盟国家无法取得长期签证。

5. 关于投资风险

以征收为例。10个双边协定对此都作了规定。中泰协定规定,补偿应相当于被征收投资的适当价值。中马协定规定,征收措施应有公平合理的补偿规定,补偿应按征收公布或为公众知道前一刻投资的市场价值为基础计算;若市场价值不易确定,补偿应根据公认的估价原则和公平原则确定,尤其应把投入的资本、折旧、已汇回的资本、更新价值和其他有关因素考虑在内。中菲协定规定，补偿应等于宣布征收时被征收的投资财产的价值。中新协定规定，补偿应是征收前一刻的价值。中越协定规定，补偿应等于宣布征收前一刻被征收的投资财产的价值。中老协定、中印（印尼）协定、中柬协定、中缅协定亦是这样规定的。中文协定规定，补偿应等于被征收的投资在征收行为发生或已为公众所知前一刻的真正价值，以时间在前者为准，并应当包括直至付款之日按当时通行的商业贷款利率计算的利息。在征收问题上，一般发生争论主要基于两点：一是该不该征收；二是如何补偿，特别是补偿的具体标准。在后一点上，现在看来，10个双边协定的规定尚未一致。

1987年东盟国家《促进和保护投资协定》提出，缔约国国民的投资不应被征收或国有化，依公共利益、经过适当程序，非歧视并给予补偿的情况除外。补偿应是充分的，其标准为该财产被征收或国有化之前的市场价值，以可自由兑换货币自由转移，并且付款没有不合理的延迟。与中国及东盟各国的双边投资协定相比，基本一致，但有一点差别，即中国与东盟各国的协定提出的是"给予适当和有效的补偿"，而没有要求"充分的补偿"。

6. 关于解决投资争端

10个双边协定对此都作了规定。但现在进入"10+1"合作框架，必须在新的条件下考虑如何更有效地解决投资争端。

7. 关于东道国对外商投资的监管与服务

对引进外资的管理，主要属于各东道国主权范围内的事情。双边投资协定对此不作约定。但现在 WTO《与贸易有关的投资措施协议》涉及了类似事项。这就要求：第一，各东道国投资法要与国际通行规则协调；第二，双边投资协定也要与国际通行规则协调。这里包括：东道国对外资的监管措施不应构成外资进入的壁垒。

8. 关于投资者母国对海外投资的监管与支持

对海外投资给予鼓励、监管和服务，投资者母国也要有相应的机制，如海外投资保险制度。

上述8个方面，中国与东盟国家的投资法制环境，既有不完善的问题，又有不协调的问题。因而，引出了本书后面将要论证的8项具体法律对策。

（二）消除国内层面制度障碍，协调国际层面多样规则，必须借助法律博弈，建立有效机制

发展中国与东盟的相互投资关系，需要运用政治、经济、外交、法律等多种手段。其中，法律调整或法律协调应为主要手段。因为，国际经济交往的

直接接触点和连结点是法律与合同,法律为基本依据,合同为具体依据。法律的普适性可以使交往双方确立共同的行为准则,法律的权威性可以保障交往双方之间的稳定关系,而法律的透明度则可以预期交往双方的结局。跨国投资的特殊性,产生了它对法律协调的需求。而为了达到法律协调,就必须通过法律博弈——投资立法、投资谈判、签订合同、解决争端等。

如前所述,影响中国与东盟之间相互投资关系的法律制度因素是多元化的,计有:中国国内法(投资法及其他相关法);东盟各国国内法(投资法及其他相关法);东盟作为一个整体的投资法;中国与东盟国家之间的双边投资协定;中国—东盟自由贸易区框架下的经济合作文件(含投资关系规则);与投资相关的 WTO 系统内的规则和联合国系统内的规则。上述法律制度因素存在同一性和差异性。所谓同一性,是指互为前提,相互转化。如国内法与国际法之间,即是如此。所谓差异性,是指范围不一,标准有别。如不同国家对同一事项,即可能如此。对同一性,要维持,以发展中国与东盟之间的正常的投资关系。对差异性,要协调,其中事关大局的,必须求得共识;若非事关大局的,允许各自保留。

全面考察中国与东盟相互投资的法律机制,可分为两个方面:一是该国国内法上提供的保证;二是该国签订及参加的双边、多边条约所提供的国际法上的保证。因而,协调中国、东盟之间的投资关系,既要立足于相关的国内法,又要立足于相关的区域法与国际法。并且还应注意到"国际投资法各类渊源的联系与互补"[①]。

"解铃还须系铃人",制度上的障碍和差异终究要靠制度协调来解决。消除国内层面的制度障碍,消除国际层面的制度差异,即对原有不完备、不协调的机制加以改进和革新,必须借助法律博弈,建立崭新的合作型的投资法律机制。理性的政府、理性的投资者应当树立这种自觉的意识,努力促进国内层面、国际层面的投资法律制度的完善和协调。

---

① 陈安主编:《国际经济法学专论(下编 分论)》,高等教育出版社 2002 年版,第 596 页。

第二章　相互投资法律博弈的理论分析

发展中国与东盟之间的相互投资关系,必须建立合作机制;而这种合作机制,又必须通过合作型法律博弈方能实现。这种合作型法律博弈的理论基础是什么？现实基础又是什么？这种合作型法律博弈的诸要素如何实行科学的组合？又如何沿着合适的路径来促使投资合作机制得以形成？作为本书的基本理论分析框架,这是一个富有挑战性和探索性的问题。对此,需要进行较为系统的探讨。

第一节　合作型法律博弈的理论基础

一、从博弈到协调——合作型投资法律机制的含义

（一）博弈

1. 什么是博弈

中文的"博弈"一词,最早出自《论语·阳货》:"不有博弈者乎？"原指一种下棋游戏,现广泛应用于说明带有竞争性的社会现象、社会活动。它反映行为主体在一定的条件和规则下,选择并实施一定的策略,从而获得某种结果的过程。

"博弈"后来发展为"博弈论",即一种社会理论。中国的《辞海》解释道:(1)博弈论即"对策论"。[①] (2) 对策论,亦称"博弈论",是运筹学的一个分支。最初是运用数学方法来研究有利害冲突的双方在竞争性的活动中是否存在自己制胜对方的最优策略,以及如何找出这些策略等问题。对策论的发展,不仅考虑只有两方参加的竞争活动,还考虑有多方参加的活动。在这些活动中,参加者不一定是完全对立的,还允许他们结成某种联盟,活动的结局也可能是通过参加者多次的决策才能决定。[②]

由此看来,"博弈"与"对策"两词基本同义,但并不完全等同。在中文

[①] 《辞海》,上海辞书出版社1979年版(缩印本),第144页。
[②] 同上书,第488—489页。

中,"对策"原指应对上级乃至皇帝的意见,现广泛理解为处理问题、解决矛盾的策略或办法,简言之,是一种应对方案。有时也可作贬义用,如"上有政策,下有对策"。而博弈,更多的是指一种相互发生作用、影响的动态的过程。

引申下去,法律博弈实质上即是法律对策。因而,不必将"博弈"一词弄得十分玄奥,人为地增加解决问题的难度。① 换言之,不用把过多的精力放在那些假设的图表、曲线上。

2. 一般形式博弈与扩展形式博弈

对博弈可作多种分类。从其组成要素分析,可分一般形式博弈与扩展形式博弈。

一般形式博弈,又称正规形式博弈,或策略形式博弈,包括三个要素:(1)博弈的参与人;(2)参与人可供选择的策略;(3)每一可能的策略组合下每个参与人的收益。②

扩展形式博弈,又称展开形式博弈,包括五个要素:(1)博弈的参与人;(2)每个参与人什么时候行动;(3)参与人行动时有什么可供选择的行动;(4)参与人决定行动时就其他参与人已采取的行动知道些什么;(5)每一可能的行动组合给每个参与人带来的收益。③

3. 合作博弈与非合作博弈

一般说来,博弈的结果,可能产生三种情况:一是零和博弈,即一胜一败;二是负数和博弈,即两败俱伤;三是正数和博弈,即双赢、共赢。前两种对抗的方式属于非合作博弈,后一种非对抗的方式属于合作博弈。这是对博弈的另一种分类。

合作博弈的形成,基于:(1)博弈各方相互信任;(2)博弈各方对自己

---

① 剩下的最大问题恐怕就是如何应用运筹学中的现代数学方法了。人们往往发生误解,以为一讲到博弈,就必须大量应用高等数学。这与人们曾经误认为推广系统论就必须大量应用高等数学的情况类似。对此,西方一本名为《法律的博弈分析》的著作中,作出了合适的说明:"本书大部分分析大量地使用了最近十年来刚刚发展起来的一系列概念,同时我们没有放弃这些锐利的概念所要求的严格性。然而,要理解这些概念在法学中的应用,并不要求读者熟悉微积分、概率论或其他正式的数学工具,仅需要简单的算术。实际上,算术也只是在少数场合需要用到,而微积分则在正文中根本不出现,只在注释中用到。从这个角度看,本书与那些展示近年来博弈理论进展的书是不同的。我们只要求读者具有逻辑地、仔细地思考复杂问题的意愿。"参见〔美〕道格拉斯·G.拜尔、罗伯特·H.格特纳、兰德尔·C.皮克:《法律的博弈分析》,严旭阳译,法律出版社1999年版,"前言",第1页。
② 同上书,第345页。
③ 同上书,第340页。

第二章 相互投资法律博弈的理论分析

的角色定位合适;(3)能够达成具有约束力的协议。与之相反,非合作博弈的形成,是由于:(1)相互不信任;(2)角色定位不合适;(3)不能够达成协议。人们痛恨的侵略战争、人们熟知的"囚徒困境",正是非合作博弈的典型。

现实生活中,非合作博弈比合作博弈的现象似乎更为普遍,因为人们都力图选择对自己最为有利的策略及策略组合,以获得自己的利益最大化。但是,损人不一定就能利己。故此,最优的方案应当是,通过合作博弈的严格协议和互动行为,从各种不确定性中,达到利益均衡或关系和谐状态。概言之,通过各方博弈实现整体协调、共同发展。

以制度经济学的理论考察,合作博弈、非合作博弈都可以是制度性安排,也可以是非制度性安排。既然在相互投资活动中追求的是互利、共赢,那么,合作博弈就成为最佳的选择。而在合作博弈中,虽然非制度性合作也会应用到,但是基本的路径则是制度性合作。一般的合作博弈应当向制度性合作博弈发展。正如西方有的学者指出的:"人类的相互交往,包括经济生活中的相互交往,都依赖于某种信任。信任以一种秩序为基础。而要维护这种秩序,就要依靠各种禁止不可预见行为和机会主义行为的规则。我们称这些规则为'制度'。"[①]现代社会,正是以制度、规则联结人们关系的社会。

还可举区域经济一体化的一个典型——欧洲经济共同体为例。法国学者曾指出:很明显,建立统一的经济区取决于建立法律实施区。这种依赖程度很高,因此对于把按自由的国际市场机制进行经济活动作为目的的欧洲经济共同体不采用一系列特别详细而复杂的规章和指示就不能取得这种结果,人们不怎么感到惊奇。[②] 这段论述给了我们重要的启示:建立中国—东盟自由贸易区,发展中国、东盟之间的投资关系,不也是需要采用一系列的制度和规则吗?

(二)经济博弈与法律博弈

1. 两者含义

经济博弈,是指经济关系主体面对一定的经济环境,基于其利益关系,借助经济的规则和方法,经过一次或多次较量,而后形成此长彼消或相对均

---

① 〔德〕柯武刚、史漫飞:《制度经济学(社会秩序与公共政策)》,韩朝华译,商务印书馆2002年版,第3页。
② 〔法〕阿莱克西·雅克曼、居伊·施朗斯:《经济法》,商务印书馆1997年版,第40页。

衡的发展过程。比如,两家企业生产或经营同一类产品;顾客到商场购买商品等。

法律博弈,是指法律关系主体面对一定的社会环境,基于其利益关系,借助法律的规则和方法,经过一次或多次较量,而后形成此长彼消或相对均衡的发展过程。大而言之,创制法的主体——国家(政府)可以通过立法形式参与此种博弈;小而言之,执行法的主体——投资者(企业、个人)可以通过投资活动参与此种博弈。后者如,根据招标投标法,三家公司竞投一项工程项目;根据公司法和外资法,某一跨国公司到本国之外各地设立分支机构等。

2. 两者关系

经济博弈与法律博弈具有紧密联系。它们都可以作为一种理论或方法,可以成为一个过程或状态。在法治社会中,许多经济博弈往往表现为法律博弈,跨国投资即是一例,以经济为内容,以法律为手段。从表面上看,它是经济问题,但它同时又是法律问题,如前所述,它要受到东道国法、母国法乃至双边的、多边的诸多规则的管辖。经济博弈也要符合法律的规则和方法,在这种意义上可以说,许多经济博弈同时也就是法律博弈。

(三)法律协调与经济协调

1. 两者含义

法律协调,是指在经济、政治、文化等领域,各相关法之间配合适当,以发挥这些法调整特定社会关系的整体功能。比如,在国际直接投资领域,东道国法、母国法、双边协定、多边协定要有机配合、结合,以规范、引导投资关系。它既是一种发展过程,又形成了一种和谐状态。

经济协调,是指在经济领域,各相关环节之间配合适当,以利于经济建设健康发展。比如,中国现时提出五个"统筹"——统筹城乡发展、统筹区域发展、统筹经济社会发展、统筹人与自然和谐发展、统筹国内发展和对外开放,即是表达了以经济建设为中心的、全方位的(不仅是经济领域)、可持续发展的思路和对策。同样,它既是一种发展过程,又形成了一种和谐状态。

2. 两者关系

经济协调与法律协调具有紧密联系。法律协调是法律博弈的直接结果,经济协调是法律博弈的最终结果。在经济领域,比如国际投资领域,应以经济协调为出发点,法律博弈和法律协调为中转点,最后又回到经济协调这一落脚点。可以将它们之间的关系列成简图如下(图1):

第二章 相互投资法律博弈的理论分析

经济协调(要求)→法律博弈(过程)
→法律协调(直接结果)→经济协调(最终结果)

图　1

上图中,第一次出现的经济协调作为要求,是提出需要解决的问题,指在经济相关环节出现了不协调、不完善的情况,其原因是什么;法律博弈作为过程,指解决现存问题的思路、规则、方法和实施途径;法律协调作为直接结果,指通过法律博弈,在法律上使当事人各方理顺了关系(法与法之间的协调只是为具体当事人之间的关系协调提供基础);而第二次出现的经济协调作为最终结果,指当事人各方通过法律的博弈和协调,实现了经济上的利益均衡和共同发展。创制法的主体,执行法的主体,它们以各自特定的身份,采取合适的途径,分别实施或实现上述路线图。

（四）合作型法律博弈与合作型投资机制

1. 合作型法律博弈

所谓合作型法律博弈,是以正式的法律制度体现出来的,实现博弈各方利益均衡和共同发展的法律博弈。它应当具有或者说必须满足三个条件:第一,互补性、互助性竞争;第二,规范性、制度化合作;第三,以法律制度予以保障实现的利益均衡和双赢、共赢。[①]

合作型法律博弈符合当今社会发展的规律和趋势。丰富多彩的当代世界,人们最为关切的是和平、安全与发展,人们最为不满的是侵略战争、恐怖主义和经济衰退。合作才有出路,合作才是出路。

——2001 年 11 月的"10＋1"(东盟 10 国和中国)领导人会议达成共识:在今后 10 年内建成中国—东盟自由贸易区;

——2003 年 11 月的《世界经济发展宣言》(珠海宣言)提出,以"平等、诚信、合作、发展"为基本准则,推动世界经济发展,维护世界和平;

——2004 年 4 月的博鳌亚洲论坛,将"亚洲寻求共赢"作为永恒的主题,并将"一个向世界开放的亚洲"作为"亚洲寻求共赢"的基本条件;

——2004 年 11 月的亚太经合组织工商领导人峰会上,中国领导人发言指出,人类的发展既面临难得的机遇,也面临严峻挑战,我们的正确选择只

[①] 2003 年上海财经大学出版社出版的一本经济专家著作题为:《入世　博弈　共赢——互补性竞争与规则性合作》(作者为刘光溪),将中国入世这种"博弈"归纳为"竞争、合作、共赢",可作为合作博弈一例。

能是推进合作共赢,我们的共同目标只能是实现可持续发展。

无论是东亚、亚洲、亚太乃至全世界,都需要建立新型经济政治秩序,都需要合作型法律博弈。

2. 合作型投资机制

"机制"一词与"制度"、"体制"相连。"制度"指特定的社会体系和/或运行规则,包括总体制度与具体制度。例如,一个国家的经济制度、政治制度属于总体制度,而土地管理、劳动就业等则属于具体制度。"体制"可侧重于组织方面的制度,大者如整个国民经济管理体制,小者如中国农村现时实行的双层经营体制。"机制"可侧重于运行方面的制度。"机制"的原意,是指机械的结构与工作原理;后来生物学、医学借用来说明有机体内部各部分的活动(工作)方式及其相互间的关系;现在泛指自然界与人类社会的事物的组织情况与运行状态。可以看出,对"机制"这一术语并无确切的、一成不变的定义。再者,在文明社会,无论是"制度"、"体制"还是"机制",都应纳入规范化的轨道,因而就导出了第四个概念——"法制",此处所称"法制",理解为法律制度的简称。试用简图表示如下(图2):

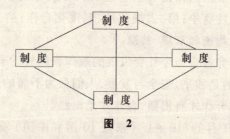

图 2

现在专门来谈"机制"、"合作机制",它们的应用越来越广。

在国内文献中,"机制"的概念已变为实践。比如,2003年10月14日中共十六届三中全会通过的《关于完善社会主义市场经济体制若干问题的决定》中,在"完善体制"的总题目下,提出了多项"健全机制"的要求。比如:"健全产品质量监管机制";"健全政府投资决策和项目法人约束机制";"健全金融风险监控、预警和处置机制";"健全对境外投资企业的监管机制";等等。在立法上也已使用"机制"这一术语。如2003年中国修改后的《中国人民银行法》规定:"国务院建立金融监督管理协调机制,具体办法由国务院规定。"

在国际性文献中,"机制"、"合作机制"的概念频频出现。比如,2003年

10月8日《中国与东盟国家领导人联合宣言》中指出:"双方共同推进东盟与中日韩(10+3)合作、东盟地区论坛、亚洲合作对话、亚太经济合作组织、亚欧会议、东亚—拉美合作论坛等区域和跨区域合作机制的健康发展";"启动10+1卫生部长会议机制";"进一步活跃科学、环境、教育、文化、人员等方面的交流,增进双方在这些领域的合作机制";"建立10+1青年部长会议机制"。2002年11月4日《中国与东盟全面经济合作框架协议》中指出:"确信中国—东盟自由贸易区的建立将在各缔约方之间创造一种伙伴关系,并为东亚加强合作和维护经济稳定提供一个重要机制";"创造透明、自由和便利的投资机制";"建立开放和竞争的投资机制,便利和促进中国—东盟自由贸易区内的投资";"谈判以逐步实现投资机制的自由化"。2003年10月7日《中日韩推进三方合作联合宣言》中指出:"三国在诸多领域建立了部长级、高官级和工作会晤机制";"三国将保持各自与其他国家的合作机制";"在东盟地区论坛、亚太经合组织、亚欧会议等机制中加强合作"。

中国参与国际经济活动,十分重视机制化建设。例如,2004年11月29日在"10+1"领导人会议上,总理温家宝作了《深化战略伙伴关系 推进全方位合作》的讲话,共2千多字,其中"合作"出现了52次、"机制"出现7次,包含"合作机制"出现3次;同日在"10+3"领导人会议上,温家宝作了《加强合作 互惠共赢》的讲话,共3千多字,其中"合作"出现80次、"机制"出现10次,包含"合作机制"出现2次。

将上述"合作机制"与"投资机制"加以组合,就形成了本书所称的"合作型投资机制";而这一机制的规范化,则可称之为"中国与东盟发展相互投资的合作型法律机制"。这就是本书主题的由来。

如前所述,博弈、法律博弈、合作型法律博弈,它只是表示一种过程;这一过程旨在形成一种机制,以促进实际的投资。本书的研究正是沿着这一种从经济到法律、又从法律到经济的思路,努力使经济分析与法律分析相结合,克服"就法律谈法律"的局限,消除"法律与经济脱节"的弊端。

至此,可以列出合作型投资法律机制所赖以立足的博弈矩阵(图3)如下:

参与人 B	策略1—不合作	策略2—合作
	-1, -1	+1, -1
	-1, +1	+1, +1
参与人 A	策略1—不合作	策略2—合作

图 3

在上图中，零和博弈的结果为 +1，-1 或 -1，+1　　　　0
　　　　　负数和博弈的结果为 -1，-1　　　　　　　　　-2
　　　　　正数和博弈的结果为 +1，+1　　　　　　　　　+2
可见，只有合作博弈或协调博弈方为上策。

二、经济法的博弈理论与相互投资实践的契合点

（一）经济法的博弈分析

前面只是一般性地讨论到法律博弈，现在具体进入到经济法中的博弈分析。

经济法是调整特定经济关系的一系列法律规范的总称。经济法的生成过程，既反映了法律与经济之间的互动，又显示出法律体系内部的演变。这也就是博弈的结果。

1. 主体制度方面的博弈

经济法律关系的主体，简称经济法主体，基本的有三类：政府、企业及个人、非官方公共事务组织。

其中，社会整体利益（包括社会公共利益）的代表——政府为管理主体，但它又要为企业提供服务，可以说是管理之中有服务，服务之中有管理。政府应当协调社会整体利益与个体利益之间的关系。

企业是市场经济的基本主体，但它又要接受政府依法实施的监督管理，可以说是市场引导企业，企业依法经营。企业作为个体，它们之间的利益关系有些也要政府进行协调。

非官方公共事务组织，如行业协会之类，有些是从政府机构中分化出来的，有些是从政府转变职能中分化出来的，有些是法律或政府授权的，还有一些民间自发形成而后经官方认可的自治组织，它们对企业实施一定权限范围的管理，同时更多的是要提供特定事项方面的服务。企业、行业组织、政府之间的关系，乃是市场经济及其管理中的一项重要内容。

第二章 相互投资法律博弈的理论分析

三类基本主体的并存、兼容,市场规范化运作与政府有效监管的结合、互动,亦是博弈的表现。

2. 行为制度方面的博弈

经济法中的具体制度很多,主要有宏观调控、市场监管、企业发展、对外开放等。

宏观调控制度在经济法中具有特别突出的意义。虽说市场为导向,但政府的地位并非被动的,而是主动的;政府的作用并非拾遗补缺,而是高屋建瓴地作出决策并组织实施。政府调控市场,政府规划、组织整个国民经济的发展,政府在经济全球化、区域经济一体化进程中为本国力争主动权,这是高水平、高难度的博弈。

市场监管制度中亦是充满着博弈。比如,垄断与反垄断,不正当竞争与反不正当竞争,产品质量监督管理,消费者权益保护,市场调节与价格管制,等等。

企业发展制度涉及微观经济的基础。对大企业与中小企业,国有企业、民营企业和混合企业,需要鼓励和扶持发展的企业与必须限制甚至必须禁止发展的企业(如严重污染环境的),规划上、政策上、法律上如何协调,如何安排,既有统一,又有区别。促进是积极的,破产是消极的,但是从特定意义上讲,破产法也是一种促进法。把企业推向市场——国内市场和国际市场,让市场去评判、去检验,适者生存,不适者淘汰,这种经济的规律也就是博弈的规律。

对外开放制度将政府、企业的视野扩展到了国外、境外。国际贸易、国际投资等国际经济活动中的自由化、便利化与各国维护自己的经济主权、经济利益之间,充满着矛盾、摩擦与碰撞。发达国家与发展中国家之间的斗争最为激烈,即使是在发达国家之间,抑或发展中国家之间,亦是争端不断,此起彼伏。对外开放的过程,即是博弈的过程,特别是贸易、投资自由化、便利化与维护贸易进口国、吸收外资国的经济主权、经济利益的斗争。

3. 责任制度方面的博弈

违反经济法,企业应当承担什么责任,政府应当承担什么责任,非官方公共事务组织应当承担什么责任,其他有关单位或人员应当承担什么责任,法律本身应当规定清楚,执行起来方能有章可循。法律责任的落实,直接关系到博弈的结果。

综上所述,经济法制度既是法律博弈的结果,又是法律博弈的工具或方法。现在的经济法包括投资法研究中博弈分析太少,应当增补这一重要的分析思路。基于此,本书拟从"经济法中的博弈分析"走向"投资法中的博弈分析"。涉外投资法属于经济法的一个组成部分,经济法的博弈分析对涉外投资法的情况是完全适用的。

(二) 经济法的博弈理论对涉外投资法律实践的影响

理论来源于社会实践,又反过来指导社会实践。博弈理论与相互投资法律实践之间是如何联系乃至结合起来的呢?笔者认为,在涉外投资领域,只有合作博弈才能取得最佳收益组合。

1. 法律博弈与投资利益均衡

一是投资者的角度。众所周知,投资为着谋利,而且投资者与合营者、合作者各方都希望得到合理的和更多的回报,这就需要寻求各自利益的平衡点和共同利益的汇合点。

二是东道国的角度。"严格地讲,投资东道国吸引外资的政策和措施与外国投资者的需要之间不可能没有矛盾。但是,从东道国吸引外资的角度出发,能够将这种矛盾减少到最低限度应最有利于外资之进入。"[①]这就意味着,东道国政府与外来投资者所关注的问题,有些时候、有些场合没有"聚焦"在一起,还存在相当的差距。引资与投资作为一对矛盾,它们之间需要相互融通而不是相互对峙;作为这对矛盾的主要方面,一般来说,需要东道国更主动一些。

为此,必须谈判投资的条件,既要确立有关的法律依据(各国立法、双方协议等),还要签订具体的合同,将各方的权利、义务与责任明确地加以规定。谈判,该坚持的要坚持,可让步的应让步,求同存异,既体现为经济博弈,又体现为法律博弈。博弈的最终目标,仍是为着实现经济协调。

2. 法律博弈与防范、化解投资风险

投资本身存在风险,包括商业风险、非商业风险。商业风险是指由投资者生产经营方面的原因引起的风险;对此,投资者自己事先要作足够的分析和估计,事中和事后要作及时的、恰当的处理和补救。非商业性风险,包括政治风险和其他不可抗力。前者指由于战争、东道国的政局变动和重大经济政策的改变所遭受的损失;后者指由于地震、台风、水灾等自然灾害导致的损失。对政治风险,除依照国际公约和双方协定可以免除责任者外,负有责任的一方应向由此遭受损失的另一方赔偿或补偿损失。对其他不可抗力,可根据不同情况减免责任。严格地说,商业风险及其他不可抗力不属法

---

① 王贵国:《国际投资法》,北京大学出版社 2001 年版,第 15 页。

第二章 相互投资法律博弈的理论分析

律博弈的范畴,政治风险则属于该范畴。

投资面临着竞争。比如,中国与东盟国家之间相互进行投资,与此同时,发达国家以及其他发展中国家也会向中国、向东盟国家投资,而中国和东盟国家也会向其他发达国家、发展中国家投资。竞争的结果,或许能够双赢,但更普遍的是优胜劣汰。

因而,作为投资者,随时都要树立效益观念与风险意识,以权衡利弊,趋利避害,即兼顾效率与安全,既要使投资获利最大化,又要防范与化解投资风险。最理想的投资博弈是合作博弈,或称均衡博弈,或称协调博弈。西方有一本题为《协调博弈——互补性与宏观经济学》的著作,其所提倡的"互补性"即是指消除非合作博弈的利益冲突,而使相关行为主体之间的利益得到协调。① 这一思路对于竞争与互补兼容的投资博弈亦有很大的启示。

3. 经济法在持续引资与投资亦即重复博弈中所起的制度性工具作用

两国之间的相互投资,特别是纳入"10+1"合作机制下的中国与东盟国家之间的引资与投资,乃是长期的合作行为,因而持续引资、投资与重复博弈实为同一过程。这也就是本书为什么要采用合作型法律博弈进行立论的缘由。

如前所述,相互投资需要共同行动,这种共同行动的根本准则乃是相应的制度、政策、法律。直接涉及外资的和与之相关的(如公司、合同、税收、外汇、外贸、海关、商检等)国内法、双边协定、区域性规则、世界性规则,它们分别属于一国的经济法和国际的经济法,为中国和东盟国家之间的相互投资提供重复博弈的工具或依据。

还须指出,对外贸易、涉外投资属于对外经济关系中的两大基本领域,有着各自的法律调整规则。然而,经济全球化浪潮使这两者更紧密地联系在一起,有关规则也就发生结合甚至某种程度的融合。因此,必须运用法律博弈的理论分析涉外投资与对外贸易的互动和融合现象。这里存在两种博弈:一是出口厂商与对外直接投资者之间的博弈;二是先投资者与后投资者之间的博弈。由此,具备对外直接投资条件者可能赢得两种竞争优势:较低边际成本掩护下的扩张优势和先发制人的先行者优势。② 可见,打入国际市

---

① 〔美〕罗素·W. 库珀:《协调博弈——互补性与宏观经济学》,张军等译,中国人民大学出版社 2001 年版。
② 姚杰、李好好:《对外直接投资与竞争优势:一种博弈论解释》,载《山西财经大学学报》2001 年第 23 卷第 4 期,第 73—75 页。

场必须审时度势,抢占先机;只要存在可能,而且符合 WTO 的相关要求,就可以将出口与投资结合运作。

推动贸易、投资一并考虑和处理的世界性成果突出的有两项:一是 1994 年"乌拉圭回合"将与贸易有关的投资措施问题列入了谈判议程,经过艰苦的较量,最后通过了《与贸易有关的投资措施协议》;二是在该次会议上,经过谈判,首次达成了《服务贸易总协定》。有学者将国际贸易与国际直接投资的相互作用概括为"互动及融合"[①];又有学者将国际投资与国际服务贸易的关系归纳为"鸡与蛋"的关系。[②] 国际间货物贸易、服务贸易与直接投资相互影响、相互促进的原理与规则,完全适用于中国与东盟之间的投资关系。"在中国与东盟国家关系中,经济往来历来就是重头戏,只不过以往双方以贸易和东盟对华投资为重点。"[③]现在的情况大不相同了。中国—东盟自由贸易区建设进程的启动,推动着双方贸易、投资和其他领域的经济合作,向着新的广度和深度进军。特别值得提出的是,2004 年 11 月举行的中国—东盟领导人会议上,双方就货物贸易、争端解决机制签署协议。它不仅会给中国—东盟自由贸易区创造一个良好的贸易环境,而且将会带动、促进投资协议的成功。而作为五大重点合作领域之一的"投资",不仅是要发展东盟到中国的投资,同时也要发展中国到东盟的投资。经济法包括涉外经济法,其在引资与投资的持续过程亦即重复博弈中愈益显示出制度性工具的作用。

本论文正是基于上述理论基础,而就投资者、政府如何参与和进行投资法律博弈展开分析的。由此,可将前面的简图演化为一个新的简图(图 4):

投资协调(要求)→经济法意义上的博弈(过程)
→经济法意义上的协调(直接结果)→投资协调(最终结果)

图 4

可以看出,图 4 与图 1 的路向是一致的。

---

① 徐泉:《国际贸易投资自由化法律规制研究》,中国检察出版社 2004 年版,第 134 页。
② 刘笋:《国际投资保护的国际法制——若干重要法律问题研究》,法律出版社 2001 年版,第 348 页。
③ 陈乔之等:《冷战后东盟国家对华政策研究》,中国社会科学出版社 2001 年版,第 56 页。

第二节 合作型法律博弈的现实基础

一、政治、外交关系的正常化

中国与东南亚国家有着传统的历史友谊。由于种种原因,相互关系也发生过一些曲折。但社会在向前发展,那些不愉快的事情已经成为过去。

至1991年,中国与东南亚10国全部建立或恢复了正常的外交关系。

1991年,中国开始与东盟对话;1992年,中国成为东盟的"磋商伙伴";1996年,中国与东盟的关系升格为"全面对话伙伴关系"。

1997年,双方发表《中国与东盟国家首脑会晤联合声明》,宣布建立"面向21世纪的睦邻互信伙伴关系"。1999至2000年,中国与所有东盟成员国分别签署或发表了面向21世纪的双边关系框架文件。

2001年11月,双方领导人达成共识,一致同意今后10年内建立中国—东盟自由贸易区。2002年11月,双方签署了《中国与东盟全面经济合作框架协议》,正式启动了中国—东盟自由贸易区的建设进程。与此同时,中国首次发表《中国参与湄公河次区域合作国家报告》。双方还发表了《关于非传统安全领域合作联合宣言》;签署了《南海各方行为宣言》。

2003年10月,在"10+1"领导人会议上,中国正式签署加入《东南亚友好合作条约》,这是中国第一次加入外地区的条约,中国也成为东南亚地区以外加入该条约的第一个大国。双方领导人还签署了《中国与东盟国家领导人联合宣言》,宣布建立"面向和平与繁荣的战略伙伴关系"。这次会议还签署了《全面经济合作框架协议》的修改协定书。此次会议的成果表明,中国与东盟的关系进入了政治、经济、社会、安全全面合作的新阶段。

2004年3月,东盟就台湾问题发表东盟常务委员会主席声明:东盟国家重申坚持一个中国政策。这是东盟第一次就台湾问题发表共同声明,表明了东盟全体成员国一致的立场。

2004年6月,中国与东盟10国外长举行了非正式会议,提出了发展中国与东盟关系的重要意见:(1)制定《推进中国—东盟战略伙伴关系行动计划》,以落实双方领导人2003年10月签署的"面向和平与繁荣的战略伙伴关系"的《联合宣言》。(2)为中国—东盟五大重点合作领域即农业、信息通信技术、人力资源开发、湄公河开发和相互投资及中小企业、公共卫生和科技等领域的合作制订全面框架。(3)逐步、有效地落实《南海各方行为宣言》。(4)中方重申早日签署《东南亚无核武器区条约》议定书。

2004年11月,中国—东盟领导人第8次会议在万象举行。双方达成了《货物贸易协议》、《关于争端解决机制协议》,通过了推进中国—东盟战略伙伴关系的行动计划,全面规划了今后五年在各领域的合作。

以上简略回顾了中国与东盟国家近十几年来政治、外交关系的迅速发展,这种坚实的政治法律基础,为包括投资关系在内的经济合作,提供了最为重要的保障。可以认为,政治、外交关系的正常化,是中国与东盟发展相互投资、进行合作型法律博弈的前提。

二、共同的经济利益要求

中国与东盟国家面临着迅速发展本国经济、尽快提高国际竞争力、特别是有效应付发达国家的种种压力的处境和任务。

中国与东盟国家之间经济上存在很强的互补性,从总体上看,各国的优势产品进入对方国家市场对双方的经济发展不无益处。而且,敏感产品并不多,贸易量也不大,不会给对方构成实质性威胁。因此,从一定意义上说,互补性大于竞争性,而且,互补也要在竞争中实现。

1997年亚洲金融危机大大削弱了一些东盟国家的经济实力,而中国的经济持续高速增长,因此,许多东盟国家表示要搭中国经济顺风车。另外,老挝、缅甸、柬埔寨三个国家经济落后,尚未完全摆脱封闭型经济体制,难以承受经济全球化的冲击,而建立中国—东盟自由贸易区的计划中包括帮助东盟新成员国(越南、老挝、缅甸、柬埔寨)有效参与并从中获益的安排。

加强贸易、投资和其他经济领域的合作,充分体现了共同的经济利益要求。正如《中国与东盟全面经济框架协议》中指出的:

——期望最大限度地降低壁垒,加深各缔约方之间的经济联系;降低成本;增加区域内贸易与投资;提高经济效率;为各缔约方的工商业创造更大规模的市场,该市场将为商业活动提供更多机会和更大规模的经济容量;以及增强各缔约方对资本和人力的吸引力;

——认识到工商部门在加强各缔约方之间的贸易和投资方面的重要作用和贡献,以及进一步推动和便利它们之间的合作并使它们充分利用中国—东盟自由贸易区带来的更多商业机会的必要性;

——认识到东盟各成员国之间经济发展的差异和对灵活性的要求,特别是为东盟新成员国更多地参与中国—东盟经济合作提供便利并扩大它们出口增长的需要,这要着重通过加强其国内能力、效率和竞争力来实现;

——认识到区域贸易安排在加快区域和全球贸易自由化方面能够起到的促进作用,以及在多边贸易体制框架中起到的建设性作用。

第二章　相互投资法律博弈的理论分析

中国与东盟国家签订的10个双边投资协定中,集中反映了"投资"是为着满足双方的"共同经济利益要求"的。比如,中国与印度尼西亚的投资协定阐明:"认识到促进此种投资将有助于促进经营的积极性和增进两国的繁荣。"

但是,共同的经济利益要求并不否认、并不排除双方也会存在一定的利益矛盾、利益冲突。例如:

中国与东盟的贸易纠纷可能增多。一方面,中国在纺织品、服装、鞋类、食品、谷物、建材、家电等产品上具有明显优势,在机电设备、精密仪器、钟表、车辆、金属产品、化工产品方面具有潜在优势,中国的优势产品如大量进入东盟市场有可能冲击东盟相关产业;另一方面,东盟的大米、橡胶、食用油、汽车、其他工业产品、矿产品、渔业产品等具有相当优势,东盟的优势产品如大量进入中国市场有可能引起中国经济波动。而这些贸易有的与投资是相连的。

中国与东盟的直接投资纠纷可能增多。1997年之后外资大量流出东盟,而中国吸引外资大量增长,这就形成了竞争不平衡的反差。与此同时,随着双方相互投资的增加,东道国政府与外来投资者之间,投资者与东道国合营者、合作者之间,东道国政府与投资者母国政府之间,难免会产生一些直接与投资相关的摩擦乃至仲裁、诉讼事件。

事实上,中国与东盟在投资领域的法律博弈,正是通过求同存异、消除摩擦,达到法律协调和经济协调。共同的利益要求决定了它们之间的法律博弈是合作型的,而不是对抗性的。

三、相同的市场经济地位

经济全球化和区域经济一体化立足于市场经济体制,以谋求贸易及投资自由化、便利化为理念。中国和东盟能否实现区域经济一体化,其前提之一是,它们的经济体制可否协调?

这里指的不是社会的政治制度、经济制度而是社会的经济体制及运行机制。东盟国家中,6个创始成员国——印度尼西亚、马来西亚、菲律宾、新加坡、泰国和文莱都实行市场经济,自无疑义。4个新成员国中,越南原来学前苏联的办法实行计划经济,20世纪末叶陆续改革开放,逐步实行市场经济。1995年通过的《越南社会主义共和国民法典》在"前言"中提出,越南要"致力于建设朝着社会主义方向的、有国家管理的市场机制调节的、多种经济成分并存的商品经济"。其他三国,柬埔寨、缅甸、老挝,虽然经济体制仍较为封闭,但也在逐步开放中,缅甸、柬埔寨相继成为WTO成员,足可为证。现在,老挝、越南正在争取加入 WTO。中国表示,坚定地支持老挝、越南尽早成为 WTO 正式成员。

倒是中国的市场经济地位问题遭受到不公平的对待。中国原先也是学前苏联的办法实行计划经济,但1978年底开始改革开放,1992年正式宣布经济体制改革的目标是实行社会主义市场经济,并在1993年以宪法修正案确定之。1997年中国颁布《价格法》,宣称:"国家实行并逐步完善宏观经济调控下主要由市场形成价格的机制。价格的制定应当符合价值规律,大多数商品和服务价格实行市场调节价,极少数商品和服务价格实行政府指导价或者政府定价。"从2001年公布的调查情况来看,中国98%的商品都是根据市场定价的,这已经达到了市场经济标准。但是,由于美国的作梗,中国虽然加入了WTO而其市场经济地位却成了"问题"。

许多国家对这一问题是持公正态度的。2004年4月14日,新西兰率先承认中国为市场经济国家;其后,东盟国家中的新加坡首先宣布承认中国市场经济地位。至2004年底,已有36个国家承认中国完全的市场经济地位。① 特别要指出的是,在2004年11月29日签署的《中国与东盟全面经济

---

① 若干国家承认中国市场经济地位时间一览表

国家	时间	备注	国家	时间	备注
新西兰	2004年4月14日				
新加坡	2004年5月14日				
马来西亚	2004年5月29日				
吉尔吉斯	2004年6月16日				
泰国	2004年6月21日				
多哥 贝宁	2004年6月26日前后				
南非	2004年6月29日				
菲律宾	2004年9月3日				
印度尼西亚代表东盟10国	2004年9月4日				
文莱	2004年9月22日				
格鲁吉亚	2004年9月22日				
			巴西	2004年11月12日	
			阿根廷	2004年11月17日	
			秘鲁	2004年11月20日	
			巴基斯坦	2004年12月15日	
亚美尼亚	2004年9月27日		委内瑞拉	2004年12月23日	

第二章 相互投资法律博弈的理论分析

合作框架协议货物贸易协议》中,专设一条即第 14 条,题为"承认中国市场经济地位",全文如下:"东盟 10 国中每一个成员国同意承认中国是一个完全市场经济体,自本协议签署之日起,将对中国与东盟 10 国中任何一个成员之间的贸易,不适用《中华人民共和国加入世界贸易组织协定书》第 15 条和第 16 条以及《中国加入世界贸易组织工作组报告书》第 242 段。"①中国方面认为,这是东盟对中国的宝贵支持,将有力地推进双方自由贸易区建设

---

① 客观地评析,这 3 条对一个市场经济体是不大公平的。
为分析方便,兹将这 3 条内容转录于下:
《中华人民共和国加入协定书》
第 15 条 确定补贴和倾销时的价格可比性
GATT1994 第 6 条、《关于实施 1994 年关税与贸易总协定第 6 条的协定》("《反倾销协定》")以及《SCM 协定》应适用于涉及原产于中国的进口产品进入一 WTO 成员的程序,并应符合下列规定:
(a) 在根据 GATT1994 第 6 条和《反倾销协定》确定价格可比性时,该 WTO 进口成员应依据下列规则,使用接受调查产业的中国价格或成本,或者使用不依据与中国国内价格或成本进行严格比较的方法;
(i) 如受调查的生产者能够明确证明,生产该同类产品的产业在制造、生产和销售该产品方面具备市场经济条件,则该 WTO 进口成员在确定价格可比性时,应使用受调查产业的中国价格或成本;
(ii) 如受调查的生产者不能明确证明生产该同类产品的产业在制造、生产和销售该产品方面具备市场经济条件,则该 WTO 进口成员可使用不依据与中国国内价格或成本进行严格比较的方法。
(b) 在根据《SCM 协定》第二、三及五部分规定进行的程序中,在处理第 14 条(a)项、(b)项、(c)项和(d)项所述补贴时,应适用《SCM 协定》的有关规定;但是,如此种适用遇到特殊困难,则该 WTO 进口成员可使用考虑对中国国内现有情况和条件并非总能用作适当基准这一可能性的确定和衡量补贴利益的方法。在适用此类方法时,只要可行,该 WTO 进口成员在考虑使用中国以外的情况和条件之前,应对比现有情况和条件进行调整。
(c) 该 WTO 进口成员应向反倾销措施委员会通知依照(a)项使用的方法,并应向补贴与反补贴措施委员会通知依照(b)项使用的方法。
(d) 一旦中国根据该 WTO 进口成员的国内法证实其是一个市场经济体,则(a)项的规定即应终止,但截至加入之日,该 WTO 进口成员的国内法中须包含有关市场经济的标准。无论如何,(a)项(ii)目的规定应在加入之日后 15 年终止。此外,如中国根据该 WTO 进口成员的国内法证实一特定产业或部门具备市场经济条件,则(a)项中的非市场经济条款不得再对该产业或部门适用。
第 16 条 特定产品过渡性保障机制
1. 如原产于中国的产品在进口至任何 WTO 成员领土时,其增长的数量或所依据的条件对生产同类产品或直接竞争产品的国内生产者造成或威胁造成市场扰乱,则受此影响的 WTO 成员可请求与中国进行磋商,以期寻求双方满意的解决办法,包括受影响的成员是否应根据《保障措施协定》采取措施。任何此种请求应立即通知保障措施委员会。
2. 如在这些双边磋商过程中,双方同意原产于中国的进口产品是造成此种情况的原因并有必要采取行动,则中国应采取行动以防止或补救此种市场扰乱。任何此类行动应立即通知保障措施委员会。
3. 如磋商未能使中国与有关 WTO 成员在收到磋商请求后 60 天内达成协议,则受影响的 WTO 成员有权在防止或补救此种市场扰乱所必需的限度内,对此类产品撤销减让或限制进口。任何此类行动应立即通知保障措施委员会。
4. 市场扰乱应在下列情况下存在:一项产品的进口快速增长,无论是绝对增长还是相对增长,从而构成对生产同类产品或直接竞争产品的国内产业造成实质损害或实质损害威胁的一个重要原因。在认定是否存在市场扰乱时,受影响的 WTO 成员应考虑客观因素,包括进口量、进口产品对同类产品或直接竞争产品价格的影响以及此类进口产品对生产同类产品或直接竞争产品的国内产业的影响。

和经贸合作;中方对此表示感谢。

现在,对中国市场经济地位问题,澳大利亚、加拿大、日本、欧盟、美国等

5. 在根据第3款采取措施之前,采取此项行动的WTO成员应向所有利害关系方提供合理的公告,并应向进口商、出口商及其他利害关系方提供充分机会,供其就拟议措施的适当性及是否符合公众利益提出意见和证据。该WTO成员应提供关于采取措施的决定的书面通知,包括采取该措施的理由及其范围和期限。

6. 一WTO成员只能在防止和补救市场扰乱所必需的时限内根据本条采取措施。如一措施是由于进口水平的相对增长而采取的,而且如该项措施持续有效的期限超过2年,则中国有权针对实施该措施的WTO成员的贸易暂停实施GATT1994项下实质相当的减让或义务。但是,如一措施是由于进口的绝对增长而采取的,而且如该措施持续有效的期限超过3年,则中国有权针对实施该措施的WTO成员的贸易暂停实施GATT1994项下实质相当的减让或义务。中国采取的任何此种行动应立即通知保障措施委员会。

7. 在迟延会造成难以补救的损害的紧急情况下,受影响的WTO成员可根据一项有关进口产品已经造成或威胁造成市场扰乱的初步认定,采取临时保障措施。在此种情况下,应在采取措施后立即向保障委员会作出有关所采取措施的通知,并提出进行双边磋商的请求。临时措施的期限不得超过200天,在此期间,应符合第1款、第2款和第5款的有关要求。任何临时措施的期限均应计入第6款下规定的期限。

8. 如有WTO成员认为根据第2款、第3款或第7款采取的行动造成或威胁造成进入其市场的重大贸易转移,则该成员可请求与中国和/或有关WTO成员进行磋商。此类磋商应在向保障措施委员会作出通知后30天内举行。如此类磋商未能在作出通知后60天内使中国与一个或多个有关WTO成员达成协议,则请求进行磋商的WTO成员在防止或补救此类贸易转移所必需的限度内,有权针对该产品撤销减让或限制自中国的进口。此种行动应立即通知保障措施委员会。

9. 本条的适用应在加入之日后12年终止。

《中国加入工作组报告书》

242. 中国代表同意下列规定适用于纺织品和服装产品贸易,直至2008年12月31日,并成为中国加入条款和条件的一部分:

(a) 如一WTO成员认为《纺织品与服装协定》所涵盖的原产于中国的纺织品和服装产品自《WTO协定》生效之日起,由于市场扰乱、威胁阻碍这些产品贸易的有关发展,则该成员可请求与中国进行磋商,以期减轻或避免此市场扰乱。请求进行磋商的成员在提出磋商请求时,应向中国提供关于磋商的原因和理由的详细事实声明,并附提出磋商请求成员认为能够证明下列内容的现行数据:(1) 市场扰乱的存在或威胁;及(2) 在该市场扰乱中原产于中国产品的作用;

(b) 磋商将在收到磋商请求后30天内进行。双方将在收到此种请求后90天内,尽一切努力就双方满意的解决办法达成协议,除非双方同意延长该期限;

(c) 在收到磋商请求后,中国同意将对这些磋商所涉及的提出磋商请求成员的一个或多个类别的纺织品或纺织制成品的装运货物,控制在不超过高于提出磋商请求的当月前的最近14个月中前12个月进入该成员数量的7.5%(羊毛产品类别为6%)的水平;

(d) 如在90天磋商期内,未能达成双方满意的解决办法,则磋商将继续进行,提出磋商请求的成员可继续根据(c)项对磋商涉及的一个或多个类别的纺织品或纺织制成品实行限制;

(e) 根据(d)设立的任何限制的条件将自提出磋商请求之日起至提出磋商请求当年的12月31日止的期限有效,或如果提出请求时该年只余3个月或更少时间,则在提出磋商请求后12个月结束的期限有效;

(f) 根据本规定采取的行动的有效期不得超过1年,且不得重新实施,除非有关成员与中国之间另有议定;以及

(g) 不得根据本规定和议定书(草案)第16条的规定对同一产品同时适用措施。

工作组注意到这些承诺。

发达国家的态度也不同程度地有所松动。关键在于美国如何消除偏见与歧视。

据悉,美国商务部对"中国市场经济"提出的 6 个要求或标准是:货币的可兑换程度;劳资双方进行工资谈判的自由程度;设立合资企业或外资企业的自由程度;政府对生产方式的所有和控制程度;对资源分配、企业的产出和价格决策的控制程度;商务部认为合适的其他判断因素。撇开美国的"超级大国"姿态与单方设定的标准是否合理,就前面 5 个方面而言,中国的经济体制仍存在与市场经济不一致的地方,但总体上是符合市场经济的要求或标准的,特别要指出的是,中国正在致力于提高对内和对外贸易、投资的自由、便利程度。

客观地承认中国和东盟国家的市场经济地位,中国和东盟相互投资合作型法律博弈才有现实的基础。

四、中国—东盟自由贸易区的制度安排

中国与东盟决心在 10 年内建成中国—东盟自由贸易区,必将为贸易、投资和其他经济领域的合作形成有约束力的制度安排。建立中国—东盟自由贸易区,制度化建设是联结各方关系的关键环节。双方对此已有许多共识。突出表现在《中国与东盟全面经济合作框架协议》中,反复提及体制、机制的作用。如第 1 条"目标"中关于"创造透明、自由和便利的投资机制";第 2 条"全面经济合作措施"中关于"建立开放和竞争的投资机制";第 5 条"投资"中关于"促进投资并建立一个自由、便利、透明并具有竞争力的投资体制"、"逐步实现投资机制的自由化"、"提高投资规章和法规的透明度";第 11 条"争端解决机制"中关于"建立适当的正式的争端解决程序与机制";等等。

文明制度、法律制度,这是现代社会进步的重要标志。尤其是解决跨国关系问题,必须依据法律与合同。中国—东盟自由贸易区将形成若干具体的制度安排,如货物贸易协议、服务贸易协议、原产地规则、投资协议和其他经济合作协议,为进行合作型法律博弈,包括投资领域的法律博弈,奠定坚实的现实基础。

实现经济顺利运转的要求,必然依赖相应的法律制度的规范、促进与制约。这里应把理论上的合理性与实践上的可行性结合起来考量。正如有学者指出的:"解决问题也必须在制度上出现一些不仅从逻辑上说应该是可能出现的,而且从实践上说应该是能够实现的变化。"①中国与东盟之间,正是已经出现了实行合作型法律博弈的现实变化。

第三节 合作型法律博弈的要素组合

一、博弈的主体(参与者)

(一)主体的类型

在本书所研究的投资关系中,从宏观的角度来看,博弈的主体有:中国与东盟各国;中国与东盟整体;中国与东盟未来共同建立的区域性投资实体。这里,政府的角色十分突出。

从微观的角度来看,博弈的主体有:投资者——个人(国民)、企业(公司),东道国的合营者或合作者。其中,特别值得提出的是作为投资者的跨国公司。

所以,两国相互投资关系中的法律博弈,远比两个或两对选手之间的下棋、打球等游戏、体育竞赛的情况复杂得多。尽管主体情况多样化,但仍可以突出一个中心,这就是东道国政府与外来投资者之间的利益博弈与协调。

(二)政府

政府作为国民经济的管理者、社会秩序的维护者,无论是国家干预主义抑或自由放任主义,都没有否认过它,只不过认可的程度有所差别而已。政府无所不能的观念早已过时,无政府主义也不能适应社会要求。现代社会的政府正是在"有所为有所不为"的原则下行使其对社会经济的管理职能的。有鉴于此,政府(这里"政府"是作为"国家"的代名词,尽管政府不等同于国家)成为经济法中的基本主体之一。

建立、发展和协调两国之间的投资关系,首先是政府的行为。政府决定接受和利用外国投资的方针、政策、法律措施;政府出面签署双边或多边投资协定;政府对外来投资实行一定的审查批准手续等等,亦显示出政府参与国际经济活动的职能。

发达国家一向通过政府的对外活动提高其国际地位,获取更大的利益。正如美国学者直言不讳的那样:"近年来,国际贸易和国际金融对美国的重要性迅猛增加。政府现在在国际舞台上代表的是国家的利益,与其他国家

---

① 〔法〕阿莱克西·雅克曼、居伊·施朗斯:《经济法》,商务印书馆1997年版,第112页。

第二章 相互投资法律博弈的理论分析

就各种经济问题进行谈判,签订对美国有利的协定。"①

发展中国家更要重视发挥政府的作用。中国政府领导人曾在一次国际性论坛上指出:"国家要实现经济振兴,必须充分发挥市场和政府的作用。我们需要更加重视市场力量和市场规律,鼓励竞争,增强经济活力和效率。同时,一个强有力的政府是实现国家经济发展和繁荣的重要保障。关键是要找准政府在市场经济中的定位,积极主动和正确地发挥政府对国民经济的宏观调控作用。"②现在,中国已明确中央和地方政府的管理职责为经济调节,市场监管,社会管理,公共服务。

对东盟国家而言,第二次世界大战结束之后的半个多世纪,特别是近二三十年来,在利用外资方面成绩突出,但问题也还不少。世界银行组织的一个研究报告专设一章"东南亚政府政策角色之反思",列举了泰国、马来西亚、印度尼西亚等国的产业政策、利用外资、国家干预及官员"寻租"情况,得出的结论性意见是:"即使政府的角色需要规范,国家能力还是值得提倡";"尽管现代人对政府干预有偏见,但问题的关键不在于政府是否干预,而应该理性地分析政府适当干预的条件和政策目标。"③这些分析颇为中肯。笔者认为,理性的政府、合适的政策,对于改进东南亚国家的涉外贸易投资关系,有着至关重要的现实意义。

在中国与东盟相关投资关系的法律博弈中,各国政府通过管理和协调、参与和干预,扮演着十分重要的角色。

(三) 投资者

1. 个人(国民)

在中国与东盟各国双边投资协定中,"投资者"之一为个人(即国民),一般指具有该缔约国一方国籍的自然人,也可泛指按照该缔约国法律为该国公民或国民的任何人。

东盟各国的个人,可以依法到外国去投资,也可以依法与前来本国投资的外国人进行合营或合作。但中国目前的法律尚未放开中国个人与外来投资者合营或合作,这是有待改进的。事实上,中国方面对此亦有所松动。比如,根据中国1994年《对外贸易法》的规定,中国的自然人不能从事对外贸

---

① 保罗·萨缪尔森等:《经济学》(第16版),华夏出版社1999年版,第231页。
② 《人民日报》1999年12月1日第6版。
③ 约瑟夫·E.斯蒂格利茨、沙希德·尤素福:《东亚奇迹的反思》,王玉清等译,中国人民大学出版社2003年版,第333、336页。

易经营活动。但根据中国加入 WTO 所作出的承诺,应当进一步放宽外贸经营权的范围;同时也还要注意到在国际服务贸易和技术贸易以及边贸活动中,自然人从事外贸经营活动已大量存在,因此,中国 2004 年修改《对外贸易法》时,已将外贸经营者的范围扩大到依法从事外贸经营活动的"个人"。笔者认为,基于基本同样的理由,《中外合资经营企业法》、《中外合作经营企业法》也需修改,将中国合营者、合作者的范围扩大到依法从事投资合营或合作的"个人"。

作为投资独立主体的"个人",与作为投资主体的"企业"在投资经营活动中具有同等的法律地位,可以平等的法律身份参与投资博弈。

2. 企业(公司)

在中国与东盟各国双边投资协定中,另一"投资者"为企业(绝大多数企业均以公司名义出现,尤其是在对外经济关系中),可以是法人或者非法人,可以是经济组织或者其他经济实体。

企业是民事经济法律关系的基本主体之一,同样也是国际投资关系、国际投资法律关系的基本主体之一。其中特别显赫的当属跨国公司。

对跨国公司,必须全面进行考察,客观、准确地评价其影响。目前,全球已有数以万计跨国公司,多数集中于几个最发达的国家。对跨国公司,国际上并无一个统一的定义。1986 年,《联合国跨国公司行为准则草案》提出的意见是:"一个企业,组成这个企业的实体设在两个或两个以上的国家,而不论这些实体的法律形式和活动范围如何。这种企业的业务是通过一个或多个政策中心,根据一套决策办法经营的,因而具有一贯的政策和共同的战略;企业的各个实体由于所有权或别的因素有关联关系,其中一个或几个以上的实体能对其他实体的活动产生重要影响,尤其是可以同其他实体分享知识、资源以及分担责任。"[①]但是,各国对哪些类型的企业可以划入跨国公司范围并受其行为准则约束,至今未能达成共同协议。

人们看到,一方面,跨国公司是从事国际直接投资的最基本主体,美国、欧盟、日本的跨国公司囊括了全球直接投资的 80% 左右,对世界经济的发展起到积极的推动作用。可是,另一方面,"当东道国为发展中国家时,跨国公

---

① 《联合国跨国公司行为守则草案》第 1 条,载联合国文件第 ST/CTC/SER. A/4 号附件一,1986 年 9 月。

第二章　相互投资法律博弈的理论分析

司的控制与渗透就是相当危险的事了"①;以至于有的发展中国家认为,跨国公司对东道国经济的控制是对第三世界经济独立的严重损害。②

发展中国家也有一些跨国公司。为促进中国与东盟国家的相互投资关系,应当充分发挥各国跨国公司的作用,同时也要防止跨国公司对东道国不适当的控制与渗透,甚至是明显的损害。

(四) 其他主体

在博鳌亚洲论坛年会上,中国领导人提出:"中国愿同亚洲各国加强宏观经济、金融政策的协调,探索建立区域性投资实体、债券市场、金融合作体系。"③何为"区域性投资实体",这是一个很有意义的新问题。笔者初步思考,至少可有两种做法:一是两国以上共同创建的跨国投资公司;二是相当于目前东盟投资区的设计,但又比它内部联系更为紧密的共同投资区。区域性投资实体的出现,将为中国与东盟相互投资法律博弈增加新的内容和特色。

除了建立区域性投资实体之外,还可以考虑建立双边投资促进机构。这里,可引出几种参考。其一,2003年《中国对欧盟政策文件》提出:"加强投资对话,推动建立双边投资促进机构,积极引导双方企业相互投资,扩大中小企业合作;开展加工贸易、承包工程和各种劳务合作,鼓励跨国经营和国际化生产。"其二,2003年中国与新加坡成立了双边合作联合委员会,2004年举行了首次会议。其三,2004年中国与马来西亚发表联合公报,其中提出:"双方还将继续鼓励两国企业在第三国进行联合投资。"其四,2004年中国泛珠三角各城市投资促进机构共同发表了《泛珠三角城市投资机构合作宣言》,提出了"优势互补,资源整合,区域合作,共同发展"的合作机制。

借鉴以上材料,笔者建议,有必要建立中国与东盟之间的双边投资促进机构(如称中国、东盟双边投资促进委员会之类)作为政府的辅助力量,作为政府与企业的桥梁,作为中国与东盟企业之间的中介,发挥特殊的非政府公

---

① 刘笋:《国际投资保护的国际法制——若干重要法律问题研究》,法律出版社2001年版,第489页。

② See Jurgen Voss, The Protection and Promotion of Foreign Direct Investment in Developing Countries: Interests, Interdependencies, Intricacies, *International and Comparative Law Quarterly*, Vol. 31, 1982, p.692.

③ 胡锦涛:《中国的发展　亚洲的机遇——在博鳌亚洲论坛2004年年会开幕式的演讲》,2004年4月24日。

共事务机构的作用——如前所述,非政府公共事务机构亦是现代经济法中的主体之一。

由政府、投资者(包括个人和企业)、其他参与投资活动的机构,组成了相互投资关系法律博弈的主体体系。其中,应以外来投资者与东道国政府以及外来投资者与东道国合营者、合作者之间的博弈为重点展开研究。

二、博弈的目标或预期的结局

(一)预定的目标或预期的结局在合作型博弈中的定位

"凡事预则立,不预则废。"由于博弈所特有的不确定性,若没有预先的目标、计划和准备,很难应付实际中可能出现的种种情况;即便事先无法确定胜负,但有了较为合理的目标、较为充分的计划和准备,胜利的把握自然会更大一些。

依照博弈论的一般理解,博弈可包含三个要素:一是主体;二是策略(又分信息、决策、实施);三是结局。一般而言,应该先研究策略,而后才能谈到结局。可是,现实生活中,尤其是在合作型法律博弈中,必须先确定一个共同目标,参加博弈的各方无论采取什么策略,都是为着实现这个共同目标而努力的,尽管这种目标不一定能够完全实现。

(二)最优化目标

此处"目标"或"结局",亦即参加博弈各方的利益或收益。以什么为最优化目标呢?

1. 帕累托最优

帕累托最优(Pareto-optimal),即博弈的一个解被称为帕累托最优的,如果不存在其他的策略组合,在其中至少一个参与人的状况能更好而其他参与人的状况不会恶化。[1]

2. 纳什均衡

纳什均衡(Nash equilibrium)是博弈理论核心的解概念。它基于这样一个原理,即参与人可能采取的策略组合是其中给定其他参与人选取的策略没有人能通过选取别的策略而改善自己状况的策略组合。有一对策略,在给定其中一个策略时,另一个策略不可能被其他策略所改进,则这一对策略构成纳什均衡。我们可以通过考察是否有参与人的激励偏离来确定一个策

---

[1] 道格拉斯·G. 拜尔、罗伯特·H. 格特纳、兰德尔·C. 皮克:《法律的博弈分析》,严旭阳译,法律出版社1999年版,第345页。

略组合是否构成纳什均衡①。

3. 双赢或共赢

本书探讨中国与东盟之间相互投资的法律博弈,是置于经济全球化和区域经济一体化的条件下的。"当今世界经济舞台上,各国都要谋求发展,而发展充满着竞争,在竞争中又发生各种合作。可以说,发展、合作、竞争三位一体。"②

帕累托最优、纳什均衡虽然可以使博弈参与人的一方或双方实现自己理想的结局,但都多限于微观的考虑,未能达到整体上的增量效应。合作型法律博弈的最高目标或最后结局应该是双赢或共赢。比如,《世界经济发展宣言》(珠海宣言)的目标是:"为了推动建立平等互惠、相互依存、共同发展的世界经济新秩序,实现联合国千年首脑会议确定的千年发展目标";博鳌亚洲论坛的目标是:亚洲寻求共赢;《泛珠三角区域合作框架协议》确定的目标是:中国南部九省区(福建、江西、湖南、广东、广西、海南、四川、贵州、云南)和两个特别行政区(香港、澳门)要"形成合作互动、优势互补、互利共赢、共同发展的格局,拓展区域发展空间,共创美好未来"。以上关于国际、国内的范例都包含"共同发展"的主题,确实体现出当今的历史潮流。

如前所述,中国提出建立"新型合作关系"。中国与东盟的立场是完全一致的。例如,1998年10月,当时的东盟秘书长鲁道夫·塞利纳在一个演说中提出:"合作的目标应该是建立自由的经济政策;开放的贸易和投资体系;不断一体化的市场;以及建立在相互信任与合作、协调一致、利益均衡基础上的地区安全。"③这种意见也可适用于说明如何构建现在的中国与东盟的关系。

笔者认为,中国与东盟在投资领域的这种合作型法律博弈应符合当今历史潮流,其目标可定为:促进相互投资,实现共同发展。本书自始至终都围绕这一主题展开和深入。

---

① 道格拉斯·G.拜尔、罗伯特·H.格特纳、兰德尔·C.皮克:《法律的博弈分析》,严旭阳译,法律出版社1999年版,第343页。

② 呼书秀:《应对全球化挑战的中国涉外经济法》,载《经济法制论坛》2003年第2期,第25页。

③ Rodolfo C. Severino. JR. ASEAN Rise to challenge, Published by the ASEAN secretariat, Jakarta, November 1999, p.97.

三、博弈的规则

（一）从鼓励、保护、监管三个角度协调投资关系的规则

综观国际投资，包括中国与东盟国家相互投资，协调投资关系具体表现为鼓励投资、保护投资以及投资监管三个方面的内容。考察近几十年来尤其是进入 21 世纪前后中国、东盟各国的投资立法，以及从 1985 年至 2001 年中国与东盟国家达成的 10 个双边投资协定，均围绕上述内容而约定各方的权利义务。

关于鼓励投资方面，主要包括：依法鼓励并接受外资进入；指导外商投资方向；允许更为灵活的投资方式；给予非歧视待遇，特别是最惠国待遇；提供各种便利。

关于保护投资方面，主要包括：依法维护外商和外商投资企业的法律地位；对征收的限制；损害或损失补偿；投资及收益的汇回；代位权；缔约双方争议的解决；缔约一方的投资者与缔约另一方之间因投资产生的争议的解决。

关于投资监管方面，主要包括：东道国对外来投资的合理性及可行性的监管；投资者母国对其境外投资企业的监管。需要指出的是，监管必须适当，而且监管同时也应是一种服务。

对投资的鼓励、保护、监管三个方面，学者们曾进行过许多分析。例如，有学者认为，国际投资法的作用具体表现在如下三个方面：保护国际投资；鼓励国际投资；管理外国投资。[①] 有学者认为，国际投资法主要是指管辖外国直接投资的各种法律制度，其主要内容包括外国资本的进入，对外资的管理和监督，以及对外资的法律保护这三个方面。其中，鼓励、保护和必要的监督、控制是国际投资法的核心。[②] 有学者认为，发展中国家关于国际投资的法制包括：保护外国投资，鼓励外国投资，管制外国投资，以及管制和鼓励海外投资。[③] 然而，上述著述都未能涉及中国与东盟之间的投资关系。

针对中国与东盟之间的投资关系及其法律调整的现状，笔者提出以下两点意见：

第一，鼓励、保护、监管三种机制，各有侧重，形成一体，其目的都是为了

---

① 余劲松、吴志攀主编：《国际经济法》，北京大学出版社、高等教育出版社 2000 年版，第 202—204 页。
② 沈四宝等编著：《国际商法》，对外经济贸易大学出版社 2002 年版，第 155 页。
③ 曾华群主编：《国际投资法学》，北京大学出版社 1999 年版，第 309 页。

协调利益、促进投资。鉴于目前中国与东盟之间投资的绝对量远远不能适应形势发展的要求,因而"鼓励投资"应当作为协调投资关系的首要考虑。

第二,投资鼓励、投资保护、投资监管都是动态的过程,必须经过法律博弈,尤其是投资自由化、便利化与东道国对外资管辖权的博弈,达到法律协调,最后实现经济协调。

基于上述考虑,本书在分论部分专设投资促进的法律博弈、投资保护的法律博弈、投资监管的法律博弈等三章,对发展相互投资的法律机制问题展开研究。

(二)从法与合同两个层面避免投资冲突、解决投资冲突的规则

1. 法的层面

当今世界上,达成国际投资领域内的协调可以采取两种法律方式:一是适用统一实体法规范,即通过消除不同国家或不同法域地区的某些实体法的差异,直接避免可能产生的法律冲突。例如,前述中国与东盟国家签订的关于相互鼓励和保护投资的协定,在一定程度上可以起到避免投资法律冲突的作用。但是,它们之间不尽一致,而且某些规定有待更新和发展。二是适用冲突法规范,即根据其所指引的,用来确定当事人权利义务关系的某项实体法——准据法(可以是本国法,也可以是外国法),具体解决已成为现实的法律冲突。例如,中国 1986 年的《民法通则》第八章中关于"涉外民事关系的法律适用"的规定,中国 1999 年的《合同法》总则第八章中关于"在中华人民共和国境内履行的中外合资经营企业合同、中外合作经营企业合同、中外合作勘探开发自然资源合同,适用中华人民共和国法律"的规定;越南 1995 年的《民法典》第七编中关于"涉外民事关系适用法律"的规定,等等。

完整的投资法律体系,可表示如下:

```
              ┌ 资本输入国(东道国)法 ┌ 外国投资法
              │                      │ 与投资相关的法
  国内法规范 ┤                      └ (公司法、合同法、外汇法、税法等)
              │                      ┌ 对外投资法
              └ 资本输出国(投资者母国)法 ┤
                                      └ 对外投资保险法
              ┌ 双边投资协定
              │ 区域性投资规范——中国—东盟自由贸易区投资协议
  国际法规范 ┤            ┌ 联合国体系 ┌ 有关投资的世界性多边条约
              │ 世界性     │           └ 联合国大会的规范性决议中有关投资的部分
              └ 投资规范  └ WTO 体系  ┌ 关于投资的协定
                                      └ 其他相关协定
```

实现中国、东盟相互投资关系的法律协调,必须将从国际法层面、国内法层面如何避免投资冲突、解决投资冲突的规则融为一体,以利于进行合作博弈。

2. 合同层面

合同确定当事人之间的权利义务。投资者与合营者、合作者之间,投资者与东道国政府之间,通过各种谈判或洽商,设立相关的协议、合同、章程,即达成共同认可的、对各方均具有约束力的具体规则和义务要求。这既是博弈的结果,又为今后的博弈提供了依据和工具。

四、博弈的策略

(一) 策略及策略组合

策略指的是根据实际情况而制定和采取的行为方针、方式和办法。中国古代兵法上所称"三十六计",即是指策略及策略组合。

在经济全球化和区域经济一体化的大背景下,可以将中国与东盟投资关系中合作型法律博弈的策略概括为:导向的市场化和运行的机制化;微观上的互利和宏观上的共赢。

(二) 以市场化、机制化为指导思想

中国与东盟的相互投资关系立足于市场经济条件,因此要相互开放而不要自我封闭,要灵活应变而不可墨守成规。

组织、推进和具体进行投资交往立足于正在建设中的中国—东盟自由贸易区框架,因此,合作组织要机制化而不能过于松散,合作方式要遵守法律、协定与合同而不能任意行事。

(三) 以互利、共赢为基本共识

综观中国与东盟各国的双边投资协定,虽然个别措辞不尽相同,但总的基调是一致的,即:愿为一国国民和公司在另一国领土内的投资创造良好的条件,以此促进其经营的积极性;愿借此发展两国间的经济合作,以增进两国的繁荣。这样,投资者的利益、国家(东道国、投资者母国)的利益都列入了双方投资博弈的视野。

在这种共识之下,可以采取许多具体的策略。例如,有学者提出,对外资准入的法律管制应采取放宽和加强相结合的政策,对外资经营的法律管制应采取逐步放宽的政策。[①] 又有学者提出,要确立以积极引进、加强引导、

---

① 陈安主编:《国际经济法学专论(下编 分论)》,高等教育出版社2002年版,第632—633页。

合理限制和严密监督为主的应对跨国公司的政策及法律原则。① 各种策略,都应有利于引资、投资各方取得最大利益和共同发展。

(四) 以公开、公平、公正和投资自由化、便利化为行为准则

1. 公开、公平、公正

合作型法律博弈,除国家秘密和商业秘密外,凡依法应当公开的都要以公开的方式进行,不能搞暗箱操作。这与国际经济领域要求的透明度是一致的。

公平是博弈双方利益的平衡或均衡,应当作为合作型法律博弈的核心原则。正如合同法上规定的,当事人应当遵循公平原则确定各方的权利和义务。

公正表示正义性,坚持公道,不偏不倚,这也是合作型法律博弈必须遵循的准则。

西方有学者著书题为《博弈论与社会契约》,其第1卷为"公平博弈",第2卷为"公正博弈"。② 从这两卷书的标题上,可以看出,公平、公正准则在合作博弈中起到重要的指导和规范作用。

2. 投资自由化、便利化

这是国际投资领域正在逐步推行,且中国与东盟全面经济合作中正在逐步推行的目标和准则。

所谓投资自由化,是指在法定范围内,对外国投资者资本的进入、营运和退出,给予高度自主权。所谓投资便利化,是指在法定范围内,对外国投资者资本的进入、营运和退出,实行程序简化、手续方便。前者反映的是实体权利,后者表现的是程序权利。可以认为,中国—东盟自由贸易区的建设进程,就双方投资关系而言,正是逐步走向自由化、便利化的发展过程。③

投资自由化、便利化表现为许多的措施,它是一个长期的过程,不是一纸协议就能实现的,需要进行重复博弈,不断创造条件,逐步提高水平。

五、上述诸要素的有机组合——主体的战略行为

法律调整的是社会关系,社会关系的表现是主体的行为。古人云:"运

---

① 徐泉:《国际贸易投资自由化法律规制研究》,中国检察出版社2004年版,第270—271页。
② 肯·宾默尔:《博弈论与社会契约》,王小卫等译,上海财经大学出版社2003年版。
③ 呼书秀:《论促进中国与东盟相互投资的法律协调》,全国经济法理论研讨会论文(2003年12月),载吴志攀主编:《经济法学家(2003)》,北京大学出版社2005年版,第392页。

用之妙,存乎一心。"这个"妙",就是知己知彼、审时适变,就是能动性、灵活性。法律博弈的主体——投资者、政府,在双赢、共赢的目标下,遵循通行有效的规则,采用灵活多样的策略,通过一次或多次的、短期或长期的投资活动,实现预期的结局——更多的利益创造和更合理的利益分配,从而形成通过合作型投资法律博弈以建立合作型投资法律机制的基本模式。

第四节 合作型法律博弈的多样路径

一、创建透明的、完备的涉外投资法体系

(一) 透明度

透明度是WTO的一项原则。它要求各成员必须公布所有涉外经贸法律、法规和部门规章,未经公布的不得执行。与WTO相关协定有关的法律、法规应向WTO通知。在WTO成员请求下,在涉外经贸法律、法规颁布后90天内,提供译成WTO正式语文的文本。对有关成员的咨询应给予完整的答复,对企业、个人也应提供准确、可靠的贸易政策的信息。

这种透明度原则完全可以用到中国、东盟投资关系的实践中。如果不了解对方的相关法律、政策,就无法进行合作型法律博弈,当然最终也就不能达到经济协调。这方面的工作——公布、翻译、提供信息,还需改进和加强。

(二) 完备性

协调中国、东盟相互投资关系,要有完备的法律制度。现在需要进行的工作有:

——各国完备自己的投资法制度;

——完善中国与东盟各国的双边投资协定;

——创制中国—东盟自由贸易区投资协议。

实现中国、东盟涉外投资法体系的透明度和完备性,这就是双方投资关系中进行合作型法律博弈的一项路径选择。

二、相关法的整合

(一) 整合的原则

在国际投资实践中,上述各项影响投资的法律制度因素,可能甚至必然会发生矛盾与碰撞,因此需要通过比较,实现整合。

第二章 相互投资法律博弈的理论分析

整合的意义在于促使各相关法之间配合适当,以发挥其整体功能,而避免法律冲突。据此,应当把握哪些原则来整合这些法律制度因素呢?笔者认为,主要有以下原则:

第一,主权原则。相互尊重主权,这是国际法的基本原则之一,也成为国际投资关系必须遵守的首要原则。各国毕竟都是从自己的基本利益出发去处理涉外关系的,即使作了部分主权让渡,也绝不会达到完全"超国家"的程度。此处所说主权,主要指国家经济主权,由此便产生了东道国对投资活动的促进、保护、监管的问题。

第二,平等互利的原则。平等互利的核心在于协调利益,这既是处理国与国之间经济关系的准则,又是处理企业、其他组织和个人之间投资行为的准则。

第三,遵守国际条约原则。也即,一国缔结或参加的国际条约,同该国的经济、贸易、投资等法律有不同规定的,适用国际条约的规定,但该国声明保留的条款除外。不过,WTO 的主体规则的要求与此有所不同,它属于"一揽子同意"条款,不允许缔约方声明保留。按国际规则办事是各国争取各自经济利益、经济安全目标而进行博弈的前提,由此亦产生了国际法上对投资活动的保护的问题。

为了使相关国家的投资法律制度之间、国内和国际的投资法律制度之间、不同层次的国际性投资法律制度之间配合适当,在进行国内和国际有关投资立法时,必须坚持和信守上述原则。

(二) 整合的方式

第一,各国外资法的立、改、废。外资法属于经济法体系。"经济法的制定,是指国家机关依照法定的职权和程序制定经济法律规范的活动。这里说的'制定',包括制定新的经济法律规范和修改或废止原有的经济法律规范。"[①]中国与东盟各国都应从本国实际出发,对涉及外资问题的事项,分别采取立、改、废的办法作出回应。

第二,各国都应逐步统一内、外资企业的政策和法律,逐步实行国民待遇。

第三,有效解决中国与东盟国家 10 个双边投资协定的现存问题。(1) 有些双边投资协定有效期(10 年或 5 年)将到或已过,有的自动延期也将到,今后怎么办,或续、或改、或废,应当预作筹划。(2) 10 个协定最早的

---

① 杨紫烜主编:《经济法》,北京大学出版社、高等教育出版社 1999 年版,第 62 页。

为1985年,最晚的为2001年。过去的某些规定已落后于形势自是不言而喻,修正或完善事宜应提上议事日程,不可拖延。(3)对10个双边协定中不一致的规定,凡应统一并能统一的都要统一,这也符合最惠国待遇的要求。

第四,在中国—东盟自由贸易区合作框架内,创制相互投资的共同规则。

第五,积极参与制定世界性投资协议的活动,积极反映发展中国家的意见和利益,为建立国际投资新秩序而不懈努力。

三、相关法的适用

(一) 适用的规则

适用的意义在于准确地把握和运用各相关法,以发挥其整体功能,也从而解决法律冲突。据此,在中国与东盟的相互投资实践中,遇到某一具体个案,应该如何具体适用相关法律规范呢?笔者试提出如下看法:

第一,专属适用。吸收外资国即东道国一般都会规定,外国投资者必须适用东道国法律。如是由法院受理涉外投资纠纷条件,其管辖权属于东道国法院。如果选择仲裁机构,即使不在东道国,该仲裁机构适用的实体法亦应为东道国法律。

根据主权原则,中国与东盟各方的企业、其他经济组织、个人到对方国家经商、投资,应当适用和遵守当地的法律。比如,中国与新加坡的投资协定第10条题为"法律"。双方约定:"为避免误解,兹宣布,全部投资,除受本协定管辖外,应受投资所在地的缔约一方领土内的有效法律管辖。"由此可看出,东道国法律为专属适用。

第二,优先适用。优先适用又可分为以下几种情况:

一是指中国与东盟某一国家达成的双边投资安排。东盟目前并没有形成统一的对华具体政策,包括对华外资政策,故而中国还需单独与东盟各国分别达成投资协议,以协调两国之间的投资关系。前述10个双边协定即由此而生。

二是以自由贸易区形式出现的区域经济安排,属于WTO允许的最惠国待遇原则的一种例外,据此可以优先适用。处理中国与东盟之间的相互投资关系,在各种多边、双边条约中,2002年的《中国与东盟全面经济合作框架协议》奠定了中国—东盟自由贸易区的法律基础(其中包括关于"投资"的规定),因而必须优先适用。

第二章　相互投资法律博弈的理论分析

三是国际条约优先适用。中国的、越南的及许多东盟国家的基本民事法均规定,该国的民法可适用于含有外国因素的民事关系,但该国缔结或参加的国际条约同该国的民事法律有不同规定的,适用国际条约的规定;不过,该国声明保留的条款除外。对中国与东盟相互投资领域的法律适用亦应如此。

第三,平行适用。《中国与东盟全面经济合作框架协议》序言指出:"重申各缔约方在世界贸易组织和其他多边、区域及双边协议与安排中的权利、义务和承诺。"由此亦可得知,担心中国加入 WTO 会影响与东盟的关系,或者担心中国与东盟组成自由贸易区会影响与其他国家的关系,都是不必要的顾虑。

综上所述,就国际层面进行投资协调,遵循的是"从特别法(规则)到普通法即一般法(规则)"的排列次序,而"特别法(规则)"中又按照关系紧密程度区分为最优适用、次优适用。多种投资法律制度因素交互作用的情况是十分复杂的,应当对具体情况进行比较分析。

(二) 适用的方式

第一,直接援用。如中国的《中外合资经营企业法实施条例》第 12 条规定:"合营企业合同的订立、效力、解释、执行及其争议的解决,均应适用中国的法律。"

第二,识别之后选择适用。这是指对一个涉外民事、经济案件所涉及的事实或问题进行分类、定性,纳入某一特定的法律范畴,而后方可选择适用法律。例如,越南《民法典》第 833 条关于"财产所有权"规定:"动产与不动产的识别,依财产所在地国的法律确定。"第 834 条关于"民事合同"规定:"与越南的不动产有关的民事合同,必须适用越南社会主义共和国法律。"

第三,反致。对反致,各国的做法并不完全相同,有采用的,也有不采用的。就一般意义而言,反致是指按本国法规定应适用外国法,但按该外国法规定又反过来应适用本国法。例如,越南《民法典》第 827 条关于"外国法的适用"规定:"本法典及越南社会主义共和国其他法律文件规定适用外国法,或经越南社会主义共和国缔结或参加的国际条约的援引而适用外国法时,涉外民事关系得适用外国法;若该外国法反致适用越南社会主义共和国法律,则适用越南社会主义共和国法律。"中国的《民法通则》对反致问题没有作出明文规定。① 笔者以为,从原理上说,中国法也是可以适用反致的。

---

① 韩德培主编:《国际私法》,高等教育出版社、北京大学出版社 2000 年版,第 129—130 页。

第四,排除适用。其中又分为:(1)公共秩序保留。例如,中国的《民法通则》第8章第150条规定:"依照本章规定适用外国法律或者国际惯例的,不得违背中华人民共和国的社会公共利益。"(2)商事保留。例如,中国于1986年决定加入1958年的《承认及执行外国仲裁裁决公约》(纽约公约),当时作了一个商事保留声明,即中国仅对按照中国法律属于契约性和非契约性商事法律关系所引起的争议适用该公约。1987年最高人民法院发出关于执行中国加入《承认及执行外国仲裁裁决公约》的通知,指出:"所谓'契约性和非契约性商事法律关系',具体的是指由于合同、侵权或者根据有关法律规定而产生的经济上的权利义务关系,例如货物买卖、财产租赁、工程承包、加工承揽、技术转让、合资经营、合作经营、勘探开发自然资源、保险、信贷、劳务、代理、咨询服务和海上、民用航空、铁路、公路的客货运输以及产品责任、环境污染、海上事故和所有权争议等,但不包括外国投资者与东道国政府之间的争端。"对"外国投资者与东道国政府之间的争端",应另寻解决路径。

第五,比照选择之后从优适用。例如,中国与文莱的双边投资协定指出:"如果缔约一方根据其法律和法规给予缔约另一方投资者的投资或与投资有关的活动的待遇较本协定的规定更为优惠,应从优适用。"又如,中国与印度尼西亚的双边投资协定则指出:"如果缔约一方现在或将来的立法或缔约双方签署的国际协议为缔约另一方投资者的投资提供了较本协定的规定更为优惠的待遇,应从优适用。"

上述关于投资法方面的整合、关于投资法方面的适用,分别从避免投资冲突和解决投资冲突的角度,为中国与东盟在投资领域的合作型法律博弈提供了重要的路径。

四、投资利益的创造、分配和维护

(一)从投资谈判开始

谈判是博弈的一种方式。中国与东盟之间相互投资的谈判,是合作型法律博弈的路径之一。

谈判包括官方之间的谈判,投资者与东道国政府的谈判,投资者与东道国合营者或合作者的谈判。签订《中国与东盟全面经济合作框架协议》之后,货物贸易、原产地规则、服务贸易、投资等具体事项谈判先后开始。两年来中国—东盟贸易谈判委员会所作的努力,得到双方政府的支持和赞扬。

就中国与东盟投资关系的协调而言,首先要进行的是官方的谈判,如同

第二章 相互投资法律博弈的理论分析

《中国与东盟全面经济合作框架协议》所提出的"谈判以逐步实现投资机制的自由化"。每一个双边投资协定,都是政府谈判的结果。

无论何种谈判,都要立足中国—东盟自由贸易区的整体目标和共同利益。既坚持原则性,又注意灵活性。如前所述,大的方面,该坚持的要坚持,具体事项,能让步的可让步。通过谈判,双方取得共识,达成谅解,消除分歧。

从恢复中国在关税与贸易总协定(GATT)中的缔约国地位到中国加入世界贸易组织(WTO),中国与美国之间、中国与其他国家之间进行了十几年的谈判,深知谈判的艰难。西方学者指出:"GATT 多边贸易谈判是多阶段博弈";"GATT 多边贸易谈判是多方博弈"。[①] 经过这种多阶段博弈、多边博弈,中国吃了不少苦头,也积累了丰富的经验。应当将这种经验正确地运用到处理中国与东盟的投资关系中。

由于各国的经济政策、经济水平和经济目标的不尽一致,由于投资关系问题的复杂性,也由于人们的认识上的不尽相同,国家相互之间的投资谈判往往是多阶段的和重复的,艰难的和痛苦的。故此,原则性与灵活性相结合的投资谈判方略的运用至关重要。

(二)平等互利地进行投资合作

经东道国政府认可,外商可以与合营者、合作者在东道国境内共同举办合资企业、合作企业,平等互利地进行合作,享受利益并承担风险。还可以举办独资企业或采取其他合作方式。

(三)有效解决投资争端

广义的投资争端,或称投资争议,包括三类:一是中国与东盟作为投资缔约国之间的争议;二是东道国与外来投资者之间的争议;三是投资者与东道国合营者、合作者之间的争议。

上述三类投资争端表现为三种具体形式的法律博弈,但都不应是对抗式的,而应当是合作型法律博弈。关于这三种法律博弈,本书在分论部分(第五章)将具体进行分析。

"博弈可以分成两种类型:合作的和不合作的。前一种类型假定博弈结果从贸易获益被最大化的意义上是有效的,那么问题就是如何在博弈者之间分配可能的获益。合作型博弈假定存在约束实施机制,博弈者违背合作

[①] 伯纳德·霍克曼、迈克尔·考斯泰基:《世界贸易体制的政治经济学(从关贸总协定到世界贸易组织)》,刘平等译,法律出版社 1999 年版,第 73—74 页。

方案会被其他博弈者发现。"①及时地、公正地处理投资争端,对违规的或者违约的博弈者给以处理(赔偿、制裁等),亦即在博弈者之间合理地分配获得的利益,此即争端处理机制的真谛。作为解决投资利益问题的最后一道保障,必须公正、及时地处理各种投资纠纷。

综上所述,中国与东盟发展相互投资的法律机制,表现为谋求投资自由化、便利化与维护东道国外资管辖权的较量与妥协;反映了消除现存不完备、不协调的投资法律制度因素的碰撞与磨合;显示出"经济协调(起点,即要求)——法律博弈(过程)——法律协调(直接结果)——经济协调(终点,即最后结果)"这样一条发展规律。通过反复多次的合作型博弈,方能建立起合作型投资法律机制。

---

① 伯纳德·霍克曼、迈克尔·考斯泰基:《世界贸易体制的政治经济学(从关贸总协定到世界贸易组织)》,刘平等译,法律出版社1999年版,第51页。

第三章 投资促进的法律博弈

投资促进,或称投资鼓励,即激发积极性,推动投资发展。双边投资协定中,有的称"鼓励和保护",有的称"促进和保护",可见,"鼓励"与"促进"在此处基本同义。"投资促进是吸引外商投资的重要一环,它对吸收外资能否成功、外资流入的数量和质量有着密切和明显影响。"[1]本章着重从投资自由化、便利化的要求出发,分析中国与东盟在鼓励相互投资过程中,就外资准入、投资待遇等方面所发生的法律博弈,总结历史经验,并据此提出完善促进投资机制的若干对策性建议。

第一节 外资准入的逐步自由化

一、投资导向

(一) 国际上的做法

东道国接受投资时,首先发生的问题是,它允许接受什么样的投资,同意外国投资者向哪些行业领域投资。此即外资准入,这是东道国行使自己主权的问题。正如联合国通过的《各国经济权利和义务宪章》第 2 条明确规定的:"每个国家有权按照其法律和规章,并且依其国家目标的优先秩序,对其管辖范围内的外国投资加以管理和行使权力,任何国家不得被迫给予外国投资以优惠待遇。"

通常,各国法律都会根据本国的利益和实际情况作出关于外商投资的规定,即明确宣布列为鼓励、允许、限制、禁止的领域和项目。所不同的是,放得宽些,还是管得严些;或者在某一个时期,对某些领域和项目加以控制;到了另一个时期,又逐步发生松动。一般来说,发达国家要求发展中国家尽可能放开,但发展中国家不能无条件地给予承诺。

(二) 中国的实践

积累了 10 多年对外开放的经验之后,经国务院批准,1995 年 6 月 20

---

[1] 李岚清主编:《中国利用外资基础知识》,中共中央党校出版社、中国对外经济贸易出版社 1995 年版,第 121 页。

日,国家计委、国家经贸委、对外经贸部发布《指导外商投资方向的暂定规定》。又经过多年的实践,2002年2月11日国务院公布《指导外商投资方向规定》,1995年的《暂行规定》同时废止。2004年11月30日,国家发改委、商务部联合发布新的《外商投资产业指导目录》,原国家计委、国家经贸委和外贸部2002年3月11日发布的《外商投资产业指导目录》同时废止。

根据新的《指导外商投资方向规定》及《外商投资产业指导目录》,为使外商投资方向与中国国民经济和社会发展规划相适应,并有利于保护投资者的合法权益(此即法律博弈的双方获得共赢),外商在中国的投资项目可分为四类:

1. 鼓励类

属于下列情形之一的,列为鼓励类外商投资项目:(1)属于农业新技术、农业综合开发和能源、交通、重要原材料工业的;(2)属于高新技术、先进适用技术,能够改进产品性能、提高企业技术经济效益或者生产国内生产能力不足的新设备、新材料的;(3)适应市场需求,能够提高产品档次、开拓新兴市场或者增加产品国际竞争能力的;(4)属于新技术、新设备,能够节约能源和原材料、综合利用资源和再生资源以及防治环境污染的;(5)能够发挥中西部地区的人力和资源优势,并符合国家产业政策的;(6)法律、行政法规规定的其他情形。

适应扩大对外开放和引进先进技术的需要,新的《指导目录》将国内急需发展的产业和产品增列为鼓励类条目,或通过对原鼓励条目进行修改,增加鼓励内容。与此同时,适应国家宏观调控需要,防止部分行业的盲目和低水平投资。对已经出现盲目投资的热点行业或产品,从鼓励外商投资目录中删除,调整为允许类外商投资项目;对部分出现投资过热倾向,但仍需鼓励外商投资、引进先进技术的行业或产品,提高标准,防止低水平重复建设。

2. 限制类

属于下列情形之一的,列为限制类外商投资项目:(1)技术水平落后的;(2)不利于节约资源和改善生态环境的;(3)从事国家规定实行保护性开采的特定矿种勘探、开采的;(4)属于国家逐步开放的产业的;(5)法律、行政法规规定的其他情形。

3. 禁止类

属于下列情形之一的,列为禁止类外商投资项目:(1)危害国家安全或者损害社会公共利益的;(2)对环境造成污染损害,破坏自然资源或者损害人体健康的;(3)占用大量耕地,不利于保护、开发土地资源的;(4)危害军

第三章 投资促进的法律博弈

事设施安全和使用效能的;(5)运用中国特有工艺或者技术生产产品的;(6)法律、行政法规规定的其他情形。

4. 允许类

不属于鼓励类、限制类和禁止类的外商投资项目,为允许类外商投资项目。

还有一些更为灵活的安排。如产品全部直接出口的,确能发挥中西部地区优势的,可以适当放宽条件,扩大相关经营范围。

还须指出,新的《指导目录》放宽外资准入范围,加快服务业对外开放步伐。例如首次将广播电视节目制作、发行和电影制作列为对外开放领域。

此外,对不同形式的外商投资企业,也还有一些特定条件的安排。如申请设立合营企业,签订的协议、合同、章程显属不公平,损害合营一方权益的,则不予批准。这对于维护东道国的经济利益、经济安全,完全是必要的。

(三) 东盟国家的实践

新加坡是东盟中的新兴工业化国家,从1965年独立至今,其对外经济政策表现出开放、平稳的特点。投资奖励在决定工业发展速度和方向上扮演关键角色。在新加坡,投资奖励用于促进新的工业和服务业投资,并鼓励现有公司通过机械化、自动化和引进新产品新服务来提高公司素质。[①] 目前,新加坡的公用事业(公共交通、电力、煤气、供水)、新闻传播、武器制造等领域限制外商投资。通信领域从2000年4月起完全开放,允许外商自由投资;电力、发电等领域从2001年4月起部分开放,允许外商投资。金融、保险等一些领域的投资,需预先取得营业准字。[②] 除了上述限制投资的行业部门之外,其他经济领域基本上放开。

泰国于2000年8月修订了7年前的《鼓励投资法》,目前泰国鼓励投资的行业部门分为以下6个领域:(1) 农产品;(2) 矿物、金属及陶器;(3) 化学药品及化学工业制品;(4) 机械及电气设备;(5) 其他的工业产品;(6) 服务业。[③] 但是,泰国并非什么经济行业都放开。根据2003年3月公布的《外资企业活动限制法》,投资范围的限制分为三类情况:第一类为9种行业,绝对禁止外商投资经营,包括报纸发行、无线电广播、电视广播、农业、

[①] 李光文主编:《中国—东盟合作协定与东盟商务实用指南》(下卷),广西人民出版社2004年版,第1520页。

[②] 汪慕恒等:《东盟国家外资投资发展趋势与外资投资政策演变》,厦门大学出版社2002年版,第311页。

[③] 何勤华等主编:《东南亚七国法律发达史》,法律出版社2002年版,第670页。

果园、畜牧业、林业、木材加工(天然木材加工),渔业(指泰国海域、泰国特别经济海域内的渔业)等。第二类为13种行业,禁止外商投资经营,但取得泰国政府当局同意参与经营的除外,包括安全保障,传统文化与工艺的保护,环境、资源保护等领域。第三类为21种行业,禁止外商投资经营,但取得泰国政府当局同意参与经营的除外,包括农产品加工产品的国内交易等属于本国资本竞争力低下的行业。

印度尼西亚1967年的《外资投资法》(后经修改)曾经对中国制定《中外合资经营企业法》产生过积极的影响,并且在1994年中国与印度尼西亚签订双边投资协定时专门提及1967年印度尼西亚的《外资投资法》和今后任何修改、替代之法律。进入21世纪以来,印度尼西亚在鼓励外商投资的同时,也作出了限制性甚至是禁止性的规定。其做法分为四类情况:(1)具备一定条件,允许外商投资的行业;(2)允许外商与内资合资经营的行业;(3)禁止外商投资的行业;(4)既禁止外商、也禁止内资投资的行业,即只能由政府垄断经营。总的来看,到了21世纪,印度尼西亚大幅度放宽了对外资的限制。目前它只公布禁止和限制外商投资的行业,除国防工业、公共事业、港口建设及有影响的宣传事业外,其他行业均允许外资进入,因而开放度比1967年的时候更提高了。

马来西亚对外资开放的范围有制造业、综合农业、饭店和旅游业项目等。1998年亚洲金融风暴过后,马来西亚放宽了外资准入的范围,例如,停止以往"不鼓励劳动密集型工业"的政策,鼓励外商投资于出口导向型的工业,并允许出口导向型的劳动密集型企业增聘外国劳工;又如,进一步放宽金融保险业、进一步开放电讯市场。

在越南,根据2000年6月修订的《外资投资法》及其《实施细则》,对外商投资的领域,也作了鼓励、允许、限制、禁止的规定。外商可以在越南国民经济的各领域进行投资。鼓励类有:(1)领域:生产出口商品领域;饲养、种植和农、林、水产加工领域;使用高工艺、现代技术、保护生态环境和投资于研究和发展领域;使用密集劳动力、原料加工和有效使用越南自然资源的领域;基础设施建设和重要工业生产领域。(2)地区:社会经济条件困难的地区;社会经济条件特别困难的地区。限制类有:越方属本领域专营单位,合作各方只许以合作经营合同方式投资领域;只许以合作经营合同或联营方式投资领域;加工与投资开发原料相联系的领域;从事进口业务、在国内营销业务及远海海产品捕捞、开发的投资项目。禁止类有:对国家安全、国防及公共利益有害的投资项目;对越南历史古迹、文化、纯风美俗有害的投资项目;对自然环境生态有害的投资项目及处理从国外输入有毒废料的投资项目;生产毒性化学品投资项目,或使用国际条约禁止的毒素的投资项目。除鼓励、限制、禁止之外,其余领域均属允许外资进入的行业和产业。

缅甸《外国投资法》专设一章"基本原则"(该章只有1条),明确宣布,外国投资必须本着下述基本原则进行:(1)促进和扩大商品出口;(2)开发需要大量投资的自然资源;(3)发展高科技技术;(4)有助于需要较大资金的生产和服务业的开展;(5)创造更多的劳动就业机会;(6)建造一些能源消耗低的经济项目;(7)发展各地区的经济。可以看出,缅甸作为一个经济落后国家,立足本国实际,提出上述要求以引导外商投资方向;只要相关措施能跟上,对外商是有吸引力的。

其他东盟国家,大体上也是从本国的利益考虑,分别对投资范围发布了相关规定。

二、投资比例

(一)国际上的做法

对于外商投资比例,可以由东道国立法直接加以规定,也可以由投资者与东道国合营者、合作者协商约定。"从宏观上讲,东道国在其外国投资立法中对外国投资的比例加以规定,实质上体现了东道国对其境内的外国投资的投资方向的控制。""从微观上说,外国投资者与东道国当地合资者之间的投资比例只涉及合营企业利益的分享及管理权的分配。"[①]

对于具体的投资比例,大体上可分两类情况:一是规定适用于一般行业的比例,一是规定适用于特殊行业的比例。传统的做法是控制外资比例,不得超过49%,即内资占51%,使之可以保持控股;但发展到今天,许多国家已取消了外资只能占49%的限制。

(二)中国的实践

中国利用外资的立法充分考虑并发展了外国的经验。1979年制定《中外合资经营企业法》时即确定,外资比例一般不低于25%。也就是说,只有下限,没有上限。对中外合作经营企业,政府更不限制外商投资比例,只是对法人型的中外合作经营企业仍要求外资一般不低于25%。由此可见中国鼓励外商投资的意图。

[①] 余劲松、吴志攀主编:《国际经济法》,北京大学出版社、高等教育出版社2000年版,第232页。

（三）东盟国家的实践

在新加坡，1999 年以后，银行证券、寿命保险、通信等领域已先后取消外商投资比例限制；但新闻传播业领域外资比例不得超过 30%。

泰国规定最低投资额。根据《外资企业活动限制法》，受限制行业的最低投资额为 300 万铢，限制外行业的最低投资额为 200 万铢。

马来西亚从 1998 年起，所有申请投资于制造业的外资，均可无限期拥有 100% 的股权，但需实行个案批准；在金融保险业，外商的持股比例，可由以前的 49% 提高到 51%；在电信业，外商的持股比例，可由 30% 提高到 49%；在直销业、船务业等，均有所放宽。特别是对投资于高新科技领域，基本上不设股权限制。

印度尼西亚已废除以往关于合资企业在 20 年内本地资本须控股 51% 的规定，而改为规定外资比例可以达到 95%。大部分产业现已允许外商独资经营。

菲律宾将外资比例设定为三种情况：可以进行 100% 的控股投资的领域；可以达到 40% 的领域；只能在 40% 以下的领域。

越南对外商投资比例不设上限，只设下限。在合资企业中，要求外资一般不得少于 30%。允许外商进行 100% 的控股投资。

老挝的规定与越南类似。

缅甸对外商投资也不设上限，只设下限，其合资企业外资下限为 35%。允许外商独资经营。

三、出资方式

中国与东盟国家基本上都允许以多种方式出资：货币（本币或外币），实物（建筑物、厂房、机器设备或者其他物料），知识产权（工业产权、专有技术等），土地使用权。中国与东盟国家坚持一方面保证外商投资经营企业用地，另一方面不转移该土地所有权。

中国与东盟 10 国签订的双边投资协定，对出资方式的规定大同小异。仅以最近的中缅协定为例。该协定指出：

"投资"一词系指缔约一方投资者依照缔约另一方的法律和法规在缔约另一方领土内所投入的各种财产，包括但不限于：

（1）动产、不动产及其他财产权利，如抵押权、质押权；

（2）公司的股份、股票、债券和任何其他形式的参股；

（3）金钱请求权或其他具有经济价值的行为请求权；

（4）知识产权，特别是著作权、专利、商标、商名、工艺流程、专有技术和商誉；

（5）法律或法律允许依合同授予的商业特许权，包括勘探、耕作、提炼或开发自然资源的特许权。

作为投资的财产发生任何形式上的变化，不影响其作为投资的性质。

可见，中国与东盟之间相互投资过程中的出资方式是多样的、灵活的。

四、组织形式

（一）合资经营企业

合资经营企业，简称合营企业，是国际投资中一种常见的组织形式。其基本模式为：由两个或两个以上当事人（一方为外国投资者，另一方为东道国的政府、企业、其他经济组织或者个人，即所谓合营者）共同投资举办，共同经营管理，共同分享利益和承担风险。一般说来，这种经济实体为公司制的法人，但在英美国家，则还可以是非法人的合伙组织。

根据中国的立法，合营企业的形式为有限责任公司，属于中国法人；合营各方共同投资，按注册资本比例分享利润和分担风险及亏损；设立董事会，作为合营企业的最高权力机构，决定合营企业的一切重大问题；设立以总经理领导的经营管理机构，负责企业的日常经营管理工作；以经过主管当局审查批准的合营企业合同、章程作为合营企业的基本书件。

新加坡、泰国、印度尼西亚、越南等东盟国家都采用了国际上通行的合资经营企业形式。

例如，根据印度尼西亚外国投资法，外商来印度尼西亚投资，可以成立独资企业，也可以成立外商与印度尼西亚的合资企业，这两种企业均采取有限责任公司形式。

再如，根据越南现行投资法，合营企业是指双方或多方在越南政府和外国政府签订的协议的基础上，在越南境内合作成立的企业，或由合营企业与外国组织、个人在合营合作的基础上，在越南境内成立的新企业。合营企业的形式为有限公司，具有法人资格。

（二）合作经营企业

在现代各国利用外资的实践中，除了上述股权式的合营企业之外，还采取了契约式的合营形式，一般称为合作经营企业，简称合作企业。其基本模式为：以合作企业合同为基础，由该合同决定合作各方的权利义务。但其形式又可分为两类：一类是组成一个经济实体；另一类是没有组成一个经济实体。前者受企业法、公司法管辖,后者受合同法支配。

中国以专门法律规定,合作企业由双方合作者共同举办,在合作企业合同中约定投资或者合作条件、收益或者产品的分配、风险和亏损的分担、经营管理的方式和合作企业终止时财产的归属等事项。

与合资企业全部具有法人资格的认定有所不同,合作企业分为两类:(1)依法取得中国法人资格的合作企业。其形式为有限责任公司;外国合作者的投资一般不低于合作企业资本的25%;除合作合同另有约定外,合作各方以其投资或者提供的合作条件为限对合作企业承担责任;设立董事会,作为合作企业的权力机构,按照合作企业章程的规定,决定合作企业的重大问题。(2)不具有法人资格的合作企业。合作企业及其合作各方,依照中国民事法律的有关规定,承担民事责任。设立联合管理机构,代表合作各方共同管理合作企业,决定合作企业的一切重大问题。无论是法人式的,还是非法人式的,合作企业成立后可改为委托中外合作者以外的他人经营管理。

在中国,合资企业与合作企业仅一字之差,但却引出了许多的区别。合资企业的确定性与合作企业的灵活性,各有利弊。外国投资者可根据自己的情况和需要,恰当选择。

新加坡、泰国、印度尼西亚、越南等东盟国家也采用了合作经营形式。不过,有的国家如越南,其所称合作经营只是一种投资形式,在此基础上,并不另设新企业或法人组织,这与中国法律规定中外合作经营企业是一种独立的企业形态明显不同。但还须补充说明,合作企业仍然与合营企业、外商独资企业一起被列为外国直接投资的主要形式,共同纳入越南的统计系统中。①

在此还须补充说明,越南的外资立法将"投资方式"分为:(1)合作经营合同方式(这里未用"企业"而用"合同"一词——笔者注);(2)联营企业方式,联营企业以有限责任公司形式出现;(3)外国独资企业方式,外国独资企业亦以有限责任公司形式出现,具有越南法人资格。越南的做法与中国的做法是各有特点的。

老挝的"投资方式"也分合作企业、合资企业和外商独资企业。其中,合作企业实际上是由合作合同建立的合作方式,不需另设企业;合资企业具有法人资格;对外资独资企业是否法人未作明确规定,只是规定"该类企业有权按照企业章程和老挝法律实施组织和管理活动"。老挝的做法与中国、越

---

① 何勤华等主编:《东南亚七国法律发达史》,法律出版社2002年版,第766—767页。

南的做法也不尽一致。

（三）外商独资经营企业

外商独资经营企业，简称外资企业，也是国际通行的投资企业形式之一。其基本模式为：在东道国境内设立，全部资本由外国投资者投入，该企业由外商独自经营管理。对外资企业，国际上存在的分歧在于：是要求全部资本为外商投入呢，还是要求大部分资本为外商投入即可。

但是，更重要的是应当辨析两个相关但不相同的概念：外资企业与外国企业。外资企业，指根据东道国法律，在东道境内登记成立的完全由外商投资组建的企业；它具有东道国法人或非法人资格。而外国企业，指根据外国法律，在外国境内登记成立的企业；它可以来东道国设立分支机构，因而被东道国称为外国企业及其分支机构，不具有东道国法人或非法人资格。在某些情况下，对外资企业与外国企业适用法律是会有区别的；当然，也可能适用共同的法律，如东道国的外商投资企业和外国企业适用同一所得税法。

外资企业为中国利用外资的三种企业组织形式之一，通过专门立法作了界定，即外资企业是指依照中国有关法律在中国境内设立的，全部资本由外国投资者投资的企业，不包括外国的企业和其他经济组织在中国境内的分支机构。外资企业的组织形式有：（1）有限责任公司，依法取得中国法人资格。外国投资者对企业的责任以其认缴的出资额为限。（2）其他责任形式。外国投资者对企业的责任适用中国法律法规的规定。但这种规定仍是模糊的，因它并未指明具体适用什么法律法规。

新加坡、泰国、印度尼西亚、越南、老挝等东盟国家也采用了外商独资经营企业形式。例如越南，现行外商独资企业已与合营企业数目相差无几，特别是一些比较重大的项目，外商更愿意独资经营。独资企业必须制定章程，并提交主管当局。基本运作方式，与国际上的通例相同。如前所述，老挝《外国投资法》允许的投资方式亦包括：合作企业；合资企业；外资独营企业。

（四）合作开发自然资源

一国利用外国投资共同开发自然资源，已成为当今一种常用的国际合作形式。其主体，一方为东道国政府或法定的国家公司，另一方为外国公司，这种公司一般实力很强。

在中国，合作开发主要有：第一，对外合作开采中国海洋石油资源。1982年国务院发布《中华人民共和国对外合作开采海洋石油资源条例》，2001年修订了此《条例》。根据该《条例》，合作者必须签订石油合同：一方为外国企业，一方为具有法人资格的国家公司——中国海洋石油总公司。

由于业务量大、技术复杂、风险也大,因此投资多,这种合同呈现出非常复杂的安排。各方的权利、义务在合同中明确约定。第二,对外合作开采中国陆上石油资源。1993 年国务院发布《中华人民共和国对外合作开采陆上石油资源条例》,2001 年修订了此《条例》。根据该《条例》,合作合同的一方为外国企业,另一方为中方石油公司(中国石油天然气集团公司,中国石油化工集团公司)。各方的权利、义务在合同中明确约定。

在东盟国家,也采用了合作开采石油资源的形式。石油开采权属于东道国政府,如马来西亚、印度尼西亚。政府设立国家石油公司,这些公司在政府授权范围内管理石油经营。在利益分配方面,印度尼西亚实行产品分成,并形成法定规则,因此,被称为"印度尼西亚式合同"。①

(五) 其他新形式

国际投资实践中,利用外资的规模越来越大,其形式也越来越多。中国是世界上名列前茅的利用外资的国家(其规模时而排世界第二,时而排世界第一),其利用外资的形式也日益得到发展。晚近出现的新形式主要有:

1. 外商投资股份有限公司

1995 年,原外经贸部颁布《关于设立外商投资股份有限公司若干问题的暂行规定》。这种公司是指,依法设立的、全部资本由等额股份构成、中外股东共同持有公司股份、外国股东购买并持有的股份占公司注册资本 25% 以上的企业法人。它可以说是一种特殊形式的中外合营企业,然而《中外合资经营企业法》无法对之适用管辖,因为该法只规定了有限责任公司形式,没有涉及股份有限公司。

2. 外商投资性公司

1995 年,外经贸部颁布《关于外商投资举办投资性公司的暂行规定》。据此,外商可以外资企业或中外合资企业形式设立投资性公司并列明其提供的业务类型。对投资性公司发起人要求严格,实际上限于跨国公司。1996 年,外经贸部发布《〈关于外商投资举办投资性公司的暂行规定〉有关问题的解释》。2001 年,外经贸部又发出《〈关于外商投资举办投资性公司的暂行规定〉的补充规定(二)》,重申"促进跨国公司来华投资,引进国外先进技术和管理经验,完善投资性公司的功能"。

3. 外商投资创业投资企业

2001 年,原外经贸部、科技部、国家工商行政管理总局联合发布《关于

---

① 曾华群主编:《国际投资法学》,北京大学出版社 1999 年版,第 311 页。

设立外商投资企业的暂行规定》,鼓励外商来华投资于高新技术产业,以利于建立和完善中国的创业投资机制。创业投资是指主要向未上市高新技术企业进行股权投资,并为之提供创业管理服务,以期获取资本增值收益的投资方式。外商投资创业投资企业可以采取有限责任公司和不具有法人资格的中外合作经营企业等形式。

4. 吸收外资实行合并、收购、重组

合并是指经济实体合二为一或合几为一,属于公司法的范畴。收购是指收买、兼并别的经济实体的部分、全部股份或资产,属于公司法、证券法的范畴。重组主要指资产重组与处置,例如吸收外资参与中国金融资产管理公司,对银行原有不良资产实行重组与处置。

在东盟国家,也有一些与中国类似的利用外资的新形式。

特别还要指出的是,中国与东盟国家正在联合向中国与东盟之外的其他国家和地区投资,这种联合投资的新形式将会呈现出更加精彩的法律博弈状况[1]。

5. BOT 合作方式

BOT 是英文 Build-Operate-Transfer 的缩写,即"建设—经营—转让",是指政府通过契约授予私营企业(包括外国企业)以一定期限的特许专营权,许可其融资建设和经营特定的公用基础设施,并准许其通过向用户收取费用或出售产品以清偿贷款,回收投资并赚取利润;特许权期限届满时,该基础设施无偿移交给政府。[2]

BOT 于20世纪80年代开始得到发展。中国、越南等国家也逐步采用BOT 合作方式利用外资。越南的规定更灵活,允许外国投资者投资于越南的基础设施建设可签订"建设—经营—转让"合同,"建设—转让—经营"合同或"建设—转让"合同(即 BOT、BTO、BT 方式)。

五、比较与改进(法律博弈的对策之一):放宽外资市场准入

(一) 应当扩大外资市场准入

从以上关于投资导向(投资范围)、投资比例、出资方式的分析中,可以

---

[1] 比如,2004年5月29日中国和马来西亚发表联合公报,提出:"双方还将继续鼓励两国企业在第三国进行联合投资。"载《人民日报》2004年5月30日第4版。

[2] See s. w. stein, "Build—Operate—Transfer(BOT)—A Re-evaluation", *The International construction law Review*, Pt. 2, 1994, p. 103.

看出:

第一,作为发展中国家,中国、东盟各国在进入21世纪前后,对外资准入的"门槛"逐步降低,换句话说,外资准入的自由化程度逐步提高,这反映了各国正在抓住机遇,积极应对国际游资的严峻挑战。

第二,在投资准入的条件与方向上,中国与东盟的共同语言越来越多,相互投资的空间越来越大,这也印证了前面所说的相互投资的法律博弈有了更为坚实的现实基础。

但是,也要看到不足。例如,东盟一些国家在制造业、农业、渔业、矿产业和银行、证券、保险等金融业方面,对中国仍存有疑虑,不敢放开;东盟一些国家对外资准入的方向与方式,不如中国规定得那么透明、清晰。再如,中国企业对东盟的投资环境了解不多,行动上还不够积极。这些都需要采取相应的措施,加以改进。

此外,中国政府已经注意并应继续注意做好两点:一是因东盟内部经济发展水平不一致而产生的区别对待政策,如对越南、老挝、柬埔寨、缅甸的特殊安排,包括政府投资中的优惠、支援措施;二是中国与东盟国家因地理位置而产生的区别对待政策,如以不同形式参与湄公河流域开发。

狭义的"外资准入"指东道国允许接受外资进入的领域和条件,从另一个意义上来讲则是指外资进入东道国的权利和机会。[①] 实际运作中包括两个阶段:(1)进入之时——进入权;(2)进入之后——营业权。对这里发生的法律关系必须把握两个要点:

其一,外资准入的法律调整主要取决于东道国国内法。这一点已成为公认的国际规则,不应发生模糊。正如1962年《关于自然资源永久主权的宣言》中指出的:"接纳跨国公司从事经营活动的,根据它们所拥有的完整主权,可以采取各种有利于本国国民经济的措施来管制和监督这些跨国公司的活动。"

其二,外资准入的法律调整还取决于东道国与投资者母国、东道国与外国投资者、外国投资者与东道国合营者或合作者之间的谈判。这种谈判必须遵循平等互利原则,属于合作博弈一类。

如果认为外资准入仅仅由东道国国内法决定,当然是不全面的;但是,如果投资者母国提出过高的要求,也是不合理的。在外资准入方面,中国与东盟国家要建立合作型法律机制。关键在于如何扩大开放,诚信合作,以有

[①] 徐泉:《国际贸易投资自由化法律规制研究》,中国检察出版社2004年版,第274页。

利于中国和东盟各国国民经济的发展,有利于这一地区的共同繁荣。

(二) 外商投资形式可以多样化

1. 对中国的建议

第一,外商投资企业组织形式的确定问题。根据中国现行法律规定,外商在中国投资可以采取三种企业形式:中外合资经营企业,此为有限责任公司;中外合作经营企业,可以是、也可以不是有限责任公司;外资企业(即外商独资企业),其组织形式为有限责任公司或者其他责任公式。换言之,有些是法人,有些不是法人;而不是法人的,是合伙企业,还是个人独资企业或别的什么企业? 法律上并未明确。这就产生了很大的漏洞,需要填补这项立法空白。此外,合资企业的组织形式能否采取股份有限公司? 理论上讲应当是可以的,然而目前的立法未置可否,显然已滞后于形势。

第二,外商投资企业法与公司法的关系的协调问题。一国的公司法应当适用于该国国内的所有公司制的企业,但中国《公司法》第18条指出:"外商投资的有限责任公司适用本法,有关中外合资经营企业、中外合作经营企业、外资企业的法律另有规定的,适用其规定。"这里就产生了以下疑问:一是外商来华投资,哪些情况下适用外商投资企业法而不适用公司法;二是哪些情况下适用公司法(因外商投资企业法中无此类规定,故只能适用公司法)。笔者建议,最好能对现行三部外商投资企业法进行整合,将其中关于投资政策部分组合为《外商投资保护法》,关于企业组织形式部分可与《公司法》合并,此举可望达至两个"统一":外商投资政策的统一,涉内、涉外企业组织形式的统一。

第三,对利用外商投资的各种新形式,相应立法也应当跟上去。例如,外商投资股份有限公司,可加进《中外合资经营企业法》中,并对该法作出适当修改;再如,吸收外资举办投资性公司、创业投资公司,实行合并、收购、重组、推行 BOT 投资方式等,都应由法律或行政法规予以规定,不能停留在部门规章或部门意见的规格上。

以上所说虽然不仅仅是针对中国—东盟投资关系的,但也直接影响到东盟投资者到中国投资的实际问题,即投资博弈的规则问题。

2. 对东盟国家的建议

第一,东盟一些国家对引进外资举办企业的组织形式的规定还不够明确、不够具体,应增加、改进这方面的立法,使投资者便于选择,有所遵循。这就是以国家的名义出面,为投资者与合营者、合作者拟定博弈规则。

第二,东盟国家应当允许更为灵活的投资方式。其中,最为突出的是合作经营,在哪些领域、在什么条件下要组成共同的经济实体,在哪些领域、在什么条件下不必组成共同的经济实体——如合作勘探开发自然资源,开展补偿贸易、加工装配、合作生产,开发土地、购置房产等等。建议东盟国家的涉外投资立法能更明晰一些。

3. 对中国和东盟国家合作开发南海的建议

对于前述"南海问题",笔者主张,有关各方——中国、越南、菲律宾、马来西亚、印度尼西亚、文莱等,应按 2002 年 11 月中国与东盟共 11 个国家签署的《南海各方行为宣言》达成的共识,促进南海地区和平、友好与和谐的环境。各方都应切实保持自我克制,不采取任何使争端复杂化或扩大化的单方面行动,不诉诸武力或以武力相威胁。在和平解决它们的领土和管辖权争议之前,有关各方应本着合作与谅解的精神,努力寻求各种途径建立相互信任。在全面和永久解决争议之前,有关各方可探讨或开展合作。

然而,《南海各方行为宣言》似乎回避了或者说没有直接提及合作开发的问题。1984 年 10 月,中国领导人邓小平在谈到"一国两制"和钓鱼岛、南沙群岛等国际争端问题时,主张搁置争议,共同开发。他说:"这样的问题是不是可以不涉及两国的主权争议,共同开发。共同开发的无非是那个岛屿附近的海底石油之类,可以合资经营嘛,共同得利嘛。不用打仗,也不要好多轮谈判。南沙群岛,历来世界地图是划到中国的,属中国,现在台湾占了一个岛以外,菲律宾占了几个岛,越南占了几个岛,马来西亚占了几个岛。将来怎么办?一个办法是我们用武力统统把这些岛收回来;一个办法是把主权问题搁置起来,共同开发,这样可以消除多年积累下来的问题。这个问题迟早要解决。世界上这类的国际争端还不少。我们中国人是主张和平的,希望用和平的方式解决争端。什么样的和平方式?'一国两制','共同开发'。"①"搁置争议,共同开发",这是一个新的思路,很值得研究。

"南沙问题虽然复杂,但根本症结却十分清楚,即在于争夺海洋石油资源。"②同时,这一问题又影响到亚洲地区的稳定和安全。可以考虑,一边进行谈判,逐步解决领土(包括领海)划界争议;一边暂时划出某块争议区域,进行共同投资、共同开发,从而共同获益。从实际出发,中国可与菲律宾、马来西亚、越南、文莱、印度尼西亚分别达成双边共同开发方案或区域性共同开发安排,以妥善解决中国与东盟关系中这个特殊而又重要的,关系到经

---

① 《邓小平文选》第三卷,人民出版社 1993 年版,第 87—88 页。
② 曾华群主编:《国际投资法学》,北京大学出版社 1999 年版,第 529 页。

济、政治、安全的南海问题。可以认为,这既是经济领域、又是政治领域的一种博弈;对于这类双边及多边合作开发的形式、范围和地点,同样,也要以制度化、机制化的方式进行。

人们高兴地看到,中国方面于 2004 年 11 月在第 8 次"10+1"领导人会议上提出了一项重大的建议:"——认真落实《南海各方行为宣言》的后续行动,中方愿与东盟举行特别高官会,成立工作组,尽快启动南海合作。中方愿本着'搁置争议、共同开发'的原则,在相互尊重、平等互利的基础上,与有关国家积极探讨在南海争议海域开展共同开发的途径与方式。"人们期待着这一新的合作计划的实现。

第二节 投资待遇

一、外商投资企业自主权

(一)外国投资者个人的法律地位

在接受投资的东道国领域内,作为外国公民的个人,原则上应适用该东道国法律关于公民的规定,享有民事权利,承担民事义务。

在中国与东盟相互投资关系中,对个人投资作出界定的,除各国国内法之外,更突出地表现在 10 个双边投资协定之中。作为外国投资者个人,他们的投资活动,一方面必须遵守东道国的法律,另一方面又受到东道国法律的保护,这是一个问题的两个方面。

(二)外商投资企业的法律地位

作为外国投资者的企业,法律地位是由其本国的法律加以确定的。

该企业到东道国投资,其投资活动必须遵守东道国法律,同时又受到东道国法律的保护。此时,其法律地位又有赖于东道国法律的规定。例如,中国的《公司法》专设"外国公司的分支机构"一章,明确规定:"外国公司属于外国法人,其在中国境内设立的分支机构不具有中国法人资格。""外国公司对其分支机构在中国境内进行的经营活动承担民事责任。"

如前所述,10 个双边投资协定中,对作为适格的投资者的"公司"一词的认定不大完全一致,但是,有两点是相同的:第一,它们都属于向国外进行直接投资的经济性的组织或实体,对东道国而言,它们被称为"外国企业";第二,它们将资本投入东道国、设立各种形式的合资或合作或独资企业之后,这些含有外资的企业即获得东道国政府认可的"外商投资企业"的法律身份,而不论是法人或非法人。

开办企业的意义在于向社会提供物质文化生活方面的产品(含服务),因此,企业应当有权自己决定生产什么、生产多少、如何生产。这种自主权的依据,一是国家的法律规定,二是经批准并登记的企业章程。在市场经济条件下,企业享有充分的经营自主权。

但是,在计划经济条件下、在计划经济向市场经济转轨的过程中,企业自主权的确立,涉及与政府的关系。这也是一种博弈。如像在香港特别行政区这样的市场经济条件下,不用单独提出什么企业自主权的保障问题;但中国内地、越南等情况就不完全是这样。正如有学者曾指出的,企业自主权的保障,"这主要是非市场经济国家外资立法所规定的内容,以使外国投资企业不受国家行政部门的不当干涉,使其能自主地按国际通行办法管理企业,取得合法的利益。"①中国的外资立法,正是体现了这种非市场经济向市场经济过渡中,从管理较严到逐步放宽的演进。

中国1979年的《中外合资经营企业法》第9条第1款规定:"合营企业生产经营计划,应报主管部门备案,并通过经济合同方式执行。"第2款规定:"合营企业所需原材料、燃料、配套件等,应尽先在中国购买,也可由合营企业自筹外汇,直接在国际市场上购买。"1986年的《外资企业法》第11条第1款规定:"外资企业的生产经营计划应当报其主管部门备案。"第15条规定:"外资企业在批准的经营范围内需要的原材料、燃料等物资,可以在中国购买,也可以在国际市场购买;在同等条件下,应当尽先在中国购买。"以上规定反映了一个事实,即到1979年、1986年中国仍未摆脱计划经济体制框框,并且出于发展中国家所处的不平等的国际经济竞争地位而不得不提出自我保护的"当地含量要求"。

中国逐步实行市场化,并于1992年宣布实行社会主义市场经济,于2001年加入世界贸易组织。在此背景下,对上述不再适合时宜的规定作出了修改:(1) 2001年删去了《中外合资经营企业法》原第9条第1款。将原第9条第2款改为第10条第1款,修改为:"合营企业在批准的经营范围内所需要的原材料、燃料等物资,按照公平、合理的原则,可以在国内市场或者国际市场购买。"(2) 2000年删去了《外资企业法》第11条第1款。将第15条修改为:"外资企业在批准的经营范围内所需的原材料、燃料等物资,按照

---

① 余劲松、吴志攀主编:《国际经济法》,北京大学出版社、高等教育出版社2000年版,第203页。

公平、合理的原则,可以在国内市场或者在国际市场购买。"据此,中外合资企业、合作企业分别依照经批准的合资企业合同和章程、合作企业合同和章程进行经营管理活动,外资企业则依照经批准的外资企业章程进行经营管理活动,不受干涉。

在东盟6个创始国,由于其市场经济程度相对高一些,因而对外商投资企业的自主权在法律上基本没有什么障碍。

至于东盟4个新成员国,政府干预仍然过多;不过,随着其市场经济程度的提高,外商投资企业的自主权将进一步得到保障。例如,老挝的《外国投资法》专设一章"外国投资者的权利、利益和责任";越南的《外国投资法》专设一章"外国投资者和外资企业的权利和义务"。其基调都是一方面保障企业自主权,另一方面要求履行必要的义务。至于权利多一些,还是义务多一些,那要根据东道国的实际情况而定,同时也会取决于东道国与资本输出国之间的博弈与协调。

二、最惠国待遇

(一)国际上的做法

在国际贸易、国际投资中,最惠国待遇体现着"外外平等"的精神。"最惠国待遇是指根据条约,缔约国一方有义务给予缔约国他方不低于其给予任何第三国的待遇。"[1]发达国家之间、发展中国家之间、发达国家与发展中国家之间的双边投资协定,都规定了最惠国待遇条款。

(二)中国与东盟国家的实践

1. 各国的做法

中国2004年修订后的《对外贸易法》规定:"中华人民共和国在对外贸易方面根据所缔结或者参加的国际条约、协定,给予其他缔约方、参加方最惠国待遇、国民待遇,或者根据互惠、对等原则给予对方最惠国待遇、国民待遇等待遇。"虽然中国的外资法中没有直接规定最惠国待遇,但对外贸易方面的最惠国待遇的原则,其基本精神亦是可以适用于涉外投资关系的。

东盟国家的情况亦大致如此。

2. 中国与东盟国家的双边投资协定

现有10个投资协定中,明确规定了实行最惠国待遇。兹以中国与印度

---

[1] 余劲松、吴志攀主编:《国际经济法》,北京大学出版社、高等教育出版社2000年版,第263页。

尼西亚签订的双边协定为例:

"第四条 最惠国条款

一、缔约任何一方在其领土内给予缔约另一方投资者实施的投资和产生的收益的待遇不应低于其给予任何第三国投资者实施的投资和产生的收益的待遇。

二、缔约任何一方在其领土内给予缔约另一方投资者在管理、使用、享有或处置其投资及与这些投资有关的任何活动的待遇,不应低于其给予任何第三国投资者的待遇。

三、上述所述的待遇不适用于缔约任何一方因参加关税同盟、共同市场、自由贸易区、经济多边或国际协定,或因缔约一方与第三国缔结的避免双重征税协定,或因边境贸易安排而给予第三国投资者的任何优惠或特权。"

可见,中国与东盟国家在投资关系中的最惠国待遇,体现了互惠性、对等性、平等性原则。

3. 区域经济安排下的例外

正在建设中的中国—东盟自由贸易区属于 WTO 允许的区域经济一体化安排,在区域内部可以实行一种比最惠国待遇还要优惠的"优惠制",区域外部的其他成员无权享受。

WTO 秘书处指出,一般来说,建立关税同盟或自由贸易区违反 WTO 平等对待所有贸易伙伴的原则,即最惠国待遇原则。但是,作为一种特殊的例外,关税与贸易总协定(GATT)第 24 条允许建立区域贸易安排,但必须符合某些严格的标准。尤其重要的是,这些安排应该帮助贸易在集团内国家间自由流动,不增加对集团外国家的贸易壁垒。换言之,区域一体化应该是多边贸易体制的补充,而不应对其造成威胁。WTO 秘书处还对关税同盟与自由贸易区作了专门区分,指出:"关税同盟:所有成员对来自非成员的进口产品征收相同的关税,如欧盟;自由贸易区:区内贸易是免税的,但每一成员对来自非成员的进口产品,可自行设定关税税率,如北美自由贸易区、东盟自由贸易区等。"[①]正在建设中的中国—东盟自由贸易区,亦应符合 WTO 的相关规则。

---

① 世界贸易组织秘书处编:《贸易走向未来》,法律出版社 1999 年版,第 81—82 页。

三、国民待遇

(一)国际上的做法

在国际贸易、国际投资中,国民待遇体现着"内外平等"的精神。但人们对"内外平等"的理解也不尽一致,有认为不得高于本国的,有认为不得低于本国的,也有认为既不能高于、又不能低于本国的。一般的认识是:"在国际投资法中,国民待遇是要求东道国给予外国投资者的投资和与投资有关的活动以不低于或等同于内国投资者的投资和与投资有关的活动的待遇。"[①]

国民待遇与最惠国待遇同为国际投资关系中的非歧视原则,但两者的情况存在很大不同,主要区别在于,国民待遇并非国际上的普遍适用规则,而更多的是取决于东道国的态度,以及东道国与投资者母国之间的协调(此即博弈的结果)。根据国际法,一国是否给予外国投资者以国民待遇,属于其主权范围内的事情,只要不存在歧视即可。国际投资中要求无条件给予国民待遇,并不符合国际经济新秩序的规则。因此,在投资领域是否实行国民待遇,无须千篇一律。

(二)中国与东盟国家的实践

1. 中国的做法

在中国立法上,尚未对投资方面的国民待遇规定明确的条款;然而在投资实践中,出现了以下三种情况。

第一种情况,给予中国国内投资者的投资及相关活动的待遇,同样给予外国投资者。例如,国家对于投资开发海南岛的境内、境外企业,给予同等鼓励,实行同等政策。

第二种情况,外资能进入的,内资不能进入;外资能享受的,内资不能享受。例如,鼓励外国跨国公司来华创办投资性公司,外商在华投资可享受许多优惠(税收、土地利用等方面)。

第三种情况,内资能进入的,外资不能进入;内资能享受的,外资不能享受。例如,某些限制或禁止外商投资的项目。

中国与外国签订的上百个双边投资协定中,只有少数协定采纳了国民待遇条款,如 1986 年中国与英国、1988 年中国与日本、1991 年中国与捷克、1992 年中国与韩国的协定。其中,中英投资协定第 3 条"投资待遇"中规

[①] 余劲松、吴志攀主编:《国际经济法》,北京大学出版社、高等教育出版社 2000 年版,第 263 页。

定,"除本条第一、二款(即最惠国条款)的规定外,缔约任何一方应尽量根据其法律和法规的规定给予缔约另一方的国民或公司的投资与其给予本国国民或公司以相同的待遇。"此即国民待遇条款。中日投资协定第3条"投资待遇"中规定,"缔约任何一方在其境内给予缔约另一方国民或公司就投资财产、收益及与投资有关的业务活动的待遇,不应低于给予缔约一方国民和公司的待遇"。同时,又加以限制,即"缔约一方,根据其法律和法规,为了公共秩序、国家安全或国民经济的正常发展,在实际需要时,给予缔约另一方国民和公司的差别待遇,不应视为低于该缔约一方国民和公司所享受的待遇"。

2. 东盟国家的做法

亚洲国家对外资实行国民待遇的较少。[①] 东盟国家的情况正是这样。

以印度尼西亚为例。1969年印度尼西亚与挪威签订的投资协定中,规定东道国只在"类似的情况下"给予外资国民待遇,此类限定可以免除东道国在"非类似场合"(如内外资投入不同行业)给予外资国民待遇。1974年印度尼西亚与瑞士签订的投资协定附件规定,"考虑到印度尼西亚国民经济发展的现行阶段",印度尼西亚可以偏离对瑞士投资者实行的国民待遇,即只给予本国投资者某些待遇;但又规定,印度尼西亚要"在类似的经济活动中,对瑞士投资者提供相同的或补偿性的便利"。可见,给予或者不给予外商投资以国民待遇,东道国与投资者母国经过谈判,能够采取一些灵活的办法。

3. 中国与东盟国家的双边投资协定中的处理

中国与东盟国家对外资是否实行国民待遇的态度也反映在中国与东盟国家的双边投资协定中。仔细分析上述10个双边投资协定可以发现,它们均未明确或者说小心翼翼地避开了这个敏感的问题。不仅如此,在有关国家的法律中,对外资的进入设立了种种"门槛",对外资的运营作出了各样的限制,其中,有的做法是可以理解的,但有的做法则是不合理的,关键在于把握一个适当的"度"。应该说,这是一个不能回避的问题——提高相互投资的自由化、便利化程度与维护东道国对外来投资管辖权的博弈。

[①] 刘笋:《国际投资保护的国际法制——若干重要法律问题研究》,法律出版社2001年版,第161页。

四、公正、公平待遇

国际上,多数双边投资协定中规定有公正、公平待遇标准。它已成为评价东道国政府与外国投资者之间的关系是否处于和谐状态的一种尺度。但由于其内容不定、措辞含糊,又由于已有明确的最惠国待遇、国民待遇解决了歧视性的禁止、限制或者其他类似措施,因而人们并不大注意所谓公正、公平待遇问题。

分析中国与东盟国家的双边投资协定,分别规定了"公平的"、"公正和公平的"或"公正与平等"的待遇。其中,在中国与泰国的协定中,规定"公平的"待遇;在中国与新加坡、马来西亚、菲律宾、越南、老挝、印度尼西亚、柬埔寨、文莱的协定中,规定了"公正和公平的待遇"。在中国与缅甸的协定中,规定了"公正与平等的待遇"。即是说,10个协定,均有相同或类似规定。

这难道是偶合吗?非也。它反映了中国与东盟将这一待遇作为一项原则性规定,核心是非歧视,它既统领其他具体的待遇标准,又弥补已规定的待遇标准的缺欠,特别是对国民待遇的谨慎处理。不仅如此,相互投资中实行的公正、公平待遇,又为中国、东盟之间的合作型法律博弈确定了规则,提供了指南。我们可以在实际的投资谈判、投资合作的进程中,对这种"似实而虚"的条款,增添一些实在的内容。

五、比较与改进(法律博弈的对策之二):对外商投资给予合理待遇

(一)应当保障外商投资企业自主权

保护外资的前提和基础之一是,保护外国投资者和外商投资企业。根据中国与东盟国家的双边投资协定,缔约一方投资者在缔约另一方领土内的投资应享受充分的保护。"充分的保护"包括许多方面,而且体现为一定的过程。就中国、东盟相互投资关系现状来看,对外商投资企业的自主权的保障还存在差距。为此,笔者建议:

第一,通过国内立法和双边投资协定明确承诺保障外商投资企业的自主权。中国在1986年发布的《关于鼓励外商投资的规定》提出:"各级人民政府和有关主管部门应当保障外商投资企业的自主权,支持外商投资企业按照国际上先进的科学方法管理企业。"但三部外商投资企业法的表述中没有类似明确的规定。东盟各国的立法亦无此类明确规定。此外,现有10个双边投资协定中亦无此种约定。双边投资协定中仅仅提到,缔约任何一方

在其领土内给予缔约另一方投资者在管理、使用、享有或处置其投资及与这些投资有关的任何活动的待遇,实行最惠国条款。笔者认为,可以将它引申为:外国投资者在东道国依法设立的企业,在管理、使用、享有或处置其投资及与这些投资有关的活动,应当享有充分的自主权。

第二,平衡外国投资者的权利与东道国政府的权力。前者指私权利,即外商投资企业享有人、财、物、供、产、销等各方面的自主权,如在购买机器设备、原材料及辅料等物资和获得水、电、热、货物运输、劳务、广告、通信等服务方面,可自主选择决定。后者指公权力,即东道国政府有权审批外商投资企业的经营范围、征税和实施必要的公共管理(产品质量监督、劳动卫生安全监督、环保监督等)。公权力必须保障合法的私权利,而私权利必须服从正当的公权力,这就能达到关系和谐。

与此相关联的是,应当使外商投资企业既享有权利,又承担义务。基本的义务可以归纳为一条,即外商投资企业的一切活动都应遵守东道国法律法规的规定,当然,这会包括许多具体内容。

在企业自主权方面,东道国政府与外国投资者之间也会发生法律博弈。比如,"国家有权限制外国投资者的权利,有权修改自己的法律,从而改变外国投资者的权利和义务(当然,在这种情况下,也要注意保护外国投资者的合法权益),有权对不遵守东道国法律、条例和规章的外国投资者予以制裁,等等。"[①]反之,外国投资者对不依法实施管理、侵害投资者合法利益的行政行为,有权提出申诉、复议或诉讼,有权要求行政赔偿,等等。合理解决围绕企业自主权而发生的纠纷,亦应采取合作型法律博弈的模式,通过建立合作型法律机制解决问题,毕竟对抗对双方都有不利。

(二) 从鼓励与约束、自由与管制的博弈过程考察投资待遇

所谓投资待遇,是指投资者到东道国投资所享受的权利和所得到的地位。前述公正和公平待遇、最惠国待遇、国民待遇,既反映了东道国政府对外来投资的欢迎,又反映了对外来投资的权益保障。中国与新加坡协定的第3条题为"促进和保护投资";中国与马来西亚协定的第2条题为"促进和保护投资";中国与印度尼西亚协定的第2条题为"保护和待遇";中国与文莱协定的第3条题为"保护和待遇";中国与缅甸协定的第3条题为"投资待遇"。在这些条款中,"公正和公平"既是"权利"又是"地位",既是"促进"

---

① 参见解决投资争端国际中心:《世界投资法》。转引自姚梅镇主编:《比较外资法》,武汉大学出版社1993年版,第318页。

又是"保护"。有学者指出:"从广义上说,法律对国际投资的保护,同时也具有鼓励和促进国际投资的作用。"①又有学者指出:"对外国投资的待遇是指外国投资者在东道国所具有的法律地位,即享受权利和承担义务的状况。投资保护协定的整个内容其实都可归结为对外资的待遇问题。"②除了上述公正和公平待遇、最惠国待遇、国民待遇之外,本书下一节将要阐述的优惠措施,第五章中将要阐述的征收、征用补偿和投资纠纷解决机制等,亦属于广义的投资待遇范畴。全面考察,东道国对外来投资,既有鼓励又有约束,既给予自由又进行管制。这种博弈,反映了引资与投资的互动规律。

基于以上认识,中国与东盟国家应当考虑:

第一,在各国国内法中明确规定对外商投资实行公正和公平待遇、最惠国待遇,同时也要明确宣布适用的"例外"。各国可以根据本国国情,遵照国际上和区际间的有关条约、协定,选择涉及公共利益、国家安全和国际收支的例外条款。

第二,以合适的方式,修改中国与东盟国家之间的双边投资协定,其中包括对投资待遇的规定保持一致,消除现存不很协调的状况。中国与印度尼西亚的协定中,规定"投资及其收益"和"管理、使用、享有或处理其投资及与这些投资有关的任何活动"都应"始终受到公正与公平的待遇并受充分的保护和保障",这一概括最为全面。

(三)区分国民待遇与差别待遇

1. 为什么10个双边投资协定中没有规定国民待遇

分析起来,主要有以下几个原因:

第一,保护本国经济竞争力。发展中国家经济条件较差或太差,它们首先要对本国国内企业特别是某些行业的企业实行特殊的保护,同时要避免外资大举进入对整个民族经济的冲击。作为东道国从其经济发展目标、现有生产力水平和产业结构、区域安排等方面考虑,只能有条件地实行国民待遇,而不能笼统地接受国民待遇条款,这与普通承诺给予最惠国待遇的情况大不相同。换言之,"内外平等"与"外外平等"不能等量齐观。

第二,体制转型不可能使内、外资政策完全统一。20世纪后半叶,中国和一些东盟国家如越南、老挝等,正处于从计划经济体制向市场经济体制过

---

① 余劲松、吴志攀主编:《国际经济法》,北京大学出版社、高等教育出版社2000年版,第203页。

② 曾华群主编:《国际投资法学》,北京大学出版社1999年版,第426页。

渡阶段,国内企业尤其是国有企业的经营管理权正在逐步发生变化,但是仍未能完全摆脱政府直接干预,这种管理模式当然不应再影响到外商投资企业。

第三,认识上还存在误区。投资领域的国民待遇应分为两个阶段有区别地处理:(1)外资进入之时,设立外商投资企业之前,不可能、也不应当实行完全的国民待遇;(2)外商投资企业设立之后,可能、也应当统一内、外资企业政策。因此,投资自由化中的"国民待遇"问题,主要应指准入后的国民待遇。笼统地提投资领域的国民待遇可能引起误解。

正如有学者指出的:"投资领域实行国民待遇尚未成为一项为各国普遍接受的习惯国际法原则,不存在绝对的、无限制的国民待遇。"[①]中国与东盟国家的现有双边投资协定,虽然谨慎了一些,但还是可以理解的。

2. 国民待遇方面近年来的发展

10个双边投资协定中没有明文规定国民待遇,不等于中国与东盟之间在投资领域没有或不实行国民待遇。事实上,近年来,中国与东盟国家在这方面已逐步松动,根据有关国际上和区际间的条约、协定和互惠、对等原则给予对方国民待遇。

中国在积极参与经济全球化的过程中,力图进一步改善经济和法律环境。1993年,中国首次提出:"创造条件对外商投资企业实行国民待遇,依法完善对外商投资企业的管理。"又于1996年作出一项重要决策:"逐步统一内外资企业政策,实行国民待遇。"2002年,中国又进一步提出:"改善投资环境,对外商投资实行国民待遇,提高法规和政策透明度。"根据这一指导方针,在加入WTO的前前后后几年内,中国清理了以往经济立法中某些不合理的规定,统一了某些不协调的规定,增添了某些过去欠缺的规定。例如,取消当地含量要求、出口实绩要求、技术转让要求、外汇平衡要求等。

东盟一些国家,如新加坡、泰国、马来西亚、印度尼西亚等,也相继修正了过去的法律,沿着有条件地实行国民待遇的方向前进了许多。

当前,中国、东盟之间相互投资给予国民待遇问题有所缓解,但尚未完全解决。这里包括:投资领域和经营范围,市场准入条件或标准,企业自主权,东道国政府监管程度,等等。

笔者建议,中国与东盟国家要修改、完善各自的内、外资企业政策及立

---

① 刘笋:《国际投资保护的国际法制——若干重要法律问题研究》,法律出版社2001年版,第157页。

法,以达到本国法上的大致统一,个别方面亦可保留适当的灵活性。例如,在外资进入之时可控制严一点,在外资进入之后则放得宽一些;比较敏感的领域可列出暂时例外清单,比较成熟的领域可先行对外放开。

笔者还建议,在各国内国法确定对外商投资逐步实行国民待遇的同时,着手修订、完善中国与东盟国家之间的双边投资协定,明确加进当初小心翼翼地回避的国民待遇条款,以及国民待遇例外条件。

总之,时至今日,在引资与投资的谈判与实践过程中,国民待遇问题最为突出,必须倍加关注。中国与东盟国家之间应适当放开,通过暂时例外、部分保留、先易后难,实行有条件的、逐步推进的国民待遇。这种法律博弈有助于中国、东盟国家建立合作型投资法律机制,推进目前尚未尽如人意的投资关系。过于谨慎固然妨碍发展,但操之过急也会适得其反。

3. 对东盟老成员国与新成员国应实行差别待遇

有人认为,歧视待遇又叫差别待遇。但笔者还想加上一句:差别待遇不一定就是歧视待遇。从哲学的意义上说,世界上的万事万物都存在差别或区别;没有差别就无法认识事物,没有区别就无法确定政策。中国—东盟投资关系中,客观上存在一定的差别,主观上也就会出现一定的区别;然而,它们引起的仍然应是合作博弈,而不是非合作博弈。这里应研究两种情况:

第一,为东盟新成员国提供特殊和差别待遇及灵活性。经济法的理念之一是追求实质公平,扶持弱势群体或成员。这种分配上的倾斜,也是合作博弈的策略之一。东盟自由贸易区建设计划中已经给予4个新成员国(越南、老挝、缅甸、柬埔寨)特别照顾。中国—东盟自由贸易区建设计划中亦决定帮助这4个新成员国有效参与并从中获益。这不是对其他国家的歧视,而是帮助经济落后国家缩小发展差距,完全符合国际经济新秩序的精神。

第二,对湄公河次区域合作加大力度。湄公河次区域地域范围包括柬埔寨、老挝、缅甸、泰国、越南和中国云南省。在该次区域合作中,中国与东盟有关国家面临发展的新机遇。中国政府提出,"希望与次区域国家共同努力,改革和完善各国的贸易体制,改善投资环境,为相互的贸易与投资提供法律上的保证和制度上的便利。"①笔者认为,"法律上的保证和制度上的便利",即是进行合作型法律博弈的依据和基础。中国与该次区域国家可以在投资自由化、便利化方面走得更快些,成为中国—东盟自由贸易区的一个示范区。

---

① 《中国参与湄公河次区域合作国家报告》(2002年11月)。

第三节 优惠措施

一、税收优惠

（一）国际上的做法

此处所称税收优惠,是指一国依法对外国投资者和外商投资企业的税收减免和从低税率征税。

税收优惠的立法措施通常分两类:一是内国法(东道国法)的规定;二是签订双边税收协定,一般全称为关于避免双重征税和防止偷漏税的协定。

优惠措施的选择取决于东道国的经济水平和产业结构。"从发展中国家来看,各国为了实现本国经济社会目标,通常按照产业政策、技术政策、地区发展政策等,有重点、有选择地给予不同的税收优惠,以引导外资流向。"①

具体说来,东道国的税收优惠按以下几种思路选择:第一,对需要优先发展的行业给予优惠;第二,按产业政策给予优惠;第三,按地区发展政策给予优惠;第四,对产品出口企业给予优惠;第五,对先进技术企业给予优惠;第六,对利润再投资给予优惠;第七,按就业政策给予优惠;第八,对大额外国投资给予更多的优惠。

（二）中国的实践

在改革开放之初,为解决国内建设资金不足的问题,中国吸收外资政策的突出特点表现为对外资给予特别优惠,尤其是税收优惠。可以举两个例子:一是1979年的《中外合资经营企业法》,这是中国实行改革开放之后的第一部涉外经济法律。当时该法规定:"具有世界先进技术水平的合营企业开始获利的头两年至三年可申请减免所得税。""外国合营者将分得的净利润在中国境内再投资时,可申请退还已缴纳的部分所得税。"二是1980年国务院提出,全国人大常委会批准的《广东省经济特区条例》。该《条例》规定:"特区企业所得税税率为15%。"

至1991年,形成了较为完整的《外商投资企业和外国企业所得税法》。按照该法,税收优惠的主要内容有:

---

① 余劲松、吴志攀主编:《国际经济法》,北京大学出版社、高等教育出版社2000年版,第242页。

第一,对特定地区减低税率。如对设在经济特区的企业和设在经济技术开发区的生产性企业,按15%的税率征收企业所得税(在非特区,企业所得税税率为30%)。

第二,对特定产业项目减低税率。如对符合一定条件的从事港口、码头建设的中外合资经营企业,按15%的税率征收企业所得税。

第三,限定行业、项目给予定期减免税。包括对不同地区、不同类型的企业在企业投产开始获利年度起,给予"两年免税三年减税"、"一年免税两年减税"、"五年免税五年减税"等三种定期减免税。

第四,对外商投资举办产品出口企业和先进技术企业给予税收优惠。

第五,对外商以其在中国投资所获得的利润再投资给予税收优惠。

第六,对外商转让先进技术给予税收优惠。如外商在能源、交通等领域提供专有技术所取得的专有技术使用费,按10%的税率征收预提所得税。

进入21世纪后,为了开发中西部,国务院决定,对设在中西部地区的国家鼓励类外商投资企业,在现行税收的优惠政策执行期满后的三年内,可以减按15%的税率征收企业所得税。

上述税收优惠政策措施,完全适用于东盟国家投资者到中国投资。

除此之外,中国还分别与马来西亚、新加坡、泰国、越南、印度尼西亚、老挝、菲律宾等东盟国家签订了有关避免双重征税和防止偷漏税的双边协定。

(三)东盟国家的实践

新加坡以奖励经济发展为主旨,实行一系列的税收减免政策。计有:(1)对新兴产业的免税。对产品出口的新兴工业,自生产之日起免税8年,如果产品不出口,免税只有5年;非新兴工业一般无免税优待,但如该企业产品出口,则可享受5年免税期。(2)对现有企业扩大投资的免税。(3)对高增值产品的开发投资与扩大投资的税收优惠。(4)为购买生产设备借入外国资金免征利息所得税。(5)专利权使用费、技术援助费及技术开发研究费的免税。(6)对区域性营业总部的减税。(7)为经济服务总部提供的税收优惠。(8)对仓库、工程设计服务、国际咨询服务等企业的减税。(9)对技术开发研究的税收优惠。(10)为促进机械化,缩短机械设备的折旧时间。(11)对经批准的国际石油交易企业的减税。(12)对经批准的国际贸易企业的减税。(13)对经批准的国际海运企业的免税。(14)对经批准的航机租赁企业的减免税。(15)对经批准的电子商务业的减税。

(16) 对国际商品展览会的减税。①

泰国亦采取了税收优惠。例如,根据投资规划或全日制工人数量,投资企业可在3—8年内免交公司所得税;投资者所得利润可在此相同期限内免税。

马来西亚的投资鼓励亦包括税收优惠。例如,具有先驱地位的企业(即国家经济发展急需的企业)可享受特别优惠——以免税为主,加上其他补助。又如,根据企业雇用职工人数确定不同的免税期限。从1999年起,马来西亚对生产企业进口生产所需的原材料实行免税,而不必再考虑其产品是否外销;另外,对生产所需设备以及用于环保、回收、维护、质量控制和水处理等方面的设备免征进口关税和销售税。

菲律宾亦以税收优惠鼓励外商投资。例如,首创企业、优先企业以及出口产品企业以将来分配的利润扩大再投资,可以减税25%—100%。

印度尼西亚的外资法,非常重视运用包括税收优惠在内的各种优惠措施。例如,投资于政府认为需要特别优先发展的领域,可延长免税期。

在东盟的几个新成员国中,越南宣布的税收优惠主要有:(1) 基本税率。外资企业和合作经营的外方缴纳15%—25%的利润所得税。(2) 减免企业所得税。根据投资领域、资金规模等条件,对合营企业给予两年免征、两年减免企业所得税的待遇。符合特定条件的,还可再优惠。(3) 鼓励再投资。外商用其所得利润再投资,期限超过三年的,可退回用于再投资的利润所得税。(4) 减免进出口税。(5) 其他。

柬埔寨现行《投资法》宣布:"对投资的鼓励主要包括全部或部分免征关税及其他税务。"为此,采取了一系列鼓励措施,主要有:(1) 纯盈利税的税率为9%,但不包括国家自然资源、森林、石油、金矿和宝石等的勘探和开采盈利税的税率,此类税率将由其他法律另行规定。(2) 依据每项投资的条件及政府内阁法令规定的优惠条件,从第一次获得盈利的年份算起,可免征盈利税的时间最长为8年。如连续亏损5年,其亏损额则被批准用来冲减盈利。如果投资者将其盈利用于再投资,则可免征其盈利税。(3) 分配投资盈利,不管是转移到国外,还是在柬国内分配,均不征税。(4) 进口建筑材料、生产资料、各种物资、半成品、原材料及所需零配件,属符合下列投

---

① 汪慕恒等:《东盟国家外资投资发展趋势与外资投资政策演变》,厦门大学出版社2002年版,第306—309页;也见余劲松、吴志攀主编:《国际经济法》,北京大学出版社、高等教育出版社2002年版,第242—243页。

资项目者,均免征其关税及其他税务;占总产量最少80%的产品用作出口的投资项目;在柬发理事会公布的优先发展的特别开发区内投资;旅游工业;劳动密集型工业、加工工业及农用工业;基础设施建设及能源生产。
(5)产品出口,免征出口税。

缅甸《外国投资法》以专章规定"税收减免"。为了鼓励外商投资,给予下列减免税待遇:(1)任何生产商品或服务性的企业,从开业的第一年起,连续3年免征所得税。如果对国家有贡献,根据投资项目的效益,还可继续适当地实行减免税收。(2)企业所得利润在一年内进行再投资,对其所得的经营利润,给予减免税收。(3)为加强所得税的监管,政府外国投资委员会可按规定的原值比例,从利润中扣除机械、设备、建筑场地及企业设施折旧费后进行征收。(4)凡是商品生产企业,按其产品运销国外所得利润的50%减征所得税。(5)投资者有义务向国家支付来自国外受聘于企业的外国人的所得税,此项所得税可从应征税收中扣除。(6)上述外国人的收入应按照国内公民支付所得税的税率征收。(7)如属国内确需的有关科研项目和开发性项目的费用支出,允许从应征的税收中扣除。(8)每个企业在享受上述第(1)款减免所得税后,连续2年内确实出现了亏损,从亏损的当年起,连续3年予以结转和抵消。(9)企业在开办期间,确因需要而进口的机器、设备、仪器、机器零部件、备件和用于业务的材料,可减免关税或其他国内税或两种税收同时减免。(10)企业建成起头三年,因用于生产而进口的原材料,可减免关税或其他国内税或两种税收同时减免。

二、其他优惠

(一)国际上的做法

各国对外商投资除了给予税收优惠之外,还给予其他不同形式的优惠。主要有:

第一,设立各类经济性特区,诸如经济特区、经济技术开发区、自由贸易区、自由关税区、保税区、出口加工区、科学工业园、自由边境区等名目。在这些经济性特区,以税收、财政、金融等等手段为外商投资提供优惠。

第二,财政方面的补贴和资助。

第三,信贷融资方面的支持。

第四,场地使用方面的支持。

第五,相关收费的减免。

（二）中国的实践

中国经过近 20 多年的努力,已走向了从沿海到内地的全方位开放。其中,5 个经济特区和上海浦东新区,14 个沿海城市,3 个沿海三角地带,一批经济技术开发区和高新技术产业开发区、保税区及边境经济合作区等,实行更为开放的政策,对外商投资提供了更为适宜的经济和法律环境。

中国是一个庞大的市场,至今还没有充分开发出来。中国正在发挥市场的比较优势,吸引外来资金和技术。中国已取消了对外商投资企业内、外销比例的强制要求。

中国有着丰富的资源,至今还有许多尚未开发(从可持续发展的角度考虑,有些资源是不应急于开发的,这点应学美国等发达国家)。中国正在发挥资源总量的比较优势,吸引外来资金和技术。这里也包括供应投资企业所需场地的问题。

中国人口众多,至今就业压力巨大。中国正在发挥劳动力的比较优势,一方面保障外商投资企业的用工供给,另一方面努力发展对外劳务输出。

按照中央政府的意见,国家有关机关规定对外商投资企业收费的项目和标准,应当与中国国内其他同类企业相同。

举办经济性特区,开放国内市场,供应场地,保障用工,规范收费等等,与税收优惠措施一起运用,使中国的投资环境进一步走向完善。

（三）东盟国家的实践

新加坡规定,对新产品、新制造方法的开发和既存产品、既存制造方法的改良实行补助,经认可的项目的直接费用由政府补助 50%。

泰国将全国分为第一类投资区、第二类投资区、第三类投资区,分别享受不同的投资优惠。

马来西亚为了促进出口工业的发展,设立了自由贸易区(即出口加工区),并配以专门的《自由贸易区法》。

菲律宾对出口加工区工业给予投资补助。

印度尼西亚也设有保税区,在土地使用等方面提供有力的支持。

越南授权省一级政府决定各种投资项目的土地租赁费用率及其减免程度。土地租赁费用率一经确定,至少保持五年不变。2004 年 8 月,越南作出关于南部、北部、中部三大重点经济区经济社会发展主要方向的决定,其中包括促进投资。越南还对工业区、出口加工区的外商投资企业给予优惠政策,以资鼓励。

三、比较与改进（法律博弈的对策之三）：对外商投资给予适当优惠

（一）税收优惠利弊分析及改进建议

中国与东盟国家的实践表明，税收优惠对一国吸收外资起到了积极的作用。但是，这里存在两个博弈：一是优惠太多，是否会影响东道国的经济利益，是否会使内资企业与外商投资企业利益关系失衡？二是税收优惠能否使外国投资者真正得到实惠呢？假如投资者在东道国享受了减免税的优惠，但其资本及其收益返回本国时又要征收一道税，那么，所谓优惠也可能就被抵消了。因此，中国与东盟国家之间需要通过双边税收协定来处理这一问题。在这一点上，又是国家（政府）出面制定博弈规则。

根据双边税收协定，避免双重征税的方法有以下三种：（1）免税。即一国对其居民（公民、法人）在收入来源国已纳过税的所得免予征税。（2）抵免。即一国对其居民（公民、法人）在收入来源国已纳的所得税在本国税收中相抵扣除。（3）饶让。按上述税收抵免办法，抵免额不得超过本国税法规定计算的应纳税额。为此，国际上出现了税收饶让办法，即对所得来源地国家给予的减免优惠，在投资者母国接受返回的投资及其收益而计算纳税时，要将它视同已征税予以扣除。这样，来源地国家（东道国）所给予的减免税优惠，才能使外国投资者得到真正的实惠，而不会出现"东道国抵免本国补交"的现象。发展中国家要求实现税收饶让，以真正起到鼓励投资的作用。

必须看到，一国的投资环境是由各种硬条件、软条件有机组合、综合作用的体系，或曰系统工程。以税收优惠为主的各种优惠政策只是这个系统工程中的某些环节。税收等优惠措施如运用不当，也会带来一定的负面影响，如造成东道国国家财政的损失，使内资企业处于不平等的竞争地位，忽视或妨碍整个投资环境诸因素的相互作用等；并且，还可能受到国际有关规则的约束与其他外国的报复，因为它有违WTO的《补贴与反补贴措施协议》的精神。

为此，笔者建议：

第一，无论是中国，还是东盟国家，在投资领域，可以而且只能适度运用税收优惠措施。像香港特别行政区那样对内外资企业完全适用同一的政策，不存在特别的优惠，中国内地与东盟各国暂时还做不到。然而，过分看重税收优惠，终究不能适应经济全球化所倡导的贸易投资自由化和国民待遇等非歧视原则的要求。

中国1996年的《国民经济和社会发展"九五"计划和2010年远景目标纲要》中提出:"统一内外资企业所得税,取消各种区域性税率";"调整地方税制结构,健全地方税收体系。"该项任务至今尚在进行中。这一要求也可借用来说明东盟一些国家当前需要解决的问题。

上述"统一"、"取消"、"调整"、"健全"税制的问题,亦属于法律博弈,其博弈的主体主要是政府与企业、中央与地方、本国与外国,但也会牵涉到投资者。

第二,修改、完善中国与东盟之间的双边税收协定。在协定中,除规定免征、抵免外,同时要强调饶让,以达到前述让外国投资者真正获得实惠从而提高其投资积极性的目的。鉴于该问题属另一范畴,即税法中避免双重征税和防止偷漏税的问题,应由另文详加探讨,此处只能从略。

(二) 其他优惠利弊分析及改进建议

本书前述其他优惠,因其名目多样,性质作用不一,故须对具体事项进行具体分析。

关于设立特殊经济区。这是很有必要的,美国、巴西等国都取得了这样的经验,中国与东盟国家的经验同样证明了这一点。但要注意,一国市场经济的发展和经济全球化的发展,必然要求一个国家内部实行统一的政策和法制。正如2001年《中华人民共和国加入(WTO)议定书》指出的,《WTO协定》和本议定书的规定应适用于中国的全部关税领土,包括边境贸易地区、民族自治地方、经济特区、沿海开放城市、经济技术开发区以及其他在关税、国内税和法规方面已建立特殊制度的地区(统称为特殊经济区)。对特殊经济区,上述《议定书》指出,除本议定书另有规定外,在对此类特殊经济区内的企业提供优惠安排时,WTO关于非歧视和国民待遇的规定应得到全面遵守。① 由此可知,即使是在特殊经济区实行特殊优惠,也不能违反WTO等国际规则。建议中国与东盟国家认真回顾一下设立特殊经济区的政策,对其中不合适者加以纠正。例如,不同地区之间过于悬殊的税率差别。

关于财政、信贷、土地等支持。对外国投资者给予财政补助,是一种直接的补贴;信贷融资中的长期低息贷款、发放利息津贴,是一种间接的补贴;在土地供应等方面降低外商投资企业费用,是一种事实上的补贴。它们对于加快引资步伐,扩大对外对放,的确起到了积极的作用。但是,也不全是正面影响。有学者指出,各国之间引资鼓励战的结果,往往导致出现这样一

---

① 《中华人民共和国加入(WTO)议定书》(2001年11月10日)第2条"贸易制度的实施"。

种情况:东道国为鼓励或激励措施所付出的财政负担超过了接受投资所能激发的收益额。① 还须特别注意到,国际投资自由化趋势对上述补贴做法提出了严峻的挑战,换言之,补贴的存在往往构成投资自由化的障碍。其矛盾表现为:(1)补贴性投资措施与自由准入规则的可能的冲突;(2)补贴性投资鼓励措施与投资的市场规则的冲突;(3)补贴性投资鼓励措施与国民待遇原则的可能的冲突。② WTO 并不全面禁止补贴,对于地区扶贫、环保之类带有公益性的补贴则是允许的。建议中国与东盟国家认真回顾一下设立经济补贴一类的政策,对其中不合适者加以纠正。例如,有些地方以土地换投资、以市场换技术的做法。

设立特殊经济区,设立财政、信贷、土地等支持措施,有关政策也需改进。

第四节 外资进入的逐步便利化

一、行政管理程序上的便利

投资便利化是从贸易便利化延伸、发展而来的。关于贸易便利化,简单的表述是消除贸易程序中的障碍。③ 以此推论,关于投资便利化,简单的表述就是消除投资程序中的障碍。程序是指事情进行的先后顺序,讲究工作程序就是为着规范行为,方便办事。投资便利化表现为采取有效的制度、方法规范投资行为、提高办事效率的一种过程。这个过程主要有以下几个环节:投资意向的谈判和合同、章程的订立;主管当局审查批准;企业登记;各方出资;企业开业后的经营管理;以及货物、资金和人员的入境;等等。其中,有相当一部分属于行政管理程序上的事项。

WTO、APEC 都主张推进贸易、投资自由化、便利化。尽管发展中国家不完全赞同发达国家的意见,但是不可能不受到自由化、便利化思潮和趋势的影响。

在前述《中国与东盟全面经济合作框架协议》中,"便利投资"成为双方合作的基本要求之一。中国和东盟国家都赞同为外商投资提供方便。例

---

① 赵维田:《世贸组织(WTO)的法律制度》,吉林人民出版社 2000 年版,第 427 页。
② 徐泉:《国际贸易投资自由化法律规制研究》,中国检察出版社 2004 年版,第 425—432 页。
③ 中华人民共和国外交部国际司等:《亚太经济发展报告(2001)》,南开大学出版社 2001 年版,第 134 页。

如,中国1986年发布的《关于鼓励外商投资的规定》就提出:"各级人民政府和有关主管部门,应当加强协调工作,提高办事效率,及时审批外商投资企业申报的需要批复和解决的事宜。"又如,越南2000年制定的《外国投资法》提出:"为外国投资者在越南投资创造有利条件并规定各项简单快捷的手续。"以上所说"及时"和"便捷",都是"便利化"的意思。

"便利投资"与"投资自由"一起,依赖适当的机制以便有效地执行。目前,中国与东盟国家在以下几个环节,采取了一系列简化程序、提供方便、降低行政成本、提高管理效率的做法。例如:

——严格限定主管当局审批的时间;
——推行"一条龙"即连贯式的管理程序;
——简化物资、资金进口手续;
——简化入境人员签证手续或实行免签;
——允许外国投资者和外国职工入境后在交通、通信、旅游、旅馆住宿等方面,享有与本国公民同等的待遇。

不过,在便利的方式与程度上,中国与东盟各国的做法亦不尽相同。例如,东盟10国已决定从2005年起,各国公民可以自由进入彼此的国家旅行或公干,不必事先申请入境签证;并从2004年起协调各自的签证程序,让东盟成员国以外的旅客和商人能在10国之间走动。中国暂时还达不到这种便利水准。

二、其他服务方面的便利

提供多方面的、有效的投资服务,是促进国际投资的重要环节。投资服务有许多事项,诸如向外国投资者发布投资导向和投资政策,提供市场、生产等信息咨询,协助寻找投资项目和合资、合作伙伴,代理申办设立和经营企业的各项手续。

努力做好投资服务,是许多发达国家和发展中国家共同取得的经验。

中国各地设立外商投资服务中心、咨询中心、律师事务所、会计事务所、商标事务所、专利事务所、公证机构及其他投资中介,有力地推进着吸收外资的工作。但还存在一些问题,如服务质量不高,信息不充分,收费较高,手续较繁等。

东盟国家的外商投资服务很有成绩,但也存在一些问题,如对中国的具体情况宣传不够,使许多投资者对中国还不很了解,甚至存有疑虑。

三、比较与改进(法律博弈的对策之四):提供投资方便

(一) 行政管理程序方面

博弈是要讲规则的,提高行政管理程序的方便需要机制化的合作。

笔者建议,中国与东盟为便利相互投资,可以依不同情况采取如下措施:

第一,将原来所有的内部规定公开化。即以书面形式向投资者公布有关投资的申请、许可、登记等管理程序以及申诉等补救程序。

第二,将原来的管理程序简单化。包括:简化海关程序;简化有关表格;简化提交程序(除书面提交外,还可允许电子提交);缩短许可、登记时间;所有管理机构集中一处办理投资程序,最好能同时办理人员入境手续。

第三,将原来的管理程序规范化。包括人员、货物、技术、资金的跨国流动,海关、边境管理和商品检验、卫生检疫、动植物检疫方面的制度以及这些制度之间的协调。

(二) 其他服务方面

现代公共管理的任务在于提供公共物品和公共服务。投资服务,从广义上说,也是一种公共服务,是政府及其他具有公共事务管理职能的组织和私人组织为广大投资者提供的服务。一定要把投资服务纳入营造良好的投资环境的组成部分。为此,笔者建议:

第一,中国与东盟各国都要建立、健全投资信息服务制度,使投资者知己知彼,便于决策。情况明,决心大,方法对,事情才能成功。方法也就是策略。博弈的要素之一是定出策略及策略组合,而前提则是博弈各方能及时得到准确的、充分的信息。在中国与东盟之间,由于语言、文化等的差异,对与投资相关的信息服务工作更显得重要和迫切。一个最基本的事实是:中国与东盟之间的相互投资状况(成绩与问题及原因)、中国与东盟之间相互投资法律及其适用状况(法律文本、法律演变情况及最新变化,法律适用中的矛盾与协调),至今这种信息并不是很清楚的,有些甚至是很不清楚的。比如,在中国,当前还没有出现关于东盟10国现行投资法的完整的、准确的中文文本。在这种情况下,怎么能有效地进行投资引导、投资立法呢?笔者认为,建立可靠的、透明的法律法规资料库,乃是一项当务之急。

第二,中国与东盟相互之间投资,投资者在获得水、电、热、货物运输、劳务、广告、通信等服务方面,应当享有与东道国企业同等的待遇,提供同样的便利。

第三,在中国与东盟国家,要建立和完善多种非官方公共事务机构,如各种行业协会、商会等,允许它们采取灵活方式,通过各种渠道,牵线搭桥,为促进中国与东盟的相互投资提供机会和便利。中国已于2004年8月成立半官方的中国—东盟协会,它将对包括相互投资在内的各项交往发挥积极的作用。

投资便利化与投资自由化既有区别,又有联系,它们组成现代投资机制的整体。只要恰当处理投资自由化、便利化与东道国的经济主权、经济权益的关系,立足现实,兼顾各方利益,那么,自由化、便利化程度的提高和相应的机制的完善,对促进中国与东盟相互投资所起的作用就会越来越大。

第四章 投资保护的法律博弈

投资保护,意即维护权益,避免损害,保障投资发展。双边投资协定中,"鼓励和保护"、"促进和保护"往往并用,可见,"促进"需要"保护","保护"为了"促进"。在有些情况下,某种措施既表现为"保护",也表现为"促进",以至于有学者将国际投资法制统以"保护"一词概括之。① 本章着重从狭义的"保护"的角度,包括外商投资政治风险的防范和化解、投资纠纷的解决等方面,分析中国与东盟在保护相互投资过程中所发生的法律博弈,总结历史经验,并据此提出完善保护投资机制的若干对策性建议。

第一节 投资风险的规避与化解

一、投资风险概述

(一)投资风险的表现

市场经济活动自始至终存在风险,投资更是如此。如本书第二章所述,投资本身的风险可分为商业风险和非商业风险,而非商业风险又包括自然风险和政治风险。兹列图表如下(图5):

投资风险 { 商业风险(投资者、经营者决策失误、经营不善,市场行情变化、货币贬值等)
非商业风险 { 自然灾害(地震、台风、特大水灾等)
政治风险(战争或内乱风险、征收风险、资本转移风险、东道国违约风险等)

图 5

可见,仅仅将政治风险作为非商业风险是不够的,因为由自然灾害导致的风险不属于商业风险,而应归入非商业风险之中。

划分投资风险不同表现形式的意义在于,对不同的风险,应采取不同的

---

① 例如,刘笋:《国际投资保护的国际法制——若干重要法律问题研究》,法律出版社2001年版;再如,余劲松、吴志攀主编:《国际经济法》,北京大学出版社,高等教育出版社2000年版。该书指出:"从广义上说,法律对国际投资的保护,同时也具有鼓励和促进国际投资的作用。"(第203页)

对付方法。

鉴于商业风险属于投资者、经营者自己应当或者可以预测、防范、处理和补救,地震、海啸等自然灾害可根据不同情况减免责任,因此,不在本书的法律博弈分析框架之内;本书的重点将放在探析政治风险的防范和化解上。

(二) 政治风险分析

1. 何为政治风险

对国际投资可能遭遇的政治风险,学术界和实务界并未达成较为统一的定义,而是从不同角度加以描述和概括。

有一些学者广义地认为,政治风险是指商业环境中,政治因素的不确定性及其对私人企业的影响。[1]

也有学者认为,一般而言,政治风险是指外国投资者面临的东道国可能征收或没收其位于东道国的全部或部分财产权的风险。[2]

笔者主张,对"政治风险"的概念,既不能泛化,也不必过细。本书所称政治风险是指在国际投资环境中,由于东道国的政治、社会、法律等因素的变化而给外国投资者所造成的投资财产及其权益的损害或损失。它是发生在东道国境内的人为的结果,而非外国投资者自身所能控制或避免。

发达国家与发展中国家的投资实践,包括中国与东盟国家的投资实践的资料显示,政治风险主要包括:

战争或内乱风险。东道国发生战争或内乱,或者东道国与其他国家之间发生战争,使外国投资者遭受重大财产损失,以致外商投资企业无法继续经营。

国有化、征收风险。东道国基于国家利益和社会公共利益的需要,对外商投资企业实行国有化、征收措施,导致外国投资者财产损失。

资本转移风险。东道国由于种种原因发生国际收支困难,因而实行外汇管制,限制甚至禁止外国投资者将其投资原本、利润和其他合法收入转移到东道国境外(资本输出母国或第三国)。

东道国违约风险。东道国政府对外国投资者实行毁约或违约,致使原定协议、合同无法履行或无法继续履行,因而造成外国投资者重大损失。

---

[1] 参见姚梅镇:《国际投资法(修订本)》,武汉大学出版社 1987 年版,第 238 页;又见布鲁尔:《国际商业中的政治风险:研究、管理和公共政策的新方向》(1985 年版)(Thomas L. Brewer: Political Risks in International Business, New Direction for Research, management and policy),第 3、6 页。转引自姚梅镇主编:《比较外资法》,武汉大学出版社 1993 年版,第 704 页。

[2] 陈安主编:《国际经济法学专论(下编 分论)》,高等教育出版社 2002 年版,第 595 页。

以上不同类型的风险也有可能发生交叉。

2. 消除政治风险的对策

政治风险蔓延的结果是损人,或者既损人又害己。外国投资者的损失自不言而喻。对东道国的不利,则是人为地增加了引进外资的成本,降低了引进外资的规模、质量和效益,而且还会引发社会问题。所以,必须尽力消除政治风险,才能对外国投资者有利,也对东道国自身有利。这种合作博弈,何乐而不为呢?

如前所述,博弈就是应用对策进行较量。消除政治风险的对策,需要四大保证:第一,东道国投资法所提供的稳定的政策和法律的保证;第二,东道国与投资者母国所签订的双边投资协定所提供的法律保证;第三,东道国与投资者母国共同参加的国际投资条约所提供的法律保证;第四,投资者母国法所提供的海外投资保险等法律保证。

承诺、担保、代位、求偿等等,乃是消除国际(涉外)投资的政治风险所常用的主要策略。

二、政治暴力险

(一) 国际上的做法

东道国国内发生战争、内乱、恐怖行动,或者东道国与其他国家发生战争,其原因是复杂的,但并非出于东道国政府有意或直接针对外国投资者所为。根据国际法一般准则,在此种情况下,东道国政府对外国投资者的损失应当承担一定的责任,但不可能是绝对的、全部的赔偿责任。通常可按照国民待遇、最惠国待遇或兼采两种待遇原则进行处理。一些发达国家如美国要价很高,提出在因战乱对外国投资造成损失或被征收的情况下,如果不是因战斗行动或情势必需所致,东道国应根据有关国有化赔偿的规定,对外国投资进行恢复或给予补偿。但发展中国家一般是不大赞同东道国承担绝对的赔偿责任的。

有人认为,政治风险中的战争或内乱风险,由于并非出于东道国政府有意或直接针对外国投资的行为所致,故双边投资协定一般对此未作规定。这种判断看来是不够准确的。

例如,中国与英国于 1986 年签订的双边投资协定,其第 4 条以"损失补偿"为标题,对战争、内乱风险作了较为完整的规定,颇有代表性,故将全文摘录于下:"(一) 缔约一方的国民或公司在缔约另一方领土内的投资,因在缔约一方领土内发生战争或其他武装冲突、革命、全国紧急状态、叛乱或骚乱而遭受损失,缔约另一方给予缔约一方国民或公司的待遇,不应低于其给予任何第三国国民或公司的待遇。(二)在不损害本条第一款的情况下,缔约一方的国民或公司在缔约另一方领土内,在上款所述事态下遭受损失,是由于:(1)缔约另一方的军队或当局征用了他们的财产;(2)缔约另一方的军队或当局因非战斗行动或情势必需而毁坏了他们的财产;应予恢复或合理的补偿。由此发生的支付款应能自由转移。"

上述这条规定,第 1 款确定了对战乱损失补偿的最惠国待遇原则,第 2 款规定了即使是在"非战斗行动或情势必需"的情况下东道国也应对外国投资者的损失给予"恢复或合理补偿"并且此种支付款应能"自由转移"的绝对义务。应当说,这种标准是很高的,甚至可以认为过高。

(二)中国与东盟国家的实践

虽然中国与东盟国家的国内法中一般未对政治暴力险作出规定,但是在中国与东盟国家的双边投资协定中不仅没有回避这一问题,而且态度非常明朗。

1. 条件

中国与泰国的协定中的提法为:缔约一方国民或公司在缔约另一方领土内投资,因该缔约另一方领土内发生战争或其他武装冲突、全国紧急状态、叛乱或骚乱而遭受损失。中国与新加坡协定中的提法为:发生战争或其他武装冲突、全国紧急状态、叛乱、起义或骚乱。中国与马来西亚协定中的提法为:战争或其他武装冲突、全国紧急状态、叛乱、暴乱或骚乱。中国与菲律宾、中国与越南、中国与老挝、中国与柬埔寨协定中的提法为:战争、全国紧急状态、暴乱、骚乱或其他类似事件。中国与印度尼西亚协定中的提法为:发生战争或其他武装冲突、革命、国家紧急状态、暴乱、起义或骚乱。中国与文莱协定中的提法为:战争或其他武装冲突、全国紧急状态、暴乱、骚乱。中国与缅甸协定中的提法为:战争、全国紧急状态、武装冲突、暴乱或其他类似事件。以上各种表述,其基本意思是差不多的,都作了较为具体的列举,共同的关键词为"政治暴力"(political violence)。它是导致外国投资者投资财产损失的直接原因。

2. 措施

中国与外国包括东盟国家签订的双边投资协定均规定,对因战争等而遭受损失的外国投资者进行赔偿,实行最惠国待遇。但对所采取的具体措施的提法亦不尽相同,比如,在中国与泰国协定中的提法为:该缔约另一方可能采取的有关援助。中国与新加坡、中国与印度尼西亚的协定中的提法为:缔约另一方予以恢复、赔偿、补偿或其他处理。中国与马来西亚、中国与缅甸协定中的提法为:缔约另一方采取任何恢复、补偿、赔偿或其他解决办法。中国与菲律宾、中国与越南、中国与老挝协定中的提法为:缔约后者一方采取有关措施。中国与柬埔寨协定中的提法为:缔约另一方采取补偿等有关措施。中国与文莱协定中的提法为:缔约另一方(予以)恢复、补偿或其他有价值的报酬。以上各种表述,一类是作了较为具体的列举,另一类是只作出原则性的规定。具体的措施有:恢复,赔偿,补偿和其他补救办法。除中国与文莱之间的协定外,其余几个双边协定没有涉及补偿的标准问题。

中国与文莱的协定,甚至比中国与英国的协定所确立的基调更高。为比较的方便,兹将中国与文莱协定中以"损害或损失补偿"为标题的这一条原文照录于下:"(一)缔约一方的投资者在缔约另一方领土内的投资,如果由于战争或其他武装冲突、全国紧急状态、暴乱、骚乱而遭受损失,缔约另一方在恢复、补偿或其他有价值的报酬方面给予该投资者的待遇不应低于其给予任何第三国国民或公司的待遇。(二)在不损害本条第一款的情况下,缔约一方的投资者在缔约另一方领土内,在上述所述事态下遭受损失或损害,由于:(1)缔约另一方的军队或当局征用了其财产;(2)缔约另一方的军队或当局非因战斗行动或情势必需而毁坏了其财产;应予以恢复或给予公平与充分的补偿。(三)本条发生的支付应以可兑换的货币自由转移,并应按照第六条(第六条的标题为'汇回'——引者注)汇回。"

前述中英协定中提出的是"合理的补偿",而中文协定中提出的是"公平与充分的补偿"。这个"充分",实践中如何掌握标准,尚需探索。然而,"充分"一词,可能引起歧义。

迄今为止,中国与东盟之间的相互投资,尚未发生过战乱险一类的问题。但是,这一地区时而也会发生国内武装冲突、骚乱、恐怖活动等类似的情况,故而,对处理战乱险问题预作规定仍是有必要的。

三、财产征收险

(一)国际上的做法

这里首先要辨析三个概念:国有化,征收,征用。

国有化是指国家为了社会公共利益的需要而采取的将其本国或外国的公民或法人拥有的企业全部或部分收归国家所有的措施,其实质是变企业的私有制为国家公有制。

征收和征用既有共性,又有区别。共同之处在于,国家为了公共利益的需要,经过法定程序,将非国有的财产转归国家。不同之处在于,征收主要指所有权转变,而征用只是使用权转变。有些国家的立法和学者的著述中没有区分上述两种不同情形,或者统称为"征用",或者仅用"征收"概括之。但实践中是必须分清上述两种情形的,因为征收和征用的条件、后果和补偿标准不尽一致。

从广义上说,国有化包括征收,国有化的主要措施之一就是征收。从狭义上说,国有化与征收是两个相关但并不完全等同的概念,其中,国有化可采用没收的措施,不需给予补偿;而征收是要给予补偿的。

国际上对涉及外资国有化、征收问题存在两个方面的分歧与争论:

第一,一个主权国家是否有权对外资实行国有化和征收?一些西方发达国家及其学者把国有化分为合法的和非法的,而许多发展中国家及其学者认为国有化不存在合法和非法的问题,而是独立国家行使其经济主权包括对自然资源的永久主权问题。

第二,对外资实行国有化和征收时如何进行补偿?一些西方发达国家及其学者坚持"充分、及时、有效补偿"三原则,而许多发展中国家及其学者不同意笼统实行所谓"充分、及时、有效"原则,而是赞同联合国文件中确立的"适当补偿"原则。

(二)中国与东盟国家的实践

1. 中国的做法

中国对涉及外资国有化、征收问题的立场,一是坚持主权原则,二是根据不同时期的政治经济情况而采取务实的办法。改革开放以来,中国的主要倾向在于积极利用外资,因而相关政策方面较为温和。

1986年通过的《外资企业法》首次规定:"国家对外资企业不实行国有化和征收;在特殊情况下,根据社会公共利益的需要,对外资企业可以依照法律程序实行征收,并给予相应的补偿。"

1990年修改《中外合资经营企业法》,增加规定:"国家对合营企业不实行国有化和征收;在特殊情况下,根据社会公共利益的需要,对合营企业可以依照法律程序实行征收,并给予相应的补偿。"

中国对中外合资企业和外资企业不实行国有化;但对财产征收是有可能实施的。例如,2001年修改的《对外合作开采海洋石油资源条例》规定:"国家对参加合作开采海洋石油资源的外国企业的投资和收益不实行征收。在特殊情况下,根据社会公共利益的需要,可以对外国企业在合作开采中应得石油的一部分或者全部,依法律程序实行征收,并给予相应的补偿。"

2001年同时修改的《对外合作开采陆上石油资源条例》亦采取了上述态度。

事实上,从1978年至今,中国没有对外资实行过任何国有化的举动。

2. 东盟国家的做法

20世纪60年代前后,包括东南亚在内的一些国家,发生过大规模的国有化运动。这既反映了当时在极为不公平、不公正的国际经济环境下发展中国家的抗争,也是当时大动荡、大分化、大改组的政治局势的一种特殊表现。博弈的结果,发展中国家逐步争取了主动。

发展中国家与发达国家在国际竞争中的格局的逐步变化,也使发展中国家相应调整或改变了外资政策。1970年印度尼西亚修改的《外国投资法》规定:"除非国家利益确实需要并且合乎法律规定,政府不得完全取消外资企业的所有权,不得采取国有化和限制该企业经营管理权的措施。"并且规定,在采取上述措施时,"政府有义务对此进行赔偿。赔偿金额、种类以及支付的方法,按国际法原则,在当事者之间协商解决。"

其他东南亚国家关于国有化一类的立法与此相同或相似。例如,越南《外国投资法》承诺:"在越南投资过程中,外国投资者的资本和其他财产不会被以行政的手段征用或没收,外资企业不会被国有化。"又如,柬埔寨《投资法》亦承诺:"王国政府不实行损害投资者财产的国有化政策。"

1987年东盟6国签署的《保护和促进投资协议》规定了对外资实行国有化、征收的条件和标准。这可以看作是它们的共同立场。关于条件,该《协议》规定,只有为了公共利益,经过正当程序,在不予歧视并给予充分补偿的基础上,方可实行征收或国有化或其他类似措施。关于标准,该《协议》规定,赔偿应是充分的,以可自由兑换货币自由转移,其金额应为财产被征收前的市场价格,并且没有不合理的延迟支付。

1998年东盟9国(其后是10国)签署的《东盟投资区框架协议》肯定了各成员国在1987年的《保护和促进投资协议》和1996年的《加强对投资东盟的信心的议定书》中的承诺。

3. 中国与东盟国家的双边投资协定中的处理

如果说,中国国内法和东盟国家国内法对国有化的法律规定仅仅产生国内法意义上的补救义务的话,那么,中国与东盟国家签订的双边投资协定则产生了国际法意义上的补救义务。因此,双边投资协定将更为有效的约束和保障。

10个双边投资协定的措辞和提法不尽相同,但基本精神是一致的,比如,关于国有化。试以中国与老挝的协定为例。第4条全文为:"(一)缔约国任何一方不应对缔约国另一方投资者在其领土内的投资采取征收、国有化或其他类似措施(以下称'征收'),除非符合下列条件:(1)为了公共利益;(2)依照国内法律程序;(3)所采取的措施是非歧视性的;(4)给予适当和有效的补偿。(二)本条第一款(四)所述的补偿,应等于宣布征收前一刻被征收的投资财产的价值,应是可以兑换的和自由转移的。补偿的支付不应无故迟延。(三)缔约国一方的投资者在缔约国另一方领土内的投资,如果由于战争、全国紧急状态、暴乱、骚乱或其他类似事件而遭受损失,若缔约国后者一方采取有关措施时,其给予该投资者的待遇不应低于给予第三国投资者的待遇。"

中国与东盟国家的双边投资协定解决三个方面的问题:第一,国有化或征收的条件;第二,方式;第三,补偿的标准及其实施。与东盟国家之间的投资协议不同的,中国与东盟国家的10个双边投资协定都没有使用"充分补偿"这一提法,而只用了"适当"或"合理"或"有效"等概念。应当说,中国、东盟国家和其他许多发展中国家实际上坚持"适当补偿"原则,是合适的、现实的。

四、资本转移险

(一) 国际上的做法

外国投资者的资本转移,是指其将投资财产及其收益汇回本国或其他国家(地区)。它包括两个方面的内容:第一,允不允许自由转移?第二,能不能够自由兑换?

资本输出国与资本输入国(东道国)在这两个方面的考虑不完全一致,存在差距。特别是作为发达国家的资本输出国,它力图要求资本输入国提供更多的保证,使外国投资原本及其利润尽快地、顺利地汇回本国。而作为发展中国家的资本输入国,既要满足外国投资者的正当要求,又要保障本国建设所需外汇资金。这种不同利益和两难境地又导致了一种经济的和法律的博弈。

关于投资原本的汇回。不允许汇回当然是不符合保护合法财产权的通行规则的,可以随便汇回又会影响东道国利用外资的初衷和国际收支平衡。因此,有些国家设定了外资汇回的若干前提条件,如期限的限制,限额(比例)的限制,创汇的要求,程序上的要求,等等。总之,不是外资想汇出就汇出,想汇出多少就汇出多少。

关于投资利润的汇出。对投资利润的控制比对投资原本的控制相对来说要宽松一些,所以,东道国一般不限制税后利润自由汇出。然而,有些国家也设定了外资利润汇出的若干附带条件,如期限的限制、限额(比例)的限制,创汇的要求、程序上的要求,等等。

关于转移的货币的种类。投资者的投资及其权益通常以货币的形式发生转移。这种货币,可以是投资者投资时的币种,也可以是其他币种,但都要能够自由兑换。

关于转移时发生的外汇风险。"在国际经济活动中,广义的外汇风险包括外汇的商业风险与外汇的政治风险。外汇的商业风险泛指一切由于汇率变动给交易双方或一方带来的经济损失,包括外汇买卖风险、结算风险、外汇储备风险及对外债权、债务风险等。外汇的政治风险又称外汇险或货币汇兑险,指由于一国政府采取的行动导致货币的不能自由兑换和不能自由转移,给当事人造成的经济损失。"[①]属于商业性的外汇风险应由投资者自己去消化;属于政治性的外汇风险则来自东道国政府为应付外汇短缺、突发事件而采取的严格外汇管制措施。此即国际投资担保中所称的外汇险或货币汇兑险。

(二) 中国与东盟国家的实践

1. 中国的做法

现行《中外合资经营企业法》规定:"外国合营者在履行法律和协议、合同规定的义务后分得的净利润,在合营企业期满或者中止时所分得的资金以及其他资金,可按合营企业合同规定的货币,按外汇管理条例汇往国外。"同时又规定:"鼓励外国合营者将可汇出的外汇存入中国银行。"

现行《外资企业法》规定:"外国投资者从外资企业获得的合法利润、其他合法收入和清算后的资金,可以汇往国外。"

现行《中外合作经营企业法》规定:"外国合作者在履行法律规定和合作企业合同约定的义务分得的利润、其他合法收入和合作企业终止时分得的资金,可以依法汇往国外。"

由此可以看出,中国作为东道国,对外资及其权益的转移原则上是不设限制的。至于具体手续,可按外汇管理程序办理。1996年的《外汇管理条例》规定:"境内机构的经费项目用汇,应当按照国务院关于结汇、售汇及付汇管理的规定,持有效凭证和商业单据向外汇指定银行购汇支付。"外商投资的利润、股息、红利等,属于经常项目下的可兑换资金,在向银行购汇或从

---

① 姚梅镇主编:《比较外资法》,武汉大学出版社1993年版,第708页。

外汇账户上支付时无须审批,不受限制;外商直接投入的资本,属于资本项目下的外汇管理,须向国家外汇管理部门提出申请,经同意后,再从企业外汇存款账户中支付汇出。这就为外资原本及其权益的转移提供了法律上的保证。

2. 东盟国家的做法

东盟6个创始国中,一般不实行外汇管制政策。其中,新加坡对往国外汇款,没有限制。泰国对来自国外的投资的原本及利润收益,在依法缴纳收入源泉税后可以汇出。马来西亚对外资的利润汇款不设限制,但对外籍居民、法人的汇出款超出一定数额者(1万多元)需经批准。印度尼西亚对外汇交易原则上允许自由进行,但须办理申报。菲律宾不限制外资的原本和利润汇出。文莱同样采取自由外汇政策。

东盟4个新成员国,基于其经济发展水平和对外开放程度,采取了一定范围的外汇管制政策。其中,在越南,"有外资参与投资的企业和合作企业的当事人可以从商业银行购买外汇以应付其经常交易及其他经过批准的交易的需要。越南政府对在特定期间内对实现政府计划有特殊重要作用的投资项目保证其外汇平衡。越南政府对社会基础设施建设的投资项目及其他重要的投资项目,保证协助其外汇平衡。"①缅甸对外转移的限制措施有:用当地货币换出美元汇出国外者,1个月只允许1件,而且不得超过1万美元。② 老挝和柬埔寨倒是允许外资的本金和利润汇出境外,不设什么限制。

3. 中国与东盟国家的双边投资协定中的处理

10个双边投资协定对投资及其收益转移确定的原则为"自由转移"。

试以中泰协定为例,该协定第6条规定:"(一)缔约任何一方应保证缔约另一方国民或公司自由转移其在缔约一方领土内的投资及其收益,包括:(1)利润、股息、利息及其他合法收入;(2)投资的清算款项;(3)与投资有关的贷款的偿还款项;(4)本协定第1条第3款第(4)项的许可证费;(5)技术援助或技术服务费、管理费;(6)在缔约一方领土内从事与投资有关活动的缔约另一方国民的正常收入;(7)执行第5条而支付的征收补偿款项。(二)如缔约一方按第5条规定支付了巨额款项,有关的缔约一方可要求以合理的分期付款方式进行此项转移。(三)本条第1款所述的转移,

---

① 汪慕恒等:《东盟国家外资投资发展趋势与外资投资政策演变》,厦门大学出版社2002年版,第356页。

② 同上书,第363页。

应依照转移之日接受投资缔约一方官方汇率(实价)以可自由转移的货币进行。"

与此同时,中泰双方还在"议定书"中对"协定"第6条所述的"自由转移",作了详细的执行性的约定。

再以中文协定为例,该协定第6条标题为"汇回",规定如下:"(一)缔约任何一方应按照其法律和法规,保证缔约另一方投资者转移在其领土内的投资和收益,包括:(1)利润,股息,利息及其他合法收入;(2)初始资本投资和增资的全部或部分销售或清算产生的款项;(3)与投资有关的贷款协议的偿还款项;(4)本协定第1条第3款提及的提成费;(5)技术援助或技术服务费,管理费;(6)有关承包工程的支付;(7)在缔约一方的领土内从事与投资有关工作的缔约另一方国民的收入;(8)本协定第4条和第5条规定的赔偿之支付。(二)货币的转移应以该资本初始投资时的可兑换货币或缔约一方相关投资者与缔约另一方同意的任何其他可兑换货币不迟延地实施。转移应按照接受投资的缔约方在转移之日的市场兑换率进行。在市场兑换率不存在的情况下,汇率应等于支付日国际货币基金组织用于有关货币兑换特别提款权的汇率套算的交叉汇率。"

综观10个双边投资协定,关于资本汇出,主要解决以下事项:第一,资本转移的权利。即外国投资者有权将其投资财产及其收益自由转移出东道国。不过,也规定了一些限制:其一是资本转移必须根据东道国的法律、法规,如中新协定、中马协定、中菲协定、中越协定、中老协定、中印(印度尼西亚)协定、中柬协定、中文协定、中缅协定中即是这样规定的。其二是外国投资者转移资本应事先履行其法定义务,包括交纳税款等。第二,转移的投资财产的范围。各协定均作了列举,并且这些列举都超出了投资本身及直接收益的款项,即是说,与投资相关的其他款项亦可列入转移的范围。第三,转移的货币应是可兑换的。第四,资本转移时采用的汇率,包括市场汇率、官方汇率以及国际货币基金组织所推行的汇率。第五,转移的期限按约定实施,不得无故迟延。第六,实行非歧视待遇,包括最惠国待遇。

应该说,在资本转移问题上,中国与东盟国家之间设立了明确的共同规则。

五、东道国违约险

(一)国际上的做法

东道国应当为外商投资提供适宜的经济、法律环境,但由于种种原因,东道国也可能在接受外国投资过程中发生毁约或违约的行为。从内容划分,"东道国的违约行为可包括东道国作为主权者的违约行为和作为一般商业伙伴的违约行为。"①

依法律关系分析,东道国作为主权者的违约行为产生的是一种国家契约责任。何为国家契约?"国家契约是指当事一方为主权国家政府、另一方为外国私人企业或公司(大多数情况下为跨国公司)的经济发展合同。"②尽管国际社会至今尚未就国家契约相关的基本理论与法律适用问题达成共识,但有几点是可以肯定的:第一,国家契约不同于普通意义上的私人契约,因为主权国家掌握着这种契约的主导权;第二,正因为东道国居于主导地位,在国家契约中,外国投资者可能处于不利的地位,因而东道国应当在非歧视的基础上提供法律保护。

东道国作为一般商业伙伴的违约行为产生的是一种民事契约责任。何为民事契约?民事契约是指平等主体之间签订的、确认相互民事、经济权利义务关系的合同。本处所称民事契约责任,它与两个私人公司之间发生的违约责任在性质上是相同的。在这种契约关系中,主权国家不能享受豁免权,不应逃避它应尽的义务。

(二)中国与东盟国家的实践

1. 中国的做法

中国的外商投资企业法没有涉及东道国违约问题,也没有规定中国作为东道国与外来投资者之间发生纠纷如何处理的问题。但中国加入的相关国际条约,有两项与此问题有关:一是 1986 年加入《承认及执行外国仲裁裁决公约》(即《1958 年纽约公约》)。中国当时所作的商事保留声明指出,中国仅对按照中国法律属于契约性和非契约性商事法律关系所引起的争议适用该公约。而最高人民法院对此的解释中,明确排除了"外国投资者与东道国政府之间的争端"。二是 1989 年加入《关于解决国家和他国国民之间投资争端公约》(即《1965 年华盛顿公约》)。中国愿意按照这一公约解决自己作为东道国与外国投资者之间发生的投资纠纷。这可作为中国对处理这一纠纷的态度。

2. 东盟国家的做法

东盟国家的做法与中国类似。但有的国家主张可用东道国法律的规定

---

① 陈安主编:《国际经济法学专论(下编 分论)》,高等教育出版社 2002 年版,第 595 页。
② 王贵国:《国际投资法》,北京大学出版社 2001 年版,第 126 页。

和法律允许的合同的约定解决此类纠纷。例如在越南，外国投资者与越南政府机关对 BOT、BTO、BT 等合同发生的纠纷，可依据各方在合同中约定方式解决，不过该合同必须符合越南投资规则。

这里需要讨论一个问题：东道国法律的变化是否会导致东道国违约？如何处理由此而发生的后果？法律的变化可能对投资者不利，也可能对投资者有利。中国、越南等国的外资立法提供了有益的启示。

中国现行《外商投资企业和外国企业所得税法》规定："本法公布前已设立的外商投资企业，依照本法规定，其所得税税率比本法施行前有所提高或者所享受的所得税减征、免征优惠待遇比本法施行前有所减少的，在批准的经营期限内，依照本法施行前法律和国务院有关规定执行；没有经营期限的，在国务院规定的期间内，依照本法施行前法律和国务院有关规定执行。"

越南现行《外国投资法》规定了：（1）保护。由于越南法律的变化而影响已获执照的外资企业和合作经营企业的各方的利益时，政府将采取适当的措施保护投资者的利益。如何具体保护呢？外资企业和合作经营企业将继续享受投资许可证和该法规定的各项优惠措施，或者政府采取如下公正措施：改变项目的运行目的；依法减免税收；外资企业和合作经营合同各方遭受的损失可在企业的收入所得税中扣除；其他形式的补偿。（2）优惠。外资企业和合作经营企业在已获投资许可证后，越南颁布的新的优惠政策同样适用于这些企业。

分析上述文件，笔者觉得，贯穿始终的原则是从新、从优，既考虑到新法不应溯及既往，又照顾到实施新法对发展社会生产力更为有利。经济法及其包含的涉外经济法、涉外经济法及其包含的涉外投资法，都应贯穿这种理念。

3．中国与东盟国家双边投资协定中的处理

根据双边投资协定，如发生东道国政府违约的情况，外国投资者可选择：第一，由当事人双方友好协商解决；第二，提交东道国有管辖权的法院；第三，提交双方共同组成的仲裁庭；第四，提交解决投资争端中心进行调解或仲裁。

六、所谓"边缘化"风险

这是东盟国家一部分人士所持的疑虑：在激烈的国际竞争中，特别是在东盟与中国的经济合作关系中，一方面由于西方发达国家的强大，另一方面由于中国的崛起，东盟的经济地位受到了威胁，东盟有可能被国际经济社会挤于边缘境地。比如投资,国际资本纷纷流入中国,而东盟则相对落后了。

如何看待这种被称为"边缘化"的忧虑?

世界经济发展是不平衡的。世界银行每年公布《全球发展指标》。在其中的各国国民生产总值(GDP)排行榜上,2002年中国排在意大利之前,居第六位;2003年中国排在意大利之后,居第七位(有人认为,发生这种位置变动,汇率变化是惟一的因素;本书不讨论这个问题)。可以看出,中国的崛起是一个不争的事实。然而,中国的发展,对亚洲、对东盟究竟会发生什么影响呢?笔者认为:

第一,中国的发展,给亚洲及东盟国家带来了机遇。中国主张建立公正合理的国际政治经济新秩序。包括在经济上应相互促进,共同发展,而不应造成贫富悬殊。中国宣布永远不称霸,永远不搞扩张。近年来,中国领导人反复强调,中国的发展与亚洲的繁荣息息相关;中国将同亚洲各国共创亚洲振兴的新局面。① 而东盟有识之士亦表示,要搭中国经济发展"顺风车"。

第二,中国的发展,有利于增强亚洲及东盟国家的国际竞争力,改变发展中国家所处的国际经济地位。

第三,中国的发展,有助于促进亚洲国家之间,特别是中国与东盟之间的竞争、互补,在竞争中合作,在合作中共赢。可以举出若干颇有见解的言论。例如,菲律宾总统阿罗约说:"东盟应该把中国的兴起看作是充满商机和刺激竞争的来源。"② 又如,印度尼西亚战略和国际事务研究中心研究员玛丽依卡彭耶谷说:"我们正面临着来自中国的竞争,在这个竞争中我们要有自己的优势才行。加入东盟—中国自由贸易区对许多东盟国家而言,如同是清晨催促早起的电话铃声。"③

可以相信,在建设中国—东盟自由贸易区的进程中,中国与东盟的经济交往将更加和谐、密切,东盟国家完全立足于"圈子之内",而不是在"边界之外"。中国有学者指出,一些西方势力制造的"中国威胁论"、"中国投资黑洞论"的负面影响必须破除。④

---

① 胡锦涛:《中国的发展 亚洲的机遇——在博鳌亚洲论坛2004年年会开幕式上的演讲》(2004年4月24日)。

② 〔菲〕阿罗约:《东盟准备承担商业巨人》(ASEAN prepares to take on Tracle Giants),载《亚洲华尔街时报》2002年7月30日。

③ http://www.aseansec.org.june 15, 2002.

④ 张鑫炜:《东盟国家在华投资现状及前景展望》,载《国际经济合作》2003年第12期,第41页。

就投资方面而言,虽然国际资本向中国流动比向东盟国家流动要多些,但这并非中国"抢"了东盟的生意。2002年11月,新加坡贸工部一份关于中国与东盟吸引外资的竞争问题的研究报告作了恰当的分析。该报告指出,东盟吸引的外国直接投资大幅减少主要是受到亚洲金融危机的拖累,而不是中国的崛起。虽然中国吸引的外国直接投资额比其他亚洲国家来得多,但若以中国经济规模占世界经济的比重作为比较依据,中国所吸引的外国直接投资并未超过正常比例。2001年,流入东盟和中国的外商直接投资曾同时呈现增长的情形。① 只要东盟国家调整国内经济政策,改善外商投资环境,发挥本国的各种优势,积极开展引资工作,一定能像过去一段时间那样,通过利用外资较快地促进本国经济的发展。而且,时至2003年底,中国向东盟国家的投资不足10亿,东盟国家向中国的投资也才300多亿,双方相互投资的发展潜力是很大的。所以,中国与东盟之间的相互投资要坚持信任、合作,向前看,不走回头路。

七、比较与改进(法律博弈的对策之五):防范和化解投资风险

(一)国内法的适用和改进

东道国法、投资者母国法、中国与东盟的双边条约、中国与东盟共同参与的国际条约,应当能够运用来消除上述政治风险。但事实上该类法律机制存在缺陷和不足,因此需要加以改进。这就发生了多方面的、多阶段的博弈,而且要努力以制度化、机制化的方式进行。

1. 改进东道国法

对政治暴力险,目前中国与东盟国家均未作出规定。这里涉及一个公共管理中的重要概念:紧急状态。中国的《香港特别行政区基本法》(1990年)和《澳门特别行政区基本法》(1993年)规定了进入"紧急状态"的法律实施。中国2004年修改《宪法》,将"戒严"改为"进入紧急状态",目前正在拟订《紧急状态法》。"在紧急状态下采取的非常措施,通常要对公民的权利和自由不同程度地加以限制。"② 由此发生的问题是,国家要不要采取补救措施,如何合理地补救(恢复、补偿或赔偿)。如能确定一种"合理补救"的标准和方法,对解决国际投资中的政治暴力风险亦是有用的。

---

① 新加坡《联合早报》2002年11月19日。
② 王兆国:《关于中华人民共和国宪法修正案(草案)的说明》(2004年3月8日在第十届全国人民代表大会第二次会议上),载《人民日报》2004年3月9日第2版。

对财产征收险,除非常稀缺的自然资源和非常紧迫的危急状态,各东道国不应再对外资实行国有化;根据社会公共利益的需要,依照法律程序可以实行必要的征收,但与此同时应给予适当的或相应的补偿。最好不要提"充分的补偿",因为对发展中国家来说,"充分的补偿"意味着沉重的负担。

对资本转移险,各东道国原则上应允许自由转移和自由兑换,除要求外商、外商投资企业履行法定义务外,不应再附加限制条件。

对东道国违约险(行政意义上的违约和商事意义上的违约),各东道国应在本国法中增加相应的规定,明确承诺东道国政府依法保护外国投资者在东道国境内的投资、获得的利润和其他合法权益,包括东道国政府作为投资合同的一方当事人的协议也不例外。

至于担心东盟国家被"边缘化"的风险,那不属于本书所称"政治风险",因而也无须东道国立法予以规制。最根本的还取决于东盟国家如何将稳定和发展作为解决本国一切问题的关键。中国与东盟"10+1"的合作框架下不可能出现"边缘化"。

2. 改进资本输出国法

如果说改进东道国法是提供一种政府保证的话,那么改进资本输出国法也是提供一种政府保证。这方面,西方发达国家是走在前头的,美国、日本、德国、法国、英国等先后建立了海外投资保险制度。"海外投资保险制度是资本输出国政府对本国海外投资者在国外可能遇到的政治风险,提供保证或保险,投资者向本国投资保险机构申请保险后,若承保的政治风险发生,致使投资者遭受损失,则由国内保险机构补偿其损失的制度。"[①]实践证明,这种举措行之有效。

中国和东盟国家多为发展中国家,海外投资不发达,相应的保证制度也不健全,应向发达国家吸取有益的经验。本书第五章将会较为详细地讨论这一问题,尤其是政府代位的运用。

(二)国际法的适用和改进

1. 双边投资协定

中国与东盟的10个双边投资协定,对四大政治风险均作出了规定,但仍存在两点不足:一是对同一风险设定的条件、处理的标准和方法不尽一致或该统一的没有统一;二是对东道国违约险的规定不够明晰。

---

① 余劲松、吴志攀主编:《国际经济法》,北京大学出版社、高等教育出版社2000年版,第248页。

第四章 投资保护的法律博弈

如将来续签双边投资协定,对上述两点应加以补充和修改。

本书第六章拟提出一项适用于中国与东盟10国的投资协议,关于防范和化解投资政治风险的事项将会进一步论及。

2. 联合国体系的投资公约

如前所述,联合国体系现已付诸实施的重要投资公约有两项:一是《关于解决国家和他国国民之间投资争端公约》,二是《多边投资担保机构公约》。本书着重讨论后一个公约的应用问题。

根据《多边投资担保机构公约》,于1988年成立了多边投资担保机构(MIGA)。它定位为政府间国际组织,具有完全的法律人格。它的承保范围只限于非商业风险,即货币汇兑险、征收或类似措施险、战争与内乱险以及东道国违约险。除以投资担保业务为主之外,它还负有促进投资的义务。在具体运作中,当有关非商业风险发生,投资者则依担保合同所约定的条件向多边投资机构索赔;该机构在支付或同意支付保险金之后,即代位向有关东道国索赔。

《多边投资担保机构公约》将会员国分为两类:第一类为发达国家;第二类为发展中国家。截至20世纪末,151个会员国中,发达国家有22个,发展中国家有129个。作为发展中国家,中国、东盟国家应当充分认识这一多边投资担保机构所发挥的作用:第一,它为国际投资的非商业风险提供了一种国际保障机制;第二,它弥补了区域性和国家性投资担保制度之不足;第三,它有利于发展中国家利用外资和发展经济;第四,它有利于东道国和投资者之间投资争端的非政治性解决。① 换言之,这是一种有效的机制。中国和东盟国家应当充分利用这一多边投资担保机构来发挥作用。其一,分别以东道国的身份和资本输出国的身份获得多边投资担保的认同和支持。其二,通过多边投资担保机构传播信息,交流经验,促进发达国家的投资流向发展中国家以及在发展中国家之间的相互投资。为了避免所谓"边缘化",更要积极参加和利用有关国际经济运行机制。

3. WTO体系的投资协议

如前所述,WTO体系现已付诸实施的主要投资文件为《与贸易有关的投资措施协议》。根据该协议,各成员方实施与贸易有关的投资措施,不得

---

① 余劲松、吴志攀主编:《国际经济法》,北京大学出版社、高等教育出版社2000年版,第271页。

违背《1994年关税与贸易总协定》中的国民待遇原则和取消数量限制原则。该协议还附有一份例示清单,具体列举了5种违反上述原则的与贸易有关的投资措施。

中国与东盟国家(属于 WTO 成员国的)投资措施,无论是针对外国投资企业的,还是针对成员方本国企业的,都要受《与贸易有关的投资措施协议》的约束。如果违反该《协议》,有可能导致东道国的风险。

在这方面,应当吸取过去的经验教训。比如,1997年印度尼西亚公布的汽车产业政策,对投资汽车产业提出了国产化要求。美国、欧洲共同体和日本根据《与贸易有关的投资措施协议》禁止使用当地含量要求的规定,对此提出异议,并提交世界贸易组织争端解决机制。最终印度尼西亚的汽车产业政策被判违反了《与贸易有关的投资措施协议》,印度尼西亚不得不在1999年7月取消了国产化的要求。①

作为发展中国家,中国、东盟国家应当积极、灵活地运用《与贸易有关的投资措施协议》来维护自己的合法权益。并且,还应努力改进与完善这一《协议》。例如,发展中国家虽提出要限制跨国公司的非正当竞争行为,如转移定价、市场垄断等,这些合理要求目前未被列入该《协议》。所以,WTO 也要制订一些新的规则,包括中国、东盟在内的广大发展中国家都应当为制订 WTO 新规则作出努力。

第二节 投资争端的解决

一、中国与东盟国家作为投资缔约国之间争端的解决

(一)解决争端概述

这一问题的指引,见之于10个双边投资协定。根据这些协定,双方可通过两种途径来解决争议:

第一,缔约双方对协定的解释、适用所产生的争端,应尽可能通过外交途径协商和谈判解决。

第二,如上述争端在一定期限内不能解决,根据缔约任何一方的要求,应将争端提交专设仲裁庭解决。

---

① 石广生主编:《中国加入世界贸易组织知识读本(一)》,人民出版社2001年版,第155页。

（二）特设仲裁

首先是仲裁的提起。对前述"一定期限"，中泰协定、中新协定、中马协定、中菲协定、中越协定、中老协定、中柬协定、中缅协定均规定为 6 个月；中文协定规定为 9 个月。而中印（印度尼西亚）协定对特设仲裁未作约定。笔者倾向于规定为 6 个月，这样做更符合国际上的一般做法。

其次是仲裁庭的组成。专设仲裁庭由 3 名仲裁员组成。缔约双方各指派 1 名仲裁员，并由他们共同推举 1 名与缔约双方均有外交关系的第三国国民作为首席仲裁员。

再次是仲裁的程序和适用的法律。10 个双边投资协定均规定，仲裁庭应自行制定其程序规则；仲裁庭应根据双边协定的规定和缔约双方均承认的国际法原则作出裁决。

由此可见，特设仲裁也是按照平等、友好的原则进行的。这符合合作型法律机制的精神。

二、作为缔约一方的东道国与缔约另一方的投资者之间争端的解决

（一）解决争端概述

这一问题的指引，亦见之于 10 个双边投资协定。根据这些协定，双方可通过下列途径来解决争议：

第一，缔约一方的投资者与缔约另一方关于投资产生的争端，应尽量由争议双方友好协商解决。

第二，如上述争议在一定期限内未能解决，当事任何一方可根据东道国的法律、法规将争议提交东道国有管辖权的法院去解决。

第三，如上述争议在一定期限内既未由争端双方协商解决，又未提交东道国法院，则可提交专设仲裁庭。

第四，一旦中国与东盟某一国均已成为 1965 年的华盛顿公约的成员国，则可将上述争议提交"解决投资争端国际中心"（ICSID）进行调解或仲裁解决。

以上所称"投资争端"，应当包括前面所述"国家契约"和"民事契约"两大类型。但对"民事契约"，还可提交双方协议同意的任何仲裁机构进行仲裁，不限于东道国的仲裁机构。

（二）特设仲裁

首先是仲裁的提起。对前述"一定期限"，中新协定、中马协定、中菲协定、中越协定、中老协定、中印（印度尼西亚）协定、中柬协定、中文协定、中缅

协定均规定为6个月。而中泰协定对特设仲裁未作约定。

其次是仲裁庭的组成。专设仲裁庭由3名仲裁员组成。当事双方各指派1名仲裁员,并由他们共同推举1名与缔约双方均有外交关系的第三国的国民作为首席仲裁员。

再次是仲裁的程序和适用的法律。各双边投资协定均规定,仲裁庭应自行制定其程序;但仲裁庭在制定程序时可以参照"解决投资争端国际中心"的仲裁规则。双边投资协定还规定,仲裁庭作出裁决依据的法律为缔约国法律、双方协定的规定以及缔约双方均接受的普遍承认的国际法原则。这里的规定又出现了不甚一致的情况。其中,中马协定规定,仲裁应根据本协定的规定、有关的国内立法、缔约双方间签订的协定和公认的国际法原则作出裁决。中越协定、中老协定、中柬协定、中文协定、中缅协定规定,仲裁庭应根据接受投资缔约国一方的法律(包括其冲突法规则)、本协定的规定以及缔约国双方均接受的普遍承认的国际法原则作出裁决。中印(印度尼西亚)协定规定,仲裁庭应根据争议缔约一方的法律,本协定的规定以及缔约双方均接受的普遍承认的国际法原则作出裁决。而中新协定、中菲协定对仲裁庭如何适用法律未作约定。

(三) ICSID 仲裁

中国与外国签署的双边投资协定约定,一旦缔约双方均已成为华盛顿公约缔约国的情况下,除非争议双方另有其他约定,争议应当根据上述公约提交仲裁,即通过 ICSID 仲裁取代临时设立的国际仲裁庭仲裁。中国自1993年2月正式成为华盛顿公约成员国以后,在双边投资协议中开始接受 ICSID 这一常设仲裁机制。不过,需要说明的是,中国在加入此公约时作了保留,声明根据公约第24条第4款,中国政府只考虑将由于征收和国有化而产生的赔偿争议交由 ICSID 管辖(至今尚无此类案例发生)。因而,临时国际仲裁庭仍可设立。

即使是在 ICSID 体制下,同样存在东道国与外国投资者之间的法律博弈。而 ICSID 作为协调者、裁判者,其作出的某些结论并非无懈可击。一个典型的例子是"阿姆科亚洲公司等诉印度尼西亚共和国案"(Amco Asia Corporation etc. v. Republic of Indonesia)。该案涉及一项兴建旅游城的大型合资企业,合营的一方为印度尼西亚当地的公司,另一方为外国的公司。双方约定,外方进入印度尼西亚参加合资的前提条件是必须从国外引进一笔资金。而根据印度尼西亚的法律,外方的投资必须经过印度尼西亚银行出具验资证明加以确认。案中,印度尼西亚政府基于外方未按要求引入外资而取消了该合资企业合同。为此,外方将此案提交 ICSID。第一次裁决,印度尼西亚政府败诉。该裁决其后因仲裁庭未充分考虑缴资问题而被撤销。重新组成的仲裁庭再次裁决印度尼西亚政府败诉,其理由是,印度尼西亚政府剥夺了外国投资者的合同权利,没有按照国际法原则给予全部、有效的补偿。印度尼西亚政府拒不接受 ICSID 的裁决。所谓"全部、有效补偿"并未成为各国公认的国际法原则,因而,印度尼西亚不愿接受此种裁决实为意料之中的事情。正如一位西方法学家所评论的:"看起来印度尼西亚必须拒绝该仲裁,因为如果一个国家推出了吸引外资的计划并依此向外商发放执照,然而国际仲裁机构却裁定外商承诺投资的 16% 不到位是无关紧要的小事,即东道国不应因此而撤销外商的执照,东道国便会发现其法律无法执行。"①

三、投资者与合营者、合作者之间争端的解决

所谓投资争端,实际上存在三种:一是缔约双方之间的争端;二是投资者与缔约一方之间的投资争端;三是一方投资者与另一方合资者、合作者之间的投资争端。因各类主体的地位及纠纷的性质的不同,实际上需要不同的或有所不同的争端解决机制。其中,解决第一种、第二种争端属于两国之间的双边投资协定规定的事项;而解决后一种争端则属于各东道国立法的事项。

中国的《中外合资经营企业法》规定:"合营各方发生纠纷,董事会不能协商解决时,由中国仲裁机构进行调解或仲裁,也可由合营各方协议在其他仲裁机构仲裁。""合营各方没有在合同中订有仲裁条款的或者事后没有达成书面仲裁协议的,可以向人民法院起诉。"《中外合作经营企业法》规定:"中外合作者履行合作企业合同、章程发生争议时,应当通过协商或者调解解决。中外合作者不愿通过协商、调解解决的,或者协商、调解不成的,可以依照合作企业合同中的仲裁条款或者事后达成的书面仲裁协议,提交中国仲裁机构或者其他仲裁机构仲裁。""中外合作者没有在合作企业合同中订立仲裁条款,事后又没有达成书面仲裁协议的,可以向中国法院起诉。"

东盟国家的立法和执法实践基本上也是采取上述模式:当事人自己友好解决;当事人自己无法解决的,提请仲裁或者提请司法(诉讼)解决。例

---

① 转引自王贵国:《国际投资法》,北京大学出版社 2001 年版,第 158—159 页;陈安主编:《国际经济法学专论(下编 分论)》,高等教育出版社 2002 年版,第 687 页。

如,越南立法规定,联营各方、合作各方发生纠纷,如协商解决不成,各方可商定采取以下一种解决方式:(1) 越南法院;(2) 越南仲裁或外国仲裁、国际仲裁;(3) 由各方协议成立的仲裁。但无论仲裁或是诉讼,适用的实体法都是东道国法。

四、比较与改进(法律博弈的对策之六):有效解决投资争端

(一) 政府作为投资一方参与的投资争端的解决

1. 关于中国与东盟国家作为投资缔约国之间的争端

对于这种博弈,笔者的建议是按照以下三个程序依次选择进行:

第一,能在两国之间通过外交途径协商和谈判解决的争议,应尽可能友好处理,不必提交国际争端处理机制。

第二,适用中国与东盟2004年11月29日达成的《关于争端解决机制协议》,处理中国与东盟国家作为当事方(起诉方、被诉方)发生的投资争端。包括通过磋商、调解或调停、仲裁等方式解决问题。能在这一机制下解决的争议,不必再提交国际争端处理机制。

第三,如上述两项程序都无法进行,也可援引中国与东盟国家均是缔约方的其他国际条约,如 WTO《关于争端解决规则与程序的谅解》,诉诸该条约项下争端解决程序。

2. 关于作为缔约一方的东道国与缔约另一方投资者之间的争端

对于这种博弈,笔者的建议有三:

第一,应尽可能用尽"当地救济原则",但东道国法院应当及时、公正地处理这类投资纠纷案件。如上述程序无法进行,则可根据联合国体制内的华盛顿公约提交"解决投资争端国际中心"进行调解或仲裁解决。

第二,对特设仲裁适用法律的分歧主要在于对缔约国法律采取的态度:是根据东道国法,还是根据投资者母国法,抑或两者都可适用?笔者倾向于只适用作为缔约一方的东道国的法律,这与一国法院审理国际投资案件是同理的。

第三,如果未来的中国—东盟自由贸易区内设立类似 ICSID 的投资仲裁机构,必须站在发展中国家的立场上考虑问题,不能无条件地接受发达国家提出的所谓"国际标准"。

(二) 作为平等主体的投资者与合营者、合作者之间的投资争端的解决

笔者以为,除了适用中国—东盟自由贸易区仲裁式的争端解决机制之外,如果未来的中国—东盟自由贸易区内设立类似欧洲法院的司法机构,而

又拟定出《中国—东盟自由贸易区投资协议》(见本书第六章),那么,该司法机构审理区内各成员国之间的投资争议案件,可适用区内投资共同规则。这将是合作型法律机制的一个重大成功。

第五章　投资监管的法律博弈

投资监管,意即对投资活动的监督管理,以营造适宜的投资环境,维护正常的投资秩序。外商投资监督管理涉及许多方面,从外资进入到营运然后退出,形成一个社会系统工程。还须特别指出,在现代公共管理、公共服务理念下,经济法所称"管理"往往将"监管"与"服务"并提,并且有些措施兼具监管与服务双重意义。正如中国扩大开放中提出的:"依法管理涉外经济活动,强化服务和监管职能,进一步提高贸易和投资的自由、便利程度。""继续实施'走出去'战略,完善对外投资服务体系,赋予企业更大的经营管理自主权,健全对境外投资企业的监管机制,促进我国跨国公司的发展。"①本章着重从"监管与服务相结合"、"监管也是服务"的角度,分析中国与东盟分别作为东道国、投资者母国在管理外来投资和向海外投资过程中所发生的法律博弈,总结历史经验,并据此提出完善投资监管机制的若干对策性建议。

第一节　东道国政府的监管与服务

一、东道国对外来投资的管辖权

（一）管辖权

管辖指对人员、事务、区域、案件等进行统辖和管理,表示属于其管理的范围,其应该采取什么办法来管理。

对外来投资进行监管是有必要的。"外国投资既有积极的一面,也具有消极的一面,如果对其采取放任的态度,或疏于管理,就会对资本输入国的经济发展乃至国际经济的发展带来不利影响,如经济畸形发展,民族工业受损,经济命脉受到控制,环境受到污染,资源遭到破坏,等等。因此,国际投

---

① 《中共中央关于完善社会主义市场经济体制若干问题的决定》(2003 年 10 月 14 日),载 2003 年 10 月 22 日《人民日报》第 1、2 版。

资法的任务或作用之一,就是管理外国投资。"①

东道国对外来投资的管辖权,是一国主权的体现。"建立投资领域的国际经济新秩序的关键在于尊重东道国外资管辖权。"②应当尊重哪些管辖权呢?主要有东道国对其自然资源的永久主权,对外资准入的审批权,对外资进入后设立的企业从事经营活动的监督管理权,基于公共利益的征收权,按照东道国法解决投资争议的救济权,等等。借口投资自由化、便利化而无视或轻视东道国的管辖权是不恰当的;当然,对外资采取极端的严格管制而使其望而却步,也是适得其反的。最佳的方案只能是合作型博弈和合作型机制。

东道国行使对外来投资的管辖权,分别通过立法的途径、行政的途径和司法的途径。东道国的内国法起着主导的作用。然而,一些西方发达国家力图构建全方位自由化的多边投资条约而强加于发展中国家,并且力图借助贸易自由化迫使发展中国家在投资管辖权方面作出让步。这不能不引起发展中国家的高度重视。进行合作型博弈的手段,仍然应当坚持行政的、立法的、司法的多种方式,而非一些西方发达国家要求普遍推广的所谓"文明国家国际法",即"全球化法"。但笼统地提"法律全球化"或"全球化法"、"世界法"是不现实的。

(二)中国与东盟国家的基本态度

1. 中国的做法

中国坚持东道国对外资的管辖权。

在立法方面。比如,认定依法批准在中国境内设立的合营企业是中国的法人,"受中国法律的管辖和保护"。又如,规定"外资企业受中国法律的管辖和保护"。再如,规定合营企业合同、合作企业合同的订立、效力、解释、执行及其争议的解决,均应适用中国法律。

在行政方面。比如,按照中国的法律规定,设立中外合资企业,要"经中国政府批准";"审批机构和登记管理机构对合营企业合同、章程的执行负有监督检查的责任"。又如,规定"国家有关机关依法对合作企业实行监督"。再如,规定"工商行政管理机关对外资企业的投资情况进行检查和监督"。

---

① 余劲松、吴志攀主编:《国际经济法》,北京大学出版社、高等教育出版社2000年版,第203页。

② 刘笋:《国际投资保护的国际法制——若干重要法律问题研究》,法律出版社2001年版,第483页。

在司法方面。比如,中外合营各方、中外合作各方发生投资争议,如选择司法途径,应向中国法院起诉,而不能到资本输出国或第三国的法院去起诉。而且,无论是诉讼,还是仲裁,都必须适用中国的实体法及相应的程序法。

2. 东盟国家的做法

东盟国家作为东道国,同样对外来投资坚持行政监管、立法管辖和司法管辖。它们对外资的态度相当务实,"注重将优厚的鼓励和适当的限制相结合"①。例如,在越南,国家对外国投资管理的范围为:(1)制定外国投资的发展策略、总体规划、计划和政策;(2)颁布关于外国投资活动的法律、法规;(3)对管理外国投资活动的各部门和地方政府提供指导;(4)颁发和收回投资许可证;(5)确定对外国投资活动进行管理的国家机关之间的协调;(6)检查和监督外国投资活动。政府对外国在越南的投资实行统一管理,并对计划投资部、其他各部门、各地方政府在管理外资过程中的权力与职责作出了划分。

管理者既行使权力,又负有责任。例如,柬埔寨立法规定,由发展理事会审议、决定投资申请。在无正当理由的情况下,任何政府官员拒不接收投资申请或超过规定期限未予答复,"则必须追究其法律责任"。这项规定的分量是很重的。如能这样实施,必将有利于惩罚官僚主义,提高办事效率,方便外商投资。但应负何种责任,如何具体追究,则有待于通过立法和司法实践进一步落实。

3. 中国与东盟国家双边投资协定中的处理

在中国与东盟国家签订的双边投资协定中,允许外来投资者采取当地救济的方式,包括:(1)向东道国行政主管部门或机构申诉并寻求救济;(2)向东道国有管辖权的法院提起诉讼。

此外,在有的协定中还规定,对双方相互投资,除受双边协定管辖外,还受东道国法律管辖。例如,中国与新加坡的协定规定:"为避免误解,兹宣布,全部投资,除受本协定管辖外,应受投资所在地的缔约一方领土内的有效法律管辖。"此即指东道国法。又如,中国与文莱的协定规定:"本协定适用于在其生效之前或之后缔约任何一方投资者依照缔约另一方的法律和法规在缔约另一方的领土内进行的投资。"此亦指东道国法。

---

① 余劲松、吴志攀主编:《国际经济法》,北京大学出版社、高等教育出版社 2000 年版,第 227 页。

可见,中国、东盟国家对外来投资实行管辖的基本立场和态度是一致的,或相似的。

二、对外商投资进入的许可机制

(一) 设立与登记

1. 审批或核准

中国、东盟国家对外来投资都是采取逐项审批或核准的办法。由专门负责外资管理的机构(中央的或地方的),按照审核范围和审核标准决定是否允许外资进入。

中国对外资进入,首先看其属于国家鼓励、允许、限制或者禁止设立企业的行业中的哪一种;再次看其是否违反了中国法律规定的禁止性条件,例如,有损中国主权或者社会公共利益的,危及中国国家安全的,不符合中国国民经济发展要求的,可能造成环境污染的。

按照市场经济发展的要求,中国于2004年大幅度地改革了投资体制。这次投资体制改革,重点是国内投资,也影响到外商投资。一是改审批为核准,简化了投资项目的核准程序,对外商投资项目只须核准"项目申请报告";二是扩大了省一级政府的核准权限。按照新的投资体制,《外商投资产业指导目录》中总投资(包括增资)1亿美元及以上鼓励类、允许类项目由国家发展和改革委员会核准;5000万美元及以上限制类项目亦由国家发展和改革委员会核准。国家规定的限额以上、限制投资和涉及配额、许可证管理的外商投资企业的设立及其变更事项;大型外商投资项目的合同、章程及法律特别规定的重大变更(增资减资、转股、合并)事项,由商务部核准。上述项目之外的外商投资项目由地方政府按照有关法规办理核准,即省一级政府对鼓励类、允许类外商投资项目的核准权限由3000万美元提高到1亿美元,对限制类外商投资项目的核准权限由3000万美元提高到5000万美元。

泰国设投资委员会,管理外来投资。

新加坡设经济发展局,对申请取得优惠的外国投资项目需经政府批准。

菲律宾贸工部及下设的投资署负责外资管理事宜。规定外商比例占30%以上的新投资项目,以及在已有的外资比例占30%以上的企业所作的扩大和增加投资,需经审批。

马来西亚由几个政府部门分别管理外商投资事宜,对申请获得优惠的通信、公益事业、运输业部门等服务业投资项目实行政府审批。

印度尼西亚设投资协调委员会,发放投资许可证。

文莱引进外资事宜由工业和初级资源部发展局管理。

越南设国家合作和投资委员会,对外资进入的批准权分别由中央和地方行使。

缅甸设外国投资委员会,管理外来投资。

老挝设外资管理委员会,负责外商投资管理事宜。

柬埔寨在发展理事会下设投资委员会,管理外商投资。

2. 基本书件

以中国法为例。设立合营企业,必须报送三个文件给主管当局,这三个文件是:协议、合同、章程。合营企业协议,是指合营各方对设立合营企业的某些要点和原则达成一致意见而订立的文件。合营企业合同,是指合营各方为设立合营企业就相互权利、义务关系达成一致意见而订立的文件。合营企业章程,是指按照合营企业合同规定的原则,经合营各方一致同意,规定合营企业的宗旨、组织原则和经营管理方法等事项的文件。上述三个文件中,协议只是意向声明,可以订立,也可以不订立;而一旦协议与合同发生抵触时,以合同为准。合同关系到双方的直接和具体的利益,章程表示企业作为一个整体存在,因此,这两个才是基本书件。设立合作企业,同样必须报送协议、合同、章程三个文件。其中,合作企业合同的地位最为突出,因这种企业的基本格局是由合同约定的,这就是为什么它被称为"契约式合营"。设立外资企业,只须报送企业章程,因为是独资,不存在什么独资企业协议、合同。

东盟国家与中国的做法大体相同或相似。例如,在越南设立合营企业要提交合同、章程;设立外资企业要提交章程;设立企业合作(不是合作企业)要提交合同。

3. 登记

申请者在收到批准证书或核准证书起一个规定的时间内,按照东道国有关规定,向登记管理机构办理登记手续。企业的营业执照签发日期,即为该企业的成立日期。

登记时可能发生的一个难题是,赋予所登记的企业什么样的法律资格?大的类型可分为两种:一是法人型企业,如有限责任公司、股份有限公司等;二是非法人型企业,如合伙企业、个人独资企业、既非法人又非合伙的合作企业等。关键在于东道国的有关民事法、商事法或企业法、公司法的规定要明确、具体。而目前存在的问题,如前所述,无论是中国法,还是东盟国家法,对非法人型企业尤其是那种既非法人又非合伙的合作企业,以及非法人的外商独资企业,界定很不明晰。

(二) 退出

仍以中国法为例。合营企业、合作企业、外资企业出现下列情况时应予解散:期限届满;经营不善、严重亏损,投资者决定解散;因自然灾害、战争等不可抗力而遭受严重损失,无法继续经营;破产;合营、合作的一方或数方不履行合营、合作企业合同、章程规定的义务,致使企业无法继续经营;因违反中国法律、法规,危害社会公共利益而被依法撤销或关闭;企业合同、章程中所规定的其他解散原因已经出现。

不论由于何种原因,企业宣告解散时,应当进行清算。清算又可分为破产清算与非破产清算,前者由法院主持,后者由按规定设立的清算委员会负责。

在非破产清算中,原审批机构或核准机构认为必要时,可以派员进行监督。

清算结束后,清算工作机构应向原登记管理机构办理企业注销登记手续,缴销营业执照。

东盟国家的企业退出机制,与中国的情况亦大致类似。

三、对外商投资企业营运的监管机制

(一) 经营方面

1. 出资管理

东道国主管当局(审批或核准机构、登记管理机构等)对外商投资企业的出资负责监督检查,要求按约定方式出资,批准外国投资者(合营者、合作者)作为出资的机器设备或者其他物料、工业产权或者专有技术;要求按规定取得验资报告;如违反规定逾期不出资或长期欠资,可由主管当局吊销其营业执照。

2. 用地管理

外商投资企业用地,可有不同情况:(1) 由合营或合作一方提供土地使用权;(2) 由政府根据企业的申请,经审核后,予以安排。无论拍卖、招标、协议、参股等何种方法,都应以市场为导向。不能以"社会公共利益"为名,将低价征收的集体土地以高价转让给私营企业主、外商而给地方政府增加收入。

政府的责任在于保证外商投资企业的正常用地需要。在经济不发达地区从事开发性的项目,当地政府可依法给予特别优惠。

3. 购买与销售管理

鉴于前面所讲保障外商投资企业自主权，除有关许可证、合同另有规定或约定外，企业的购买、销售应有权自行决定，政府及有关组织不得施加非法干预，限制其自主权的运用。

但是，东道国政府可以引导外商投资企业更好地促进东道国经济的发展。例如，中国的《中外合资经营企业法》提出，"鼓励合营企业向中国境外销售产品"。又如，《外资企业法》提出，"国家鼓励举办产品出口或者技术先进的外资企业"。东盟一些国家特别是后进国家亦有类似做法。笔者认为，对发展中国家而言，这种引导也应当是理性的。其基本要求是，遵守WTO《与贸易有关的投资措施协议》。如果硬性规定外商投资企业必须出口多少比例，则是不恰当的，因为它违反了WTO所规定的义务。

4. 规制竞争行为

东道国一方面通过本国的立法，另一方面借助国际上的有关条约、协定，将竞争政策运用于利用外资的管理活动中。包括采取行政的与司法的手段，制止和制裁不正当竞争、限制竞争和非法垄断，矫正非理性的投资行为。这方面，应适用各东道国的公司法、竞争法、反垄断法等规定。

（二）财务方面

1. 财务会计制度

外商投资企业应当依照东道国的法律、法规和财务会计制度的规定，结合本企业的情况，建立自己的财务会计制度，并报当地财政、税务机关备案。

外商投资企业应当在企业所在地设计会计账簿，并接受财政、税务机关的监督。不允许设置几套不同的、应付检查的会计账簿。

外商投资企业应当按照东道国的税法、公司法缴纳税款、进行利润分配。

对违反财务会计制度的，财政、税务机关可以罚款，登记管理机关可以责令停业整顿甚至吊销营业执照。

2. 税务管理

外商投资企业应当按照东道国有关法律的规定，缴纳各种税款。如在中国，要缴纳企业所得税、预提所得税、增值税、消费税、营业税。

外商投资企业进口有关物资，可依照东道国税法的有关规定减税、免税。但如进口转内销，还应照章纳税或者补税。

外商投资企业的出口产品，除东道国限制出口的以外，可依照东道国税法的有关规定减税、免税或者退税。

3. 外汇管理

外商投资企业的一切外汇事宜,都应按照东道国的外汇法律、法规的规定办理。例如在中国,要执行《外汇管理条例》及配套办法。

外商投资企业凭东道国登记管理机关发给的营业执照,在东道国境内开立账户(外汇账户和东道国本币账户),由开户银行监督支付。其外汇收入,应当存入其开户银行的外汇账户;外汇支出,应当从其外汇账户中支付。这在中国及东盟国家,基本做法是相同或相似的。

(三) 劳动用工方面

1. 用工管理

中国法对外商投资企业雇佣外国人员和本地人员未作任何限制,只须符合下列要求:企业和职工双方应当依照中国的法律、法规签订劳动合同。合同中应当订明雇用、辞退、报酬、福利、劳动保护、劳动保险等事项。不得雇用童工。

东盟国家则作了某些限制。一是对雇佣外国技术人员和管理人员的规定。例如,印度尼西亚规定,只有当地国民胜任不了的管理职务和专业职务,才能聘请或雇佣外国人;如当地人胜任这些职务,则须聘请或雇佣当地国民。缅甸规定,技术人员中必须有25%为缅甸人。菲律宾规定享有优惠的公司,除头5年外,不得雇佣任何身份的外国雇员;在头5年中,从事监督、技术和咨询工作的外国雇员数额,不得超过公司中雇员总数的50%。印度尼西亚、马来西亚还提出,雇佣职员逐步本地化,即要求外商投资企业在一定期间内逐步让当地国民担任各种管理和专业技术职务。以上限制主要是为了解决所在国的劳动就业问题,充分利用国内的人力资源。[①]

二是对雇佣当地职工的规定。依法签订劳动合同,这是东盟各国的通例。此外,还有关于培训当地职工的要求,等等。

2. 劳动保护

中国与东盟国家的劳动法、外资法均规定,外商投资企业必须遵守东道国的劳动保护规定,加强对职工的劳动安全、职业卫生的保护,改善劳动条件,保证安全生产、清洁生产。

劳动保护的实际问题时有发生,必须引起企业和政府方面的高度注意。东道国政府对外商投资企业营运过程中的监管涉及许多方面,以上只

---

① 余劲松、吴志攀主编:《国际经济法》,北京大学出版社、高等教育出版社2000年版,第237—238页。

是列举了若干事项。综合起来说,政府监管要到位,要依法进行,不能越位,不能滥加干涉。

四、不当限制性投资措施及其纠正

(一) 纠偏依据

对外来投资一方面要实行管辖,另一方面又不能限制过当。限制过当表现在:对外资进入的歧视性待遇;对外资经营的歧视性待遇。这与国际直接投资自由化的趋向是相悖的。

纠正不当限制性投资措施的依据见之于 WTO《与贸易有关的投资措施协议》(TRIMs)。TRIMs 附件例示清单中列举了 2 种违反国民待遇原则、3 种违反取消数量限制原则的不当措施,它们是:(1) 要求企业购买或使用最低限度的国内产品或任何国内来源的产品;(2) 要求企业购买或使用的进口产品数量或金额,以企业出口当地产品的数量或金额为限;(3) 总体上限制企业当地生产所需或与当地生产相关产品的进口,或要求企业进口产品的数量或金额以出口当地产品的数量或金额为限;(4) 将企业可使用的外汇限制在与该企业外汇流入相关的水平,以此限制该企业当地生产所需或与当地生产相关产品的进口;(5) 限制企业出口或供出口的产品销售。

上述 5 种措施,可以表现为法律、法规形式,也可以表现为政府的行政裁决形式,还可以是要求外国投资企业必须达到一些业绩标准(如一定比例的国产化率)才能获得某种优惠(如税收优惠)的政策措施。①

传统的投资条约不涉及东道国对外来投资的管理,而 WTO 开始触及这一方面的问题,这一突破也是对东道国政府行使外资管辖权的制约。

(二) 中国与东盟国家的承诺和实践

中国承诺,在加入 WTO 之后,将实施《与贸易有关的投资措施协议》,取消贸易平衡要求、外汇平衡要求、当地含量要求、技术转让要求等与贸易有关的投资措施。根据大多数 WTO 成员的通行做法,承诺在法律、法规和部门规章中不强制规定出口实绩要求和技术转让要求,而由投资双方通过谈判议定。②

中国于 2001 年修改《中外合资经营企业法》和《合资经营企业法实施条

---

① 石广生主编:《中国加入世界贸易组织知识读本(一)》,人民出版社 2001 年版,第 154—156 页。
② 石广生主编:《中国加入世界贸易组织知识读本(三)》,人民出版社 2002 年版,第 23 页。

例》,2000 年修改《外资企业法》,2001 年修改《外资企业法实施细则》,2000 年修改《中外合作经营企业法》,取消了关于当地含量要求、出口实绩要求、外汇平衡要求,放宽了管理,较好地体现了 WTO 的有关原则和规则的精神。

目前,除老挝、越南尚未加入 WTO 之外,其他 8 个东盟国家在加入 WTO 时,都承诺了必须履行 WTO 各项规则,包括《与贸易有关的投资措施协议》。

五、比较与改进(法律博弈的对策之七):健全东道国政府对外商投资的监管机制与服务体系

1. 对中国的建议

第一,进一步完善外商投资企业法。本书前面已设想,将现有三部外商投资企业法既作分解又作综合,分解指分成组织性规范与政策性规范,综合指把组织性规范与公司法合并、而把政策性规范组合为外商投资保护法(中国于 1994 年曾公布《台湾同胞投资保护法》,可供借鉴)。改革开放的一些行之有效的新经验要吸收到公司法和外商投资保护法中,如投资审批制改为核准制。还有若干不完全符合 WTO 等国际通行规则的做法,需要在公司法和外商投资法中加以更正。

第二,进一步理顺对外商投资企业监管的思路。需要对现行分布于外商投资企业法和其他相关法——税收、外汇、劳动等法律、法规、规章中涉及外商投资企业管理的各种规范进行梳理,看看哪些现在仍然有用,哪些已不能再用,哪些需要增补,以鼓励、促进和适度管理为主线,理出一种依法、有效监管的思路来。

虽然以上这些不是专门为中国与东盟相互投资准备的文件,但包含了中国与东盟的投资关系在内。

2. 对东盟国家的建议

东盟国家经济水平参差不一,可在经济较为先进的国家像如上建议所述,进一步完善外商投资立法,进一步理顺对外商投资企业实施必要监管的思路。

至于东盟几个经济较为落后的国家,可视具体条件,从监管较多逐渐过渡到监管放宽。例如,在越南投资,主要困难有:官僚体制,行政效率低;基础设施落后,致使成本增加,尤其是电讯费用高昂(越南政府已于 2003 年底大幅度降低国际及国内电讯费用);政出多门,法令不明确,缺乏一致性;仍规定外商投资项目至少 80% 产品需出口;外商从事贸易、零售、服务业等仍有限制。① 上述情况,现在有的正在改变。但政府监管水平的改善,的确值得注意。

以上举措,都是为引资与投资确定可行的规则,也有利于东道国和外来投资者选择恰当的策略。

在提高管理水平方面,主要包括:提高东道国政府对外商投资的管理水平,其中工作人员的素质和能力特别重要;另外,还包括东道国合营者、合作者的合作共事精神。

第二节　投资者母国政府的监管与支持

一、投资者母国对资本输出的扶持义务

(一) 投资者母国对资本输出的保护

资本输出,又称海外投资、境外投资,是指资本输出国投资者在外国进行的直接投资。这种直接投资,首先关系到东道国的利益、投资者本身的利益,其次也关系到资本输出国的利益。既然存在利益的交换和分配,就会发生博弈(经济博弈、法律博弈),不论当事者自觉与否。

因此,资本输出国不可能对境外投资听之任之,恰恰相反,它要通过法律的、行政的方法(这就叫"机制")引导和扶持本国投资者,以便保护这些投资者的利益,并且据此获得国家的利益:开拓国外市场,增加外汇收入,提高国际竞争地位。

立法方面,资本输出国将会建立若干法律制度:海外投资、海外贷款、进出口、担保、外汇管理、税务管理、反垄断等。

行政方面,资本输出国将会设置若干扶持措施:提供信息、提供资金和技术支持、提供政治风险保险等。

(二) 中国与东盟国家的基本态度

1. 中国的态度

中国对境外的投资发展较慢,所以,中国现时的政策是鼓励国内企业走出去,充分利用对外开放的有利时机。例如,中国领导人宣布:"中国政府将鼓励中国企业到亚洲各国投资兴业。"②亚洲投资,东盟各国应为重点,这是

---

① 参见《中国—东盟合作协定与东盟商务实用指南》(下卷),广西人民出版社2004年版,第1707页。
② 参见《人民日报》2003年10月8日第3版。

因为,第一,中国要积极参与和推动区域经济合作,而中国与东盟已决定 2010 年建成中国—东盟自由贸易区;第二,中国与东盟国家之间现已进行的相互投资规模太小,而且中国对东盟的投资更大大少于东盟对中国的投资,故而发展的空间相当之大。

中国对境外投资的扶持,主要采取两个方面的措施:一是放宽管理,赋予企业更大的境外经营管理自主权;二是加强引导,完善对外投资服务体系。

然而,中国的境外投资立法远远跟不上形势需要。至今还没有出现一部海外投资的专门法律。只有一些层次较低、而且尚待修正的规章,如原对外经济贸易部 1992 年发布的《关于在境外举办非贸易性企业的审批和管理规定(试行)》,国家外汇管理局 1989 年颁布的《境外投资外汇管理办法》,原国有资产管理局等部门 1992 年联合发布的《境外国有资产产权登记管理暂行办法》及 1993 年的《关于用国有资产实物向境外投入开办企业的有关规定》,财政部 1996 年印发的《境外投资财务管理暂行办法》等。

2. 东盟国家的态度

东盟国家对境外投资的态度总体上来看也是积极的。比如,东盟各国与中国签订的双边投资协定,其主旨是鼓励相互投资;《中国与东盟全面经济合作框架协议》也强调"促进投资","扩大投资","加强投资领域的合作";而且,中国—东盟自由贸易区将"相互投资"确定为 5 个优先加强合作的领域之一。

在东盟国家中,作为新兴工业化国家的新加坡是积极支持对外投资的,此外,还有泰国、马来西亚、印度尼西亚等国。这几个东盟国家非常重视对中国的投资。至于其他几个经济落后的国家,虽然也想发展境外投资,却是心有余而力不足,它们的主要注意力还是放在引进外资方面。

对于发展中国家而言,一方面,要积极利用外资,另一方面,要适当输出资本。"当然,对于绝大多数发展中国家(包括新兴工业化国家)而言,它们的经济实力还远远未达到可以完全放任海外投资的水平,它们宏观调控机制也还远未完善,1997 年至 1998 年的东南亚金融危机深刻地说明了这一点。因此,对于绝大多数发展中国家而言,它们的海外投资法制的主要内容在过去、现在和将来的一定时期内,都应当是以管制和规范为主,以适当的有条件的鼓励和促进为辅。"[①] 不过,经济程度较高的国家,在海外投资方

[①] 曾华群主编:《国际投资法学》,北京大学出版社 1999 年版,第 101 页。

面,还可再积极一些。

二、对海外投资的监管机制

(一)海外投资的选择

无论站在国家的角度,还是站在投资者的角度,对海外投资总是要进行一番比较而后作出选择的。在这方面,政府应是有所作为的。

为帮助中国企业和相关组织了解国外经济、法律环境,中国商务部根据《对外贸易法》有关规定,自 2003 年起,逐年发布《国外贸易投资环境报告》。

2004 年 7 月,中国商务部和外交部联合发布首批《对外投资国别产业导向目录》。该《目录》涉及的国别共包括亚洲、非洲、欧洲、美洲、大洋洲的 67 个国家和地区。涉及的产业领域包括农林牧渔业、采矿业、制造业,服务业及其他产业等。对首批国别的确定主要是根据以下原则:一是周边友好国家;二是与中国经济互补性强的国家;三是中国主要的贸易伙伴国;四是与中国建立战略伙伴关系的国家;五是世界主要区域性经济组织成员。而投资领域的选择主要是结合中国产业结构和优势及所在国吸引外资重点领域和市场特点,根据国家鼓励境外投资的相关领域确定的。中国企业要到东盟国家去投资,首先必须认真研究这份导向文件,以便作出适当的选择。在这里,国家为本国投资者到外国去进行投资提供了重要的策略指南,避免企业走弯路,也节约了许多投资前期准备的成本。

与此同时,为了更好地为中国企业"走出去"提供服务,商务部通过政府网站积极为企业搭建境外投资信息服务平台,包括企业境外投资意向信息平台、驻在国(地区)项目招商信息平台和投资中介机构信息平台等。在企业境外投资意向信息平台上,企业可以将境外投资意向,如投资行业、投资规模以及对合作伙伴的要求等信息及时对外发布,进行自我推介,寻找合作伙伴。在驻在国(地区)投资项目招商信息平台上,中国驻外使馆有关商务机构根据所了解的驻在国(地区)相关部门和企业的情况,选择重要、可靠的投资项目招商信息进行发布。在投资中介机构信息平台上,中国驻外使馆有关商务机构还将通过与驻在国(地区)投资中介机构联系,较为及时地获得和发布专业性较强、资质较好的境外投资中介机构信息,包括境外招商机构、行业商协会、投资银行、咨询公司、会计师事务所、律师事务所、中资企业驻当地的各类机构信息等。中国政府对外经济贸易主管部门采取的为企业走出国门搭建信息服务平台的做法,将产生重要的作用。

笔者以为,中国的经验,值得东盟国家借鉴。如果中国和东盟国家都对海外投资正确引导、积极服务,那么,中国和东盟国家之间的相互投资必定发展更快、更顺利、更有效率。

(二)境外投资企业的设立

中国对境外投资较为慎重,从条件控制和行政审批两个方面把关。所谓条件控制,是指申请设立的境外投资企业,必须具有资金(外汇)来源,具有一定的生产、技术和经营能力及人才,并且必须能够带动设备、材料和技术的出口,或者能够扩大对外承包工程和劳务合作。所谓行政审批,是指必须经中国政府主管部门审核批准之后,方可到境外去投资设立企业。

现在看来,过去的做法管理偏严。条件可适当放宽一些,审批制可改为核准制。按照中国 2004 年推行的新的投资体制,中方投资 3000 万美元以上资源开发类境外投资项目由国家发展和改革委员会核准。中方投资用汇额 1000 万美元及以上的非资源类境外投资项目由国家发展和改革委员会核准。上述项目之外的境外投资项目,中央管理企业投资的项目报国家发展和改革委员会、商务部备案;其他企业投资的项目由地方政府按照有关法规办理核准。国内企业对外投资开办企业(金融企业除外)由商务部核准。这就简化了境外投资的行政程序,进一步扩大了省一级政府的核准权限。中国的改革开放措施紧跟时代潮流,必将有利于鼓励企业到海外去发展。

(三)税收管理

投资者在境外投资,在税收上通常要面对双重管辖权:东道国根据属地原则征税,资本输出国根据属人原则征税。如不解决重复征税的问题,投资者就得不到实惠,也就没有投资积极性了。

站在资本输出国的立场,一方面,它要给予税收优惠。例如,中国对境外投资企业,自正式投产、开始营业之日起,5 年内对中方分得的利润免征企业所有税。又如,马来西亚对汇回本国的海外投资收入可减征 50% 的税收,收入中的红利部分可减税 50%(1994 年减税额度提高到 70%,1995 年则进一步全额减免),减税期 5 年,从海外企业开始经营并赢利时起算。

另一方面,它又要防止海外投资企业逃避税收。其中一个主要措施是防止海外投资企业利用关联企业关系转移定价以逃避税收。中国的《税收征收管理法》规定:"企业或者外国企业在中国境内设立的从事生产、经营的机构、场所与其关联企业之间的业务往来,应当按照独立企业之间的业务往来收取或者支付价款、费用;不按照独立企业之间的业务往来收取或者支付价款、费用,而减少其应纳税的收入或者所得额的,税务机关有权进行合理调整。"这一条的管辖对象是设在中国境内的内资企业、外商投资企业和外国企业,但是,它的基本原则可以通过海外投资立法,运用到对中国的境外投资企业的税收管理之中。即要求海外投资企业作为中国的纳税人,它与关联企业之间的业务往来,应当按照公平成交价格和营业常规收取或者支付价款、费用;纳税人与关联企业之间的购销业务,不按照独立企业之间的业务往来作价的,税务机关可以按照下列顺序和确定的方法调整其计税收入额或者所得额,核定其应纳税额:按照独立企业之间进行相同或者类似业务活动的价格;或者按照再销售给无关联关系的第三者的价格所应取得的收入和利润水平;或者按照成本加合理的费用和利润;或者按照其他合理的方法。

(四)外汇管理

中国实行一定程度的外汇管制,包括境外投资。1996年的《外汇管理条例》明确规定:"境内机构向境外投资,在向审批主管部门申请前,由外汇管理机关审查其外汇资金来源;经批准后,按照国务院关于境外投资外汇管理的规定办理有关资金汇出手续。"该《条例》还规定:"境内机构的经常项目外汇必须调回境内,不得违反国家有关规定将外汇擅自存放在境外。""境内机构的资本项目外汇收入,除国务院另有规定外,应当调回境内。"

根据中国有关外汇管理的规定,中国对境外投资在外汇方面实行的管理措施有:第一,拟到境外投资的企业的外汇来源的审查;第二,已批准到境外投资的登记;第三,按规定缴存汇回利润的保证金;第四,限期调回来源于境外投资的利润及其他外汇收益。

东盟国家大体上也采用上述办法,不过有些国家管得更松一些,例如不必审查外汇来源。

(五)信息披露

到海外投资的企业大多数为股份有限公司,特别是其中的上市公司。为使广大投资者(包括本国股东)和政府主管当局了解公司的经营财务状况,以便对其进行监督,资本输出国的公司法、证券法、海外投资法应规定,这种跨国公司要依法披露资产负债表及其他重要商业情报。

(六)对国有资产的管理

中国的境外投资主体中,大型国有企业(例如石油类)往往居于主导地位,因此,中国实行境外国有资产产权登记制度,并要求投资者对境外国有资产负有相应的管理职责,重要财务事项必须报告国内主管财政机关。

中国不允许将国有资产以个人名义在境外进行产权注册。如东道国确实规定只能以自然人申请注册的,必须在中国办理批准手续后,再办理委托协议。总之,严格控制将国有资产以个人名义进行产权注册,以避免国有资产不应有的损失。

2004年中国航油集团公司新加坡公司,违反中国政府明令禁止,在新加坡市场上从事石油期权投机,结果出现巨大亏损,至该年11月底账面实际损失和潜在损失总计5亿多美元。该公司不得不向新加坡高等法院申请破产保护;目前正在按照新加坡法律进行资产、债务重组。这是迄今为止在新加坡交易所上市的中国企业中惟一一个被停牌案例。对此,国内外市场十分震惊。此事给了人们许多教训和警示:(1)投资者母国必须对其海外公司实行有力的和有效的监管;(2)到境外投资兴业的公司本身必须建立有力的和有效的内部风险控制机制;(3)境外公司必须遵守投资所在地的国家的法律,包括依照当地法律进行经营管理及风险控制、破产补救等。

三、海外投资保险与代位求偿

(一)保险及代位概述

1. 海外投资保险制度的实质

海外投资保险制度属于国内法制,因投资者首先要与本国的投资保险机构签订保险合同。

海外投资保险制度属于政府保证,因它一般由政府机构或公营公司来承保,其目的不是为了赢利,而是为了保护本国的对外投资。

海外投资保险制度依据兼具公法、私法性质的保险契约而得以实施,有些约定必须以公法为前提,有些约定则以私法为背景。其中,赔偿与救济在形式上类似一般商事保险法律关系。

海外投资保险制度是一种将对投资的国内法保护上升到国际法保护的机制。① 先有东道国对外国投资者的保护,而后再加上资本输出国对投资者的保护,它们的结合往往通过双边投资保护协定或双边投资保证协定予以体现。

2. 海外投资保险制度中的代位权

代位请求权,或代位求偿权,简称代位权,是指第三人代为债务人清偿债务后,再代位行使债权人的权利而向债务人请求偿还。这里,要有两个前提:一是第三人已代债务人清偿了债务;二是债务人事先是承认这种代位权的。

---

① 曾华群主编:《国际投资法学》,北京大学出版社1999年版,第127页。

海外投资保险制度中的代位权,其权利主体为承保人,即资本输出国设立的专门保险机构;债务人指东道国政府;债权人(投保人)指投资者。

(二)中国与东盟国家的做法

1. 中国的态度

中国至今尚未建立专门的境外投资保险制度,这是一个必须解决的问题。

中国商务部研究人员称,中国企业和公民跨国经营面临五大风险:征收风险;汇兑限制险(转移风险);战争和内乱风险;延迟支付风险;(政府)违约风险。除了这五种政治性风险之外,还遭遇到某些恶性案件所导致的经济损失和人身安全风险。应对政治性风险是一项系统工程,需要母国政府的援助,也需要企业积极的自救策略。①

中国通过与外国签订双边协定,初步确立了相互投资中的涉外保险与代位求偿制度。一种方式是与外国签订投资保险协议。如1980年中国与美国关于投资保险和保证的协议,1984年中国与加拿大关于投资保险的协议。在前一个"协议"中,美国的承保机构为根据美国法律设立的独立的政府公司——海外私人投资公司,承保的范围为投资政治风险保险(包括再保险)或投资保证。在后一个"协议"中,加拿大的承保出口发展公司,承保的范围为政治风险——战争险、财产征收险、资本转移险。中国作为东道国,在"协议"换文中承认美、加承保机构的代位求偿权利。

另一种方式是与外国签订投资保护协议。如1982年中国与瑞典关于相互保护投资的协定,1983年中国与联邦德国关于促进和相互保护投资的协定,1984年中国与法国关于相互鼓励和保护投资的协定,1984年中国与比利时——卢森堡经济联盟关于相互鼓励和保护投资协定,1985年中国与丹麦关于鼓励和相互保护投资协定,1985年中国与意大利关于鼓励和相互保护投资协定,1986年中国与荷兰关于相互鼓励和保护投资协定,1986年中国与英国关于促进和保护投资协定,1986年中国与瑞士关于相互促进和保护投资协定,等等。在上述"协定"中,规定了代位权的权利主体、代位权的承认、代位权的限度、承保人代位所得支付的转移等等事项。

此外,中国先后加入《多边投资担保机构公约》、《解决国家与他国国民之间投资争端公约》,为海外投资提供了法律支持。

---

① 梅新育:《华人跨国经营面临五大风险》,载《瞭望·东方周刊》2004年第41—42期合刊,第70—72页。

在国内措施方面,2001年经国务院批准成立的中国出口信用保险公司承办政策性出口信用保险与海外投资保证,也发挥了一定的作用。例如,通过提供海外投资保险,支持中国企业成功地实施了投资印度尼西亚巨港电站等项目。

2. 东盟国家的态度

东盟国家在原则上都赞同海外投资保险制度,它们与外国签订的双边投资协定中多有"代位"规定。然而与中国一样,东盟多数国家亦未设立专门的海外投资保险制度与保险机构。

新加坡已有初步经验。新加坡专为已在海外设立企业的新加坡投资者提供海外投资保险,以防范本国投资者遇到与海外投资项目有关的征收、战争及汇款限制等风险。

3. 中国与东盟国家关于相互之间实行海外投资保险的约定

在前述10个双边投资协定中,中泰协定第7条、中新协定第12条("代位")、中马协定第9条("代位")、中菲协定第7条、中越协定第6条、中老协定第6条、中印(印度尼西亚)协定第8条("代位")、中柬协定第7条、中文协定第7条("代位")均对海外投资保险作出了明确的约定。可列举若干"协定"的规定如下。

中泰协定第7条:"(一)如缔约任何一方或其指定的代理人,对其国民或公司在缔约另一方领土内的任何投资或其中一部分承保了非商业风险,并根据该保险单向其国民或公司进行了支付,则缔约另一方应承认:(1)该国民或公司根据法律或合法交易将其权利或请求权转让给了缔约前者一方或其指定的代理人;(2)缔约前者一方或其指定的代理人通过代位,有权行使其权利原有者投保范围内的权利或请求权。(二)如缔约任何一方根据本条第一款第(一)项通过转让获得以缔约另一方合法货币或信用证支付的款项,则该款项和信用证应由缔约一方自由使用以偿付其在缔约另一方领土内的开支。该款项和信用证向境外的转移应受第六条第二款规定的管辖。"

中新协定第12条:"(一)如缔约任何一方(或由其指定的代理机构、机关、法定组织或公司)根据本协定就其国民或公司的全部或部分投资有关的请求权而向他们进行了支付,缔约另一方承认前者缔约一方(或由其指定的代理机构、机关、法定组织或公司)有权根据代位行使其国民和公司的权利和提出请求权。代位的权利或请求权不应越过原投资者的权利或请求权。(二)缔约任何一方(或其指定的代理机构、机关、法定组织或公民)向其国民和公司进行的支付,不应影响该国民或公司根据第十三条向缔约另一方提出请求的权利(第十三条为缔约一方投资者与缔约另一方的投资争议——引者注)。"

中印(印度尼西亚)协定第 8 条:"如果缔约一方或其任何指定机构对其投资者在缔约另一方领土内的某项投资就非商业性风险作了担保,并据此向投资者作了支付,缔约另一方应承认该投资者的权利转让给了缔约一方或其任何指定机构,缔约一方的代位不得超过该投资者的原有权利。"

以上"协定"原则性地提出或解决"代位"方面的如下问题:第一,各国海外投资保险机构的设置。不论是公法人还是私法人,都与政府直接有关。第二,缔约方应承认对方国家保险机构支付赔偿之后所应获得的代位求偿权。第三,代位权不应超过投资者原有的权利。第四,履行代位权所得的支付可以自由转移。第五,保险机构先行赔付,不影响投资者向东道国主张赔偿的权利。

因此,中国与东盟之间实行海外投资保险,已有一定制度基础。

四、比较与改进(法律博弈的对策之八):完善投资者母国政府对境外投资的监管机制与支持体系

(一)制定《对外(或海外)投资法》

1. 对中国的建议

中国的境外投资,尽管起步较晚,但发展势头较大。在发展中国家中,已成为新兴的对外投资国。鉴于目前这方面立法的零散、低规格甚至空白,迫切需要这样一部法律。

《对外投资法》要体现中国的对外投资政策,规范对外投资行为,明确对境外投资企业的鼓励和监管措施,明确对境外投资企业的保护和保险(保证)制度,包括海外投资保险业务如何开展,以及指导中国企业、公民应对政治性风险的自救策略。

2. 对东盟国家的建议

东盟国家经济水平参差不一,可在经济较为先进的国家制定如上所述的《对外投资法》。

至于东盟几个经济较为落后的国家,可视具体情况,待条件逐步成熟后,再行制定《对外投资法》。

(二) 建立海外投资保险制度

1. 对中国的建议

基于上述同样的理由,中国迫切需要建立海外投资保险这样一种制度。

这一制度要以双边投资协定或双边投资保险(保证)协议为前提。因为它不只是单边的行为,而应当是双边的行为。这一制度要依托一个载体,可以确定国有商业保险公司中设立一个专门机构开设此项业务,也可以另行设立一个专门的保险公司来承办此项业务。而这些都要由法律明确承保范围、承保责任。这一制度要明确海外投资保险的承保范围为非商业风险中的政治风险,包括政治暴力险、财产征收险、资本转移险,以及缔约双方承诺的其他险。这一制度要明确承保的条件——合格的投资、合格的投资者、合格的东道国。

2. 对东盟国家的建议

东盟国家经济水平参差不一,可在经济较为先进的国家设立如上所述的海外投资保险制度。

至于东盟几个经济较为落后的国家,可视具体情况,待条件逐步成熟后,再行建立海外投资保险制度。

至此,可以将投资者、东道国政府、投资国母国政府之间就引资与投资的保证或保险而发生的法律关系,列成简图(图6)如下:

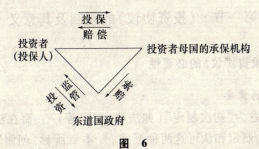

图 6

如果中国、东盟国家都能建立起这样一种海外投资保证或保险机制,必将有力地推进中国与东盟相互投资关系的发展。

第六章 在"10+1"框架下创制投资共同规则的建议

以上三章依次分析了中国与东盟国家之间在投资促进(或称投资鼓励)、投资保护、投资监管三大方面的法律博弈问题,现在要来作一个归纳,使之得到提升。如果以中国与东盟各国的外资法作为法律博弈的第一起点(一步曲),以中国与东盟国家签订的双边投资协定作为法律博弈的第二起点(二步曲),那么,产生于建立中国—东盟自由贸易区计划之前的这些规范性文件能够起到承上启下的作用;现在的任务是,将考察的视角集中到中国—东盟自由贸易区即"10+1"框架之内,研究今后的相互投资运行机制如何发展。为此,笔者提出创制《中国—东盟自由贸易区投资协议》(以下简称《投资协议》,此即第三步曲)的设想。① 本章着重讨论这份统一的投资规则方案建议。这是一项至为重要的综合性对策,以前没有过,所以是一种尝试,需要创新。

第一节 《投资协议》的创制及其意义

一、创制《投资协议》的必要性

(一)现实的需要

"创制",原意为"初次制定"(如法律、文字等)②。而在法理学意义上,"创制"包括法的制定和认可这两种形式。③ 本章所称"创制"专指"首次制定"。创制要求创新,而创新的方式,或者是从无到有,或者是破旧立新,或者是有选择性地进行扬弃、借鉴别人有用的东西变为对自己有用的东西。

创制《投资协议》的必要性,可从以下三个方面来考察。

---

① 《现代汉语规范字典》,外语教学与研究出版社、语文出版社2004年版,第210页。
② 呼书秀:《论促进中国与东盟相互投资的法律协调》,载《经济法学家(2003)》,北京大学出版社2005年版;呼书秀:《"10+1"框架下发展中国、东盟投资关系的法律思考》,载《经济法制论坛》2004年7月号(总第5期)。
③ 孙国华、朱景文主编:《法理学》,中国人民大学出版社1999年版,第240页。

第六章 在"10+1"框架下创制投资共同规则的建议

一是中国与东盟各国关于涉外投资的法(无论是引进外资,还是海外投资),存在不完备、不协调的问题。各国当然要改进自己的法,但是由于各国的经济、政治、历史、文化等原因,相关的法不可能达到完全一致。这就意味着,在某一场合下,如果仅仅适用某一国的法,就难免会发生矛盾。

二是中国与东盟国家的现有10个双边投资协定,亦存在不完备、不协调的问题。而且,有些双边协定的有效期(10年,或5年)将到或已过,自动延期也将到期。今后对这些协定该怎么办,或续、或改、或废,应当作出筹划。这也关系到双边协定的权威性和效力性。[①] 但即使全部修正也不能起到区内相互投资共同规则的作用,何况还会存在许多重复。

三是区域性和世界性关于投资的法,亦存在不完备、不协调的问题。虽然它们也会改进,但是不可能完全适应中国、东盟国家发展相互投资的现实需要。

现在已经进入建设中国—东盟自由贸易区的时代。区域经济的一体化,相应地要求区域经济法律的整合和协调,尽管不可能达到区域经济法律的完全一体化。在中国、东盟相互投资领域——五大重点发展领域之一,不能出现法律调整模糊乃至空白状态。因此,制定区内统一的投资规则乃大势所趋,实有必要。

(二)《投资协议》的定位

1. 地位——投资领域的基本制度

《投资协议》旨在确定中国—东盟自由贸易区内11个国家之间相互投资的基本格局:如何促进,如何保护,以及如何监管。具体一些说,关于投资、投资者的界定,关于适用范围,关于投资的促进措施,关于投资待遇(最惠国待遇条款、国民待遇条款),关于政治暴力所导致的损害或损失赔偿,关于征收及补偿,关于投资汇回,关于代位,关于投资争议的解决,等等,这些

---

① 例如,中泰协定,1985年签订,有效期为10年;如第9年有效期满后一方未书面通知另一方终止,将不定期继续有效。中新协定,1985年签订,有效期为15年;如第14年有效期满后未书面通知终止,应继续有效。中马协定,1988签订,有效期为15年;如第15年有效期满后未书面通知终止,应继续有效。中菲协定,1992年签订,有效期为10年;如第9年有效期满后未书面通知终止,继续有效。中越协定,1992年签订,有效期为10年;如有效期满前1年未书面通知终止,应继续有效。中老协定,1993年签订,有效期为10年;如有效期满前1年未书面通知终止,将继续有效。中印(印尼)协定,1994年签订,有效期为10年;如有效期满前1年未书面通知终止,应继续有效10年。中柬协定,1996年签订,有效期为5年;如有效期满前1年未书面通知终止,将继续有效。中文协定,2000年签订,有效期为10年;如有效期满前1年未书面通知终止,将继续有效。虽有效而不一致,势必造成法律冲突。

实质性的基本内容,必须在《投资协议》中明确、具体地作出规定。所以,该《投资协议》应当较为全面、较为综合,它在相互投资这一领域中,处于基本制度的地位。

至于还有一些环节、具体事项,以及对不同国家的区别对待,可通过其他文件来安排,而那些具体文件必须贯彻《投资协议》的基本精神。

2. 效力——投资领域的基本准则

人们的行为准则是可以分层次的。例如,在一国之内,宪法是根本大法,具有最高的法律效力,全体人民、各种组织都必须以宪法作为根本的活动准则。再如,在中国—东盟自由贸易区内,11国领导人签署的《中国与东盟全面经济合作框架协议》自2003年7月1日生效起,各缔约方依照本协议享有的权利与承担的义务即开始。

既然中国—东盟自由贸易区旨在构筑更紧密的经济联系,那么,《投资协议》就不会是纯意向性的、非约束性的,而应当是较为具体的、有约束力的。在中国与东盟的相互投资领域,该《投资协议》将成为基本的共同准则。其他一些具体安排,不得违背这个基本的共同准则。

二、创制《投资协议》的可行性

(一)可行性的依据

一项立法性的举措,不仅要看有无必要,还要看有无可能。笔者以为,创制《投资协议》的可行性表现在:

第一,有《中国与东盟全面经济合作框架协议》作为基本的依据。中国、东盟关于投资谈判将会继续进行,其最后结果文件可作为投资共同规则的基础。原有10个双边投资协定的框架亦可直接承继。还有其他一些国内法、国际法的文献可供参考。

第二,中国与东盟国家在近二十多年来的相互交往过程中,对相互投资及其法律调整积累了一定的实践经验,也提出了若干需要解决的问题及初步的解决思路。本书第三、四、五章中一共列出8个"比较与改进",是对上述实践经验的初步总结,旨在寻求改进中国与东盟相互投资法律调整的具体举措。现在第六章要做的,实际上是对前面三章论及的内容进行概括和提升;因而,它与前面三章逻辑上是平等的,内容上是递进的,换言之,现成的一系列实践体会,加上10个"比较与改进",其基本精神将融入本章设计的统一的投资规则方案之中。

第三,在一个以制度安排为联系纽带的区域性组织内,其机制化程度往

第六章 在"10+1"框架下创制投资共同规则的建议

往超过世界性组织,这也为区域性投资规则的制定提供了一种可能性。众所周知,迄今为止,世界上还没有出现一部比较系统的关于国际投资的实体法条约。"经合组织(OECD)在 1995 年到 1998 年进行了一次缔结综合性多边投资条约的最新尝试。三年的艰苦谈判的结果只是起草了一个多边投资协定(MAI)草案,各成员方无法成功地缔结一个全球性、综合性多边投资条约。……OECD 的 MAI 计划的搁浅,不仅说明发达国家对于何谓可接受的自由化多边投资规则尚不能形成一致的意见,也预示着未来综合性多边投资条约谈判应遵循的基本法则:能够为各国广泛接受的综合性多边投资条约,必须同时反映不同国家的利益需求,谋求国家间利益的适当平衡。只有沿着建立新的国际经济秩序的方向前进,国际社会才有可能确立一个具有普遍效力的综合性、全球性多边投资条约。"[①]OECD 是由发达国家控制的,超前的投资自由化水平、过高的投资保护标准难以为广大发展中国家所接受。而本书所探讨的则是另一种社会背景下的统一法行动:10 年之内要建成中国—东盟自由贸易区;中国和东盟都属发展中国家(新加坡、文莱为新兴工业化国家);各国有着共同的利益基础,虽然也存在不同的利益需求,但通过合作型博弈,可以达到双赢、共赢的目标。因此,全球范围内做不成功的投资法统一,可以在区域范围内成功实现。对前者,可以说,非不为也,是不能也(指短时期内);对后者,可以说,非不能也(指可能性、可行性),是不为也。

(二) 两种方案之比较

在中国—东盟自由贸易区内,东盟可以作为一个整体,也可以作为单个国家,而与中国进行谈判,开展经济技术合作交流。就各方投资关系而言,笔者设想,可提出两个方案加以比较:

第一种方案:创制《投资协议》,取代原先的 10 个双边投资协定。其优点是:使中国与东盟各国之间相互投资的政策达到高度统一或协调,既符合最惠国待遇,又符合国民待遇。其缺点是:忽视了东盟各国对华具体政策包括对华外资政策的某些特殊性,在一定程度上超越了实际状况。

第二种方案:一边创制《投资协议》,一边修改、完善 10 个双边投资协定。其优点是:既使中国与东盟国家之间的相互投资政策达到了高度统一或协调,又考虑到东盟正在从松散型向紧密型过渡、各国还保持着一定的特殊政策、特殊利益这一现实状况。其缺点是:作为共同投资规则的《投资协

[①] 刘笋:《国际投资保护的国际法制——若干重要法律问题研究》,法律出版社 2001 年版,第 57 页。

议》与10个双边投资协议之间可能发生重复或矛盾,从而对实际工作造成不便或困难。

经过这番分析,笔者倾向于采取"两条腿走路"的方针,但同时有所侧重,即集中力量创制投资共同规则(包括处理投资纠纷机制),而简化双边投资协定,即后者不再规定统一的投资规则中已定下的格局,只须解决中国与东盟单个国家在相互投资方面的特殊要求和做法。

三、《投资协议》是合作型投资法律机制的集中成果

本书第二章对相互投资法律博弈进行了理论分析,并勾画出了国际投资领域的法律博弈的路线图:

经济协调(要求)→法律博弈(过程)
→法律协调(直接结果)→经济协调(最终结果)

《投资协议》的内容本身就是沿着这种基本思路展开的。必须以科学的立场和方法,准确把握"相互投资领域合作型法律博弈"的理论含义和实践应用。"理解法律与理解博弈理论是紧紧联系在一起的挑战。"[①]

创制体现时代精神和东方实际的《投资协议》,是一项带有综合性的、至为重要的对策,是对《中国与东盟全面经济合作框架协议》中关于"投资规定"的运用、丰富和发展,同时,也是借鉴《东盟投资区框架协议》及相关双边、区域、国际投资文件的创新成果。可以说,它集中表现了中国与东盟相互投资的合作型法律机制;它本身就是以往多次投资法律博弈的产物,又为今后相互投资重复博弈提供了基本指南。

第二节 创制《投资协议》的总体思路

一、中国、东盟各国相关法的吸收和转化

(一)对各国与投资相关的法求同存异

《投资协议》是中国和东盟10国发展相互投资的共同规则,因而,必须将这11个国家处理涉外投资关系的共同规范集中加以反映,即吸收和转化,才能为大家所接受。与此同时,各国出于自己的国情和需要,也会作出

[①] 道格拉斯·G.拜尔、罗伯特·H.格特纳、兰德尔·C.皮克:《法律的博弈分析》,法律出版社1999年版,第306页。这里所引是全书最后一句话。

第六章 在"10＋1"框架下创制投资共同规则的建议

有所不同的规定,这些均可存而不论,在共同规则中予以回避。

(二)《投资协议》与各国相关法的关系

《投资协议》与中国、东盟各国法将会呈现以下几种关系状况:一是《投资协议》优先适用。即《投资协议》优先于中国—东盟自由贸易区各成员国的相关国内法,而且可以直接适用于各成员国(无需经过成员国国内法再次转化)的管理和司法实践中。二是《投资协议》适用例外。即《投资协议》可以允许某些成员国变通实施该《投资协议》中的个别规定。

以上处理,既坚持了国际法原则,又坚持了国家主权原则。在自由贸易区内,单个成员国的主权只是作了部分的让渡。

二、中国、东盟之间相关协议的承继和发展

(一)《中国与东盟全面经济合作框架协议》中关于"投资规定"的具体贯彻

该《框架协议》中有三个要点必须具体贯彻到《投资协议》之中:第一,如何建立一个自由、便利、透明并具有竞争力的投资体制与机制;第二,如何加强合作,促进投资;第三,如何提供投资保护。

原有的双边投资协定中都没有规定上述"投资体制"、"投资机制"的要求,因此,《投资协议》的新意首先在于确立这样一种合作型投资体制或机制,这是合作型法律博弈的体现。

(二)中国与东盟原有双边投资协定的承继和改进

中国与东盟国家之间相互投资已有十几年甚至二十几年历史,10个双边投资协定作为调整投资关系的起点,应当给以总结,承继这一份珍贵的经验。这10个双边投资协定综合和协调了中国与东盟各国国内相关法的基本做法,故至今其基本内容仍是可行的,可以直接运用或借用到《投资协议》中。

但对10个双边投资协定中不协调之处和滞后之处,自应在《投资协议》中予以修正或增补。

如前设想,对原有10个双边投资协定,可以用统一的《投资协议》取而代之,或者以《投资协议》为基础对其修改、完备。权衡利弊,笔者提出一个带有折中的方案:创新统一的《投资协议》,简化双边投资协定。即《投资协议》统一解决中国与东盟共11国之间相互投资的共同性规则,双边投资协定只须分别解决中国与东盟10国之间相互投资的特殊性安排。在具体执行中,要将这两种文件结合起来,平行适用。也可以考虑,以这份共同规则

为主体,以 10 个配套规定为附件,附件与主件具有同等效力。①

三、区域性及世界性相关协议、文件的借鉴与运用

(一)对《东盟投资区框架协议》的参考

1998 年东盟 9 国的《东盟投资区框架协议》的前身,为 1987 年东盟 6 国《东盟关于促进和保护投资的协定》。

《东盟投资区框架协议》的结构为:前言部分(阐明宗旨);第 1 条,定义;第 2 条,适用范围;第 3 条,目标;第 4 条,特征;第 5 条,一般义务;第 6 条,纲要和行动计划;第 7 条,行业开放和国民待遇;第 8 条,最惠国待遇;第 9 条,最惠国待遇的放弃;第 10 条,日程计划、附件和行动计划的修正;第 11 条,透明度;第 12 条,其他协议;第 13 条,一般例外;第 14 条,紧急安全措施;第 15 条,收支平衡的安全措施;第 16 条,机构安排;第 17 条,争端解决;第 18 条,修正;第 19 条,补充协议或安排;第 20 条,新成员的准入;第 21 条,最后条款。

1999 年东盟扩展为 10 国。2001 年东盟 10 国对《东盟投资区框架协议》的少量条款作了修正,主要涉及具体适用问题,原协议框架不变。

《东盟投资区框架协议》确定 2010 年前建成东盟投资区,2020 年前实现投资自由化。东盟投资区应具备 5 个标准(特征):(1) 建立协调的东盟投资合作计划,以促进东盟和非东盟地区的投资;(2) 到 2010 年前将国民待遇扩大到东盟投资者,到 2020 年前扩大到所有投资者,本协议下的例外条款除外;(3) 到 2010 年前向东盟投资者开放所有产业,到 2020 年前向所有投资者开放,本协议下的例外条款除外;(4) 商业(贸易)对促进东盟投资合作发挥更大的作用;(5) 推动资本、熟练劳动力和专业技术人员以及技术在东盟成员国间自由流动。

《东盟投资区框架协议》的结构和内容,可供创制《投资协议》时直接参考,有些可以直接"拿来",或者叫"移植"。2001 年东亚展望小组报告《走向

---

① 《WTO 协定》第 2 条第 2 款规定,附件 1、附件 2 和附件 3 所列协定及相关法律文件(下称"多边贸易协定")为本协定的组成部分,对所有成员具有约束力。第 3 款规定,附件 4 所列协定及相关法律文件(下称"诸边贸易协定"),对于接受的成员,也属本协定的一部分,并对这些成员具有约束力。诸边贸易协定对于未接受的成员既不产生权利也不产生义务。参照 WTO 的这类安排,《中国—东盟自由贸易区投资协议》及配套规定的关系,也可以这样处理。

第六章 在"10+1"框架下创制投资共同规则的建议

东亚大家庭》建议,将东盟投资区框架协议扩展到整个东亚地区。① 笔者认为,这一多边投资协议所体现的投资自由化程度较高,已有多年运作经验。因而,可首先扩展(指吸纳、参考,而非直接适用)到中国—东盟自由贸易区。《投资协议》应尽可能吸收《东盟投资区框架协议》的基本内容。就此意义而言,称之为"基础"或"蓝本"亦未尝不可。

(二)对《亚太经济合作组织非约束性投资原则》的参考

1994 年的《亚太经济合作组织非约束性投资原则》,其结构为:序言或前言部分(阐述宗旨);12 个方面的原则(用了 12 个小标题,并未编序)。

这 12 个方面启示人们,如要设计一个区域性投资协议,上述内容是必不可少的。故将 12 个小标题转录于此:透明度;对外来投资经济体的非歧视待遇;国民待遇;投资鼓励措施;实绩要求;征用和赔偿;汇出与兑换;争议的解决;人员入境与居留;避免双重征税;投资者行为;消除资本输出的障碍。

与现今国际上通行的双边投资协定相比,上述《非约束性投资原则》有以下几点更为突出,甚至可以说超出了一般的双边投资协定:一是对提供法律文件的透明度要求;二是涉及投资监管问题——最大限度地减少实绩要求,最大限度地减少行政管理障碍;三是避免双重征税(对这一点,双边投资协定只须原则性地提及即可,因还需另行签订双边税收协定)。

中国和东盟中的 7 个国家均为 APEC 成员。因此,APEC 1994 年作出的《非约束投资原则》应予参考,尽管它不很具体,而且不具有法律约束力。

(三)对《北美自由贸易协定》的参考

《北美自由贸易协定》于 1992 年签署,1994 年 1 月 1 日起生效。北美自由贸易区当时由美国、加拿大和墨西哥三国组成。该协定专设一章,对投资问题作出了规定。由于它几乎全盘承接了美国所主张的自由化投资规则,用以调整投资的准备阶段、正在进行的阶段和投资之后的经营运作阶段所发生的经济关系,故被中外学者称为"多边投资自由化的有代表性的立法",或"区域投资规则高度自由化的特征"。②

尽管《北美自由贸易协定》中关于投资的规定反映了当今国际社会崇尚

---

① 转引自张蕴岭等主编:《东亚合作的进程与前景》,世界知识出版社 2003 年版,第 277、282 页。

② 刘笋:《国际投资保护的国际法制——若干重要法律问题研究》,法律出版社 2001 年版,第 52、53 页。

投资自由化的一种倾向,但它的过高的标准实为发展中国家难以接受。创制《投资协议》,对美国式的区域投资协议应采取"扬弃"的方法,取其有用的一面,弃其不适应本区域情况的一面。

（四）对欧盟法的参考

从欧洲共同体到欧洲联盟,从6国扩展到25国,欧盟并未制定过关于投资的专门条约、协定。然而,欧盟在货物、资本、服务、技术和人员流动方面,制定了许多共同规则。其中,"资本的自由流动包括投资和支付两个方面";"基本上没有关于阻碍投资自由化方面的法律规定"[①]。

中国—东盟自由贸易区的成员多为发展中国家,欧盟的成员多为发达国家,因而对《欧洲经济体共同条约》等欧盟法自不应照搬照抄,但是,那些反映市场经济发展规律的条款可以大胆吸收和借鉴,这里亦是使用"扬弃"的方法。

（五）对联合国体系和WTO体系内的相关文件的参考

对联合国体系内的两个公约——《多边投资担保机构公约》和《解决国家与他国国民之间投资争端公约》,对WTO体系内的两个协议——《与贸易有关的投资措施协议》、《服务贸易总协定》,应当全面理解其实质要求,将它们的基本原则贯彻到《投资协议》之中。

（六）《投资协议》与其他双边性、区域性、世界性投资文件的关系

《投资协议》不影响中国、东盟国家以独立国家的身份与中国—东盟自由贸易区11个成员国之外的其他国家签订双边的或多边的投资协定,但出于共同利益考虑,应在其他双边或多边投资协定中,尽可能坚持和推行该《投资协议》所体现的基本原则和规则。

《投资协议》还要借鉴其他一些区域性的、世界性的投资公约或其草案。

第三节 《投资协议》建议稿

目　次

序言

（总则部分）

第一条　定义

[①] 何力:《国际经济法论》,上海人民出版社2002年版,第445—446页。

第六章 在"10+1"框架下创制投资共同规则的建议

第二条 适用范围
第三条 目标
第四条 一般义务
第五条 透明度
第六条 行动计划
(分则部分)
第七条 外资准入
第八条 最惠国待遇
第九条 国民待遇
第十条 政治事件损害或损失补偿
第十一条 财产征收及其补偿
第十二条 投资汇回
第十三条 东道国违约救济
第十四条 代位
第十五条 一般例外
第十六条 机构安排
第十七条 成员国之间的争议的解决
第十八条 成员国一方投资者与成员国另一方之间的争议的解决
第十九条 投资者与合营者、合作者之间的争议的解决
(附则部分)
第二十条 杂项条款

序言

忆及 2001 年 11 月 6 日中国、东盟国家领导人关于在 10 年内建成中国—东盟自由贸易区的决定;

忆及 2002 年 11 月 4 日签署的《中国与东盟全面经济合作框架协议》和 2003 年 10 月 6 日签署的《中国与东盟全面经济合作框架协议修改议定书》中关于加强合作、促进投资的规定;

认识到促进和保护相互投资对中国—东盟地区经济发展、社会稳定和维护安全的重要性;

认识到改善成员国经济、法律环境对鼓励投资者积极投资和保护投资合法权益的必要性;

认识到成员国经济发展水平和前进步伐存在的差异以及由此而来的政

策灵活性；

承认联合国系统和世界贸易组织系统有关投资的条约、协定的约束力；

承认中国与东盟国家签订的双边投资协定的承继和指引；

不损害中国、东盟国家与非中国—东盟自由贸易区成员国签订的有关投资的双边和多边条约、协定；

愿在相互尊重主权、平等互利原则的基础上，为缔约一方的投资者在缔约另一方领土内投资创造有利条件；

达成如下协议：

第一条　定义

本协议内：

（一）"投资"一词系指缔约一方根据其法律、法规允许的各种财产，包括但不限于：

1. 不动产、动产及其他财产权利，如抵押权、质权、留置权等；

2. 公司的股份、股票、债券和任何其他形式的参股，以及由缔约一方发行的证券；

3. 金钱请求权或其他具有金钱价值的与投资有关的合同项下的行为请求权；

4. 知识产权，包括著作权、商标、专利、工业设计、专有技术、商名、商业秘密和商誉；

5. 法律或法律允许依合同授予的商业特许权，包括勘探、耕作、提炼或开发自然资源的商业特许权。

作为投资的财产如发生任何形式上的变更，不影响其作为投资的性质。

（二）"收益"一词系指由投资产生的金钱利益，包括但不限于利润、利息、资本利得、股息、提成费和酬金。

（三）投资者中的"国民"一词

1. 在中国方面，系指依据中华人民共和国法律具有该国国籍的自然人；

2. 在东盟方面，系指依据东盟某国宪法或法律成为该国公民的任何人。

（四）投资者中的"公司"一词

1. 在中国方面，系指依据中华人民共和国法律设立，其住所在中国领土内的经济组织（法人或非法人）；

2. 在东盟方面，系指依据东盟某国法律，在该国境内设立的经济组织

第六章 在"10+1"框架下创制投资共同规则的建议

（法人或非法人）；

3. 根据中国、东盟国家之外的第三国法律设立而在中国或东盟国家投资的经济组织（法人或非法人），当其在第三国放弃或没有行使保护其权利时，可以适用本协议中"公司"的界定。

第二条　适用范围

本协议适用于中华人民共和国、东盟国家各自的领土及根据国际法原则中华人民共和国、东盟国家分别拥有主权、主权权利或管辖权的领域。

本协议适用于按照2001年11月6日及以后中华人民共和国、东盟国家生效的法律、法规而发生的相互投资。

2001年11月6日之前发生的相互投资的法律适用事宜，可由缔约双方磋商解决。

与贸易有关的投资，除适用本协议外，还适用《中国与东盟全面经济合作框架协议货物贸易协议》。

第三条　目标

本协议的目标是：

（一）加强和增进各缔约方之间的投资合作，创造自由、便利、透明并具有竞争力的投资体制和机制；

（二）吸收和扩大中国、东盟之外的国家和地区对中国、东盟国家的投资；

（三）到2010年之前向本地区投资者开放所有产业，到2020年之前向所有投资者开放，本协议下的例外条款除外；

（四）到2010年之前将国民待遇扩大到本地区所有投资者，到2020年之前扩大到所有投资者，本协议下的例外条款除外；

（五）为东盟新成员国更有效地参与区域经济一体化提供援助和便利，缩小各缔约方发展水平的差距；

（六）到2020年之前建成中国—东盟投资区，推动各成员国间货物、资本、服务、技术和人员（熟练劳动力、专业技术人员）自由流动。

第四条　一般义务

为了实现第三条中的目标，各成员国应当履行以下义务：

（一）缔约任何一方都应改善自己的经济、法律环境，为缔约另一方的国民和公司进行投资创造有利的条件；

（二）采取适当的措施对外来投资给予公正和公平的待遇；

（三）采取适当的措施保护投资；

（四）依照本协议和各东道国法律对外来投资实施必要的监管，采取合理的行动消除投资上的行政障碍，包括保证地方政府遵守本协议的条款；

（五）积极促成中国—东盟投资区计划的实现。

第五条 透明度

各成员国应以透明的方式，使其所有与投资有关的法律、法规、政策和行政指导准则，可以及时地、公开地获得。

第六条 行动计划

（一）各成员国应列出自己就投资自由化、便利化和透明度的行动计划，递交中国—东盟投资区委员会备案，由该委员会将此计划转发给其他成员国。

（二）行动计划每2年修改一次，以便更有效地实现本协议的目标。

第七条 外资准入

（一）行业开放

1. 各成员国应提交鼓励类、允许类、限制类和禁止类投资行业和投资项目清单，此份清单可每2年修改一次。

2. 向成员国逐步开放所有行业，列入暂时例外清单的除外。

3. 各成员国在2010年之前逐步取消暂时例外清单，但越南可延至2018年之前，老挝、缅甸、柬埔寨可延至2020年之前。

（二）控制措施

1. 各成员国不得以放宽安全、健康和环境保护方面的规定作为鼓励外来投资的措施。

2. 各成员国应最大限度地减少使用那些扭曲或限制贸易与投资扩展的实绩要求。

（三）人员入境与居留

各成员国根据各自有关法律、法规的规定，可允许外来技术人员和管理人员为从事与投资有关的活动而临时入境和居留。

第八条 最惠国待遇

（一）各成员国给予其他成员国投资者实施的投资和产生的收益的待遇，不应低于其给予任何第三国投资者实施的投资和产生的收益的待遇。

（二）各成员国给予其他成员国投资者在管理、使用、享有或处置其投资及与这些投资有关的任何活动的待遇，不应低于其给予任何第三国投资者的待遇。

（三）上述所述的待遇不适用于成员国任何一方因参加关税同盟、共同

第六章 在"10+1"框架下创制投资共同规则的建议

市场、自由贸易区、经济多边或国际协定,或因成员国一方与第三国缔结的避免双重征税协定,或因边境贸易安排而给予第三国投资者的任何优惠或特权。

(四)如果某一成员国暂时不准备实施本协议第七条第(一)项和第九条第(一)项,则视为其放弃最惠国待遇。

第九条 国民待遇

(一)到2010年之前向成员国投资者及其投资给予本国投资者及其投资的待遇;但作为东道国的成员国内部法律、法规和政策规定的例外情况除外。此待遇涉及所有行业和各种影响投资的措施,这些措施包括但不限于准入、公司建立、采购、扩大经营规模、管理、运行和投资的部署。

(二)对非成员国投资者及其投资给予的国民待遇到2020年之前实施,但作为东道国的成员国内部法律、法规和政策另有规定的除外。

第十条 政治事件损害或损失补偿

(一)成员国一方的投资者在另一方领土内的投资,如果由于战争或其他武装冲突、全国紧急状态、暴乱、骚乱、起义、革命等而遭受损失,另一方应给予该投资者补偿;该补偿不应低于其给予任何第三国投资者的待遇。

(二)上述事态下遭受的损失或损害,是由于另一方的军队或当局征用了投资者的财产,或者非因战斗行动或情势必需而毁坏了其财产。

(三)补偿可采取恢复、赔偿或其他处理方式。

(四)补救是公平的、合理的,其支付应以可兑换的货币自由转移,并允许汇回。

第十一条 财产征收及其补偿

(一)成员国任何一方不应对另一方投资者在其领土的投资采取征收、国有化或其他类似措施(以下称"征收"),除非符合下列条件:

1. 为了社会公共利益的需要;
2. 非歧视性的;
3. 依照国内法律程序进行;
4. 依照国内法律给予适当和有效的补偿。

(二)上款所述的补偿,应等于宣布征收时该财产的实际价值,或市场价值。补偿的支付不应无故迟延,而应是可兑换和自由转移的。

第十二条 投资汇回

(一)成员国任何一方应按照其法律、法规,保证另一方投资者转移在其领土内的投资及其收益,包括:

1. 初始资本投资和增资的全部或部分销售或清算产生的款项;
2. 利润、股息、利息及其他合法收入;
3. 与投资有关的贷款协议的偿还款项;
4. 本协议第一条产生的提成费;
5. 技术援助或技术服务费、管理费;
6. 有关承包工程的支付;
7. 在成员国一方的领土内从事与投资有关的工作的成员国另一方国民的收入;
8. 本协议第十条和第十一条所规定的补偿之支付。

(二) 上款所称转移必须在投资者完成其全部纳税之后进行。

(三) 上述转移应允许是初始投资所用的货币或任何其他可自由兑换货币。此种转移应按照转移当日通行的转移所用的货币汇率进行。

第十三条 东道国违约救济

(一) 作为成员国一方的东道国政府不履行或者不完全履行与另一成员国投资者的投资协议、合同的,应承担违约责任。

(二) 作为成员国一方的东道国政府违反其与已成为多边投资担保合同投保人的另一成员国的投资者的投资协议、合同而又拒绝本国司法程序的,该投资者有权将此争议提交多边投资担保机构解决。

(三) 对前述第(一)款的违约,可向中国—东盟自由贸易区设立的投资争端解决机制寻求救济。

第十四条 代位

(一) 如果成员国一方或其任何指定机构对其投资者在另一成员国领土内的某项投资就非商业性风险作了担保,应据此向投资者支付保险金。

(二) 另一方成员国应承认上述投资者的权利已转让给成员国一方或其任何指定机构;但此种代位求偿不得超过该投资者的原有权利。

第十五条 一般例外

(一) 本协议的规定不应以任何方式约束成员国任何一方为保护其根本的安全利益,或为保障公共健康,或为预防动植物的病虫害,而使用任何种类的禁止或限制的权利或采取其他任何行动的权利。

(二) 如果实施本协议下的投资自由化计划造成某成员国受到损失或受到严重威胁,该成员国可在一定程度上和一定时期内采取紧急安全措施以使其阻止或补偿损失。采取的措施应是临时的和非歧视的。

(三) 如果某成员国遇到严重的外汇收支失衡或困难,则该成员国可在

第六章 在"10+1"框架下创制投资共同规则的建议

一定程度上和一定时期内采取限制投资措施,但该成员国应就此作出特别承诺,其中包括相关的转移支付。

第十六条 机构安排

(一)由中国、东盟各国经济部长(商务部长)和中国—东盟自由贸易区秘书长负责成立中国—东盟投资区委员会。该委员会行使监督、协调本协议的实施的职能。

(二)在中国—东盟投资区委员会之下,设立投资协调工作委员会,该常设机构具体执行投资区委员会的工作指令。

(三)在中国—东盟自由贸易区内设立投资争端解决中心,依据《中国与东盟关于争端解决机制协议》负责处理涉及中国、东盟相互投资发生的任何纠纷。

《中国与东盟关于争端解决机制协议》适用于本协议。

第十七条 成员国之间的争议的解决

(一)成员国之间对本协议的解释、适用所产生的争议,应尽可能通过外交途径协商和谈判解决。

(二)如上述争议在6个月之内不能解决,可根据任何一方的要求,将此争议提交中国—东盟投资区委员会解决。

(三)如上述争议在其后的6个月内仍不能解决,可根据任何一方的要求,将此争议提交一个专设的仲裁庭解决。(关于该特设仲裁方式,见《中国与东盟关于争端解决机制协议》)

第十八条 成员国一方投资者与成员国另一方之间的争议的解决

(一)成员国一方的投资者与成员国另一方之间就在另一方领土内的投资产生的任何争议,应友好协商解决。

(二)如上述争议在6个月内不能解决,当事人任何一方可根据投资所在一方的法律、法规,将此争议提交该方有管辖权的法院;或者根据双方的协议,将此争议提交中国—东盟投资争端解决中心解决。

(三)如上述争议在其后的6个月之内仍不能解决,可根据任何一方的要求,将此争议提交一个专设的仲裁庭解决。(关于该特设仲裁方式,见《中国与东盟关于争端解决机制协议》)

第十九条 投资者与合营者、合作者之间的争议的解决

(一)成员国一方的投资者与成员国另一方的合营者、合作者在另一方领土内的投资产生的任何争议,应友好协商解决。

(二)如协商不成,当事人可根据有关仲裁的协议,将此争议提交任一成员国的仲裁机构进行仲裁,也可以在其他仲裁机构仲裁;或者根据双方的协议,将此争议提交中国—东盟投资争端解决中心解决。当事人之间没有关于仲裁的协议或其他双方协议的,发生争议的任何一方都可以根据投资所在一方的法律,将此争议提交投资所在一方有管辖权的法院。

第二十条　杂项条款

(一)本协议于_____年_____月_____日生效。在此之前,各成员国须完成使本协议生效的国内程序。

(二)本协议的解释权和修改权属于成员国各方参加的中国—东盟投资区委员会会议。

(三)本协议附件若干(略),与本协议具有同等效力。

各成员国政府领导人签字(略)

_____年_____月_____日于_____(地点)

第四节　对《投资协议》基本设计的若干说明

一、关于总则部分的说明

"总则"部分包括序言、第一条至第六条,规定投资协议的宗旨、目标和总体要求。它贯彻和支撑本书第二章的理论基石——从合作型法律博弈走向合作型法律机制,对具体投资规则起着指导作用。创立自由、便利、透明、具有竞争力的投资体制与机制,鼓励更多地创造投资利益和更合理地分配投资利益,这就是总则部分的主旨。

当代世界丰富多彩,亚洲地区更是如此。总则部分的"目标"提出了大胆的设想,而这一目标的实现将使中国—东盟自由贸易区与东盟自由贸易区和谐地走到一起,从而为东亚"10+3"合作奠定扎实的基础。

二、关于分则部分的说明

"分则"部分包括第七条至第十九条,规定对相互投资如何进行鼓励、保护及监管,即将这三种机制合为一体。它也是贯彻和支撑本书第二章的理论基石——合作型法律博弈,而且尽可能将本书第三、四、五章中论及的8个"比较与改进"(8项法律博弈对策)的相关内容吸收其内,即将理性的认识转化为具体的规范。

必须说明,分则的部分条款超出了传统双边投资协定的内容。例如,有

第六章 在"10+1"框架下创制投资共同规则的建议

关东道国在投资监管方面的权力与责任。为什么会"超出"？一是需要，二是可能。而需要与可能，都源于中国与东盟"10+1"这种较为紧密的合作机制。

关于《投资协议》的执行机制，也必须作个说明。

区域性、世界性条约、协定执行的机制化是当今国际社会的一大趋势。《中国与东盟全面经济合作框架协议》提出"建立适当的机制以有效地执行本协议"；提出"各缔约方在必要时可以建立其他机构来协调和实施依照本协议开展的任何经济合作活动"。

建立合作型执行机制也是合作型法律博弈思想的体现。本《投资协议》设计的三个机构——中国—东盟投资区委员会、中国—东盟投资区投资协调工作委员会、中国—东盟投资争端解决中心，它们的共同职能之一就是协调投资关系，加强沟通，达成共识，减少摩擦，实现双赢。

特别要提及的是投资争端解决机制。也许有人会认为，国际上已有"解决投资争端国际中心"，已有"WTO争端解决机制"，还有没有必要在中国—东盟自由贸易区内设立一个"投资争端解决中心"？笔者认为这是有必要的。理由在于：第一，特殊问题特殊处理。上述两个中心承担的任务，有些超出了投资的范围，而另一些涉及投资的事项它们又无权管辖。第二，能在地区范围内处理的争议就不必闹到地区之外的国际机构去，这既方便解决矛盾，又有利于提高区域的地位。正如人们议论WTO，说"如果不提及争端解决机制，任何对WTO的评价都是不完整的"。① 我们也可以这样说：如果不设立争端解决机制，《投资协议》的执行就缺乏有力的组织支柱。

也许有人又会认为，既然已有《中国与东盟关于争端解决机制协议》，而且这份文件适用于《中国与东盟全面经济合作框架协议》项下发生的争端，那么，还有没有必要再设立一种投资争端解决机制呢？回答也是肯定的。理由在于：第一，特殊问题特殊处理。避免、解决贸易纠纷与避免、解决投资纠纷存在许多不同，仅仅援引一般性的规定难以处理多样化的矛盾。第二，上述《中国与东盟争端解决机制协议》中，亦允许经缔约方全体同意将有关争端解决的特殊和附加规则列为该协议，并允许缔约方对争端解决机制另行约定。即是说，留下了机动的空间。

总之，投资争端解决的制度化、机制化必须落实。

创制《中国—东盟自由贸易区投资协议》是一项区域性的立法活动，需

---

① WTO秘书处编：《贸易走向未来》，法律出版社1998年版，第1页。

要多方面共同努力,反复研究,求同存异,才有可能成功。本书所作出的"建议",只不过是抛砖引玉而已。无论如何,面临经济全球化和区域经济一体化的浪潮,必须要有新的思路。马哈蒂尔在21世纪初讲过的一段话很有启发性,他说:"亚洲所面临的考验,并不在于如何管理全球化的现有概念,而是在于使其有效运行,并能从中得益。亚洲所面临的考验,是如何影响有关全球化的思考,为它重新制定新方针,从而降低它偏向摧毁经济与国家的几率。"①我们现在要做的事情之一,正是为区域经济一体化设计一个合理的框架和方案。

---

① 马哈蒂尔:《在纽约"世界经济论坛"上发表的演讲词》(2002年2月3日)。

结　语

一、本书的基本结论

本书探讨的首先是一个实践性的课题,同时也是一个理论性的课题。

按照2002年11月签署的《中国与东盟全面经济合作框架协议》的基本精神,目前中国、东盟之间关于货物贸易、服务贸易和投资的具体谈判,货物贸易方面业已完成,其他方面尚在进行之中。进展基本顺利,但也有分歧,发生过争论。尤其是在投资谈判方面,难度颇大,过程较长。本书所称合作型法律博弈与合作型法律机制正是在这种实践中提出并加以运用的。

本书除导言、结语外,本论部分包括总论2章和分论4章。本书力图将经济与法律相结合、理论与实践相结合,对中国、东盟国家在"10+1"合作框架下促进相互投资进行理论的思索和实证的考察,并在此基础上提出了具体的和综合的对策建议。

本书作者希望并且相信5年之内(到2010年)能够如期建成中国—东盟自由贸易区,在区域经济一体化框架下,推进中国、东盟之间相互投资关系的发展;建议中国、东盟各方通过各种方式加强沟通,相互了解,增进互信;建议中国、东盟各方努力改善自己的投资环境,包括硬环境和软环境,以利相互吸引外资,促进本自由贸易区内各国经济的发展;建议中国、东盟各方顺应当代经济发展潮流,采用制度化、机制化的合作方式,使双方的投资关系纳入规范轨道,提升到更高的层次,特别重要和迫切的是,共同创制《中国—东盟自由贸易区投资协议》。

本书以涉外投资法为中心所进行的研究,得出的基本结论为:以利益作基础,以法律为保障;以博弈达协调,以合作求共赢。这就构成"中国与东盟发展相互投资的法律机制"。具体地说:

第一,以利益作基础。中国与东盟有着共同的发展要求和地区利益。

第二,以法律为保障。在中国与东盟之间,必须进一步消除投资法制不完备、不协调的状况,为发展相互投资提供制度保障,即建立合作型投资机制。

第三,以博弈达协调。在中国与东盟之间,为着发展相互投资,必须借助法律博弈,达到法律协调,而最终实现经济协调。

第四,以合作求共赢。通过相互投资过程中的合作型法律博弈,形成投资合作机制,平衡利益,理顺关系,增强中国—东盟自由贸易区整体经济实力和国际竞争力。

二、本书的创新见解

创新是社会发展的动力,也是对学术进步的追求。对"创新"可以从不同意义上运用,包含了内容上的和方法上的。或是从无到有,或是破旧立新,或是外为我用。

本书鉴于目前国内外对中国—东盟之间的投资关系,从法律上论述少于从经济上论述,对双方(指国家)综合论述少于对单方(指国家)分别论述的现状,试图进行一次整合研究。但因涉及面太广、问题过于复杂,故难以完全遂愿。

方法的创新是为内容的创新而服务的。本书在方法上和内容上的创新主要有两点:

第一点,在理论上探索区域经济一体化条件下相互投资法律调整的规律性。合作型法律博弈反映了通过消除现存投资法律制度因素的不协调而建立合作机制的互动过程。笔者试用一个图表将它表示为:经济协调(要求,出发点)→法律博弈(过程,或经反复的过程)→法律协调(直接结果)→经济协调(最终结果,即双赢、共赢)。此图中,将"经济"二字换成"投资",亦是同理。这主要是基于第二章的理论分析。

第二点,在实践上提出区域经济一体化条件下发展相互投资的对策建议。首先,在分论的前三章通过总结正反经验,从鼓励、保护、监管三个角度提出8项改进建议,即相互投资过程中合作型法律博弈的具体对策:(1)放宽外资市场准入;(2)对外商投资给予合理待遇;(3)对外商投资给予适当优惠;(4)提供投资方便;(5)防范和化解投资风险;(6)有效解决投资争端;(7)健全东道国政府对外商投资的监管机制与服务体系;(8)完善投资者母国政府对境外投资的监管机制与支持体系。继而,专设一章特别提出一项至为重要的综合性对策,即创制《中国—东盟自由贸易区投资协议》,使之成为提供投资自由化、便利化的基本制度保证。这是通过第三、四、五、六章作出的实证分析。

当初设计本书框架时,曾提出针对两个"不"——不完备、不协调,满足两个"要"——要完备、要协调。本书正是同时站在中国的角度、东盟的角度、中国—东盟自由贸易区的角度,围绕引资与投资这一主线,抓住投资利益的创造和分配两大环节,采用通过合作型法律博弈形成投资合作机制的思路来进行这种探索的。

综上所述,本书在涉外投资法的理论上、实践上,都力图向前有所推进。

三、有待继续研究解决的问题

目前,正值中国与东盟继续进行投资谈判的过程中。笔者认为,要想谈判取得实质性的进展,必须处理好或者说安排好下述关系:(1) 国家利益与区域利益的关系;(2) 眼前目标与长远目标的关系;(3) 经济因素与政治因素的关系;(4) 互补性与竞争性的关系;(5) 制度化合作与非制度化合作的关系;(6) 区内的经济一体化走向与区外的经济多元化交往的关系。核心问题是利益与机制,其中,利益为目标、基础,机制为实现目标的手段、方式。对此,本书就目前中国—东盟投资谈判进展情况,作了初步的分析论证。希望能够为中国—东盟的投资谈判以及投资实践提供切实的帮助。我们不在乎过去时,而着眼于现在时,更期盼将来时。

中国—东盟发展相互投资的法律机制,是一个全新的、动态的课题。鉴于笔者的能力所限,本书还存在若干不足,主要表现在:合作型法律博弈的研究还不够深入,解决现存问题的对策的操作性安排还不够具体。

为了进一步促进中国、东盟相互投资关系的发展,对本书提出的和涉及的研究领域尚需进一步加深和拓宽。"加深"是针对本书的不足,特别是要进一步深入研究合作型法律博弈在相互投资实践中如何有效地运用;"拓宽"是把视野更为放开,不仅仅局限于法律方面,还可以结合经济、政治、文化等各个方面,将如何把中国—东盟自由贸易区建设好,其中包括如何发展中国、东盟之间的相互投资,进行全方位的论证。此外,"拓宽"还指相互投资法律机制建立之后,如何有效地实施。总之,还有许多理论的和实际的工作在前头,必须继续努力。

附录：中国、东盟经济关系（主要是投资关系）若干重要文献

1. 中国与东盟全面经济合作框架协议(2002年11月4日)
2. 中华人民共和国政府和泰王国政府关于促进和保护投资的协定(1985年3月12日)
3. 中华人民共和国政府和新加坡共和国政府关于促进和保护投资协定(1985年11月21日)
4. 中华人民共和国政府和马来西亚政府关于相互鼓励和保护投资协定(1988年11月21日)
5. 中华人民共和国政府和菲律宾共和国政府关于鼓励和相互保护投资协定(1992年7月20日)
6. 中华人民共和国政府和越南社会主义共和国政府关于鼓励和相互保护投资协定(1992年12月2日)
7. 中华人民共和国政府和老挝人民民主共和国政府关于鼓励和相互保护投资协定(1993年1月31日)
8. 中华人民共和国政府和印度尼西亚共和国政府关于促进和保护投资协定(1994年11月18日)
9. 中华人民共和国政府和柬埔寨王国政府关于促进和保护投资协定(1996年7月19日北京)
10. 中华人民共和国政府和文莱达鲁萨兰国政府关于鼓励和相互保护投资协定(2000年11月17日)
11. 中华人民共和国政府和缅甸联邦政府关于鼓励促进和保护投资协定(2001年12月12日)
12. 中华人民共和国政府和新加坡共和国政府关于合作开发建设苏州工业园区的协议(1994年2月26日)
13. 东盟六国政府关于促进和保护投资的协定(1987年12月25日)
14. 东盟投资区框架协议(1998年10月7日)
15. 东盟投资区框架协议修正议定书(2001年9月14日)
16. 亚太经济合作组织非约束性投资原则(1994年11月)

附录:中国、东盟经济关系(主要是投资关系)若干重要文献

中国与东盟全面经济合作框架协议

(2002年11月4日)

序言

我们,中华人民共和国(以下简称"中国")与文莱达鲁萨兰国,柬埔寨王国,印度尼西亚共和国,老挝人民民主共和国,马来西亚,缅甸联邦,菲律宾共和国,新加坡共和国,泰王国和越南社会主义共和国等东南亚国家联盟成员国(以下将其整体简称为"东盟"或"东盟各成员国",单独一国简称"东盟成员国")政府首脑或国家元首:

忆及我们2001年11月6日在文莱达鲁萨兰国斯里巴加湾东盟—中国领导人会上关于经济合作框架和在10年内建立中国—东盟自由贸易区(以下简称"中国—东盟自贸区")的决定,自由贸易区将对柬埔寨、老挝、缅甸和越南等东盟新成员国(以下简称"东盟新成员国")给予特殊和差别待遇及灵活性,并对早期收获作出规定,其涉及的产品及服务清单将通过相互磋商决定;

期望通过具有前瞻性的《中国与东盟(以下将其整体简称为"各缔约方",单独提及东盟一成员国或中国时简称为"一缔约方")全面经济合作框架协议》(以下简称"本协议"),以构筑双方在21世纪更紧密的经济联系;

期望最大限度地降低壁垒,加深各缔约方之间的经济联系;降低成本;增加区域内贸易与投资;提高经济效率;为各缔约方的工商业创造更大规模的市场,该市场将为商业活动提供更多机会和更大规模的经济容量;以及增强各缔约方对资本和人才的吸引力;

确信中国—东盟自贸区的建立将在各缔约方之间创造一种伙伴关系,并为东亚加强合作和维护经济稳定提供一个重要机制;

认识到工商部门在加强各缔约方之间的贸易和投资方面的重要作用和贡献,以及进一步推动和便利它们之间的合作并使它们充分利用中国—东盟自贸区带来的更多商业机会的必要性;

认识到东盟各成员国之间经济发展阶段的差异和对灵活性的要求,特别是为东盟新成员国更多地参与中国—东盟经济合作提供便利并扩大它们出口增长的需要,这要着重通过加强其国内能力、效率和竞争力来实现;

重申各缔约方在世界贸易组织(以下简称为WTO)和其他多边、区域及

双边协议与安排中的权利、义务和承诺；

认识到区域贸易安排在加快区域和全球贸易自由化方面能够起到的促进作用，以及在多边贸易体制框架中起到的建设性作用，

现达成如下协议：

第一条 目标

本协议的目标是：

（a）加强和增进各缔约方之间的经济、贸易和投资合作；

（b）促进货物和服务贸易，逐步实现货物和服务贸易自由化，并创造透明、自由和便利的投资机制；

（c）为各缔约方之间更紧密的经济合作开辟新领域，制定适当的措施；以及

（d）为东盟新成员国更有效地参与经济一体化提供便利，缩小各缔约方发展水平的差距。

第二条 全面经济合作措施

各缔约方同意迅速地进行谈判，以在10年内建立中国—东盟自贸区，并通过下列措施加强和增进合作：

（i）在实质上所有货物贸易中逐步取消关税与非关税壁垒；

（ii）逐步实现涵盖众多部门的服务贸易自由化；

（iii）建立开放和竞争的投资机制，便利和促进中国—东盟自贸区内的投资；

（iv）对东盟新成员国提供特殊和差别待遇及灵活性；

（v）在中国—东盟自贸区谈判中，给各缔约方提供灵活性，以解决它们各自在货物、服务和投资方面的敏感领域问题，此种灵活性应基于对等和互利的原则，经谈判和相互同意后提供；

（vi）建立有效的贸易与投资便利化措施，包括但不限于简化海关程序和制定相互认证安排；

（vii）在各缔约方相互同意的、对深化各缔约方贸易和投资联系有补充作用的领域扩大经济合作，编制行动计划和项目以实施在商定部门/领域的合作；以及

（viii）建立适当的机制以有效地执行本协议。

附录:中国、东盟经济关系(主要是投资关系)若干重要文献

第 一 部 分

第三条 货物贸易

1. 除本协议第六条所列的"早期收获"计划以外,为了加速货物贸易的扩展,各缔约方同意进行谈判,对各缔约方之间实质上所有货物贸易取消关税和其他限制性贸易法规[如必要,按照WTO关税与贸易总协定(以下简称为GATT)第24条(8)(b)允许的关税和限制性贸易法规除外]。

2. 就本条而言,应适用如下定义,除非文中另有解释:

(a)"东盟6国"指的是文莱、印度尼西亚、马来西亚、菲律宾、新加坡和泰国;

(b)"实施的最惠国关税税率"应包括配额内税率,并应:

(i) 对于2003年7月1日时为WTO成员的东盟成员国及中国,指其2003年7月1日各自实施的最惠国关税税率;以及

(ii) 对于2003年7月1日时非WTO成员的东盟成员国,指其2003年7月1日对中国的实施税率;

(c)"非关税措施"应包括非关税壁垒。

3. 各缔约方的关税削减或取消计划应要求各缔约方逐步削减列入清单的产品关税并在适当时依照本条予以取消。

4. 依照本条纳入关税削减或取消计划的产品应包括所有未被本协议第六条所列的"早期收获"计划涵盖的产品,这些产品应分为如下两类:

(a)正常类:一缔约方根据自身安排纳入正常类的产品应:

(i) 使其各自的实施的最惠国关税税率依照特定的减让表和税率(经各缔约方相互同意)逐步削减或取消,对于中国和东盟6国,实施期应从2005年1月1日到2010年,对于东盟新成员国,实施期应从2005年1月1日到2015年,并采用更高的起始税率和不同实施阶段;以及

(ii) 按照上文第4款(a)(i)已经削减但未取消的关税,应在经各缔约方相互同意的时间框架内逐步取消。

(b)敏感类:一缔约方根据自身安排纳入敏感类的产品应:

(i) 使其各自实施的最惠国关税税率依照相互同意的最终税率和最终时间削减;以及

(ii) 在适当时,使其各自实施的最惠国关税税率在各缔约方相互同意的时间框架内逐步取消。

5. 敏感类产品的数量应在各缔约方相互同意的基础上设定一个上限。

6. 各缔约方依照本条及第六条所作的承诺应符合 WTO 对各缔约方之间实质上所有贸易取消关税的要求。

7. 各缔约方之间依照本条相互同意的特定的关税税率应仅列出各缔约方削减后适用关税税率的上限或在特定实施年份的削减幅度,不应阻止任一缔约方自愿加速进行关税削减或取消。

8. 各缔约方之间关于建立涵盖货物贸易的中国—东盟自贸区的谈判还应包括但不限于下列内容:

(a) 管理正常类和敏感类产品的关税削减或取消计划以及本条前述各款未涉及的任何其他有关问题的其他具体规则,包括管理对等承诺的各项原则;

(b) 原产地规则;

(c) 配额外税率的处理;

(d) 基于 GATT 第 28 条,对一缔约方在货物贸易协议中的承诺所做的修改;

(e) 对本条或第六条涵盖的任何产品采用的非关税措施,包括但不限于对任何产品的进口或者对任何产品的出口或出口销售采取的数量限制或禁止,缺乏科学依据的动植物卫生检疫措施以及技术性贸易壁垒;

(f) 基于 GATT 的保障措施,包括但不限于下列内容:透明度,涵盖范围,行动的客观标准——包括严重损害或严重损害威胁的概念,以及临时性;

(g) 基于 GATT 现行规则的关于补贴、反补贴措施及反倾销措施的各项规则;以及

(h) 基于 WTO 及世界知识产权组织(简称 WIPO)现行规则和其他相关规则,便利和促进对与贸易有关的知识产权进行有效和充分的保护。

第四条 服务贸易

为了加速服务贸易的发展,各缔约方同意进行谈判,逐步实现涵盖众多部门的服务贸易自由化。此种谈判应致力于:

(a) 在各缔约方之间的服务贸易领域,逐步取消彼此或各缔约方间存在的实质所有歧视,和/或禁止采取新的或增加歧视性措施,但 WTO《服务贸易总协定》(以下简称为 GATS)第五条第 1 款(b)所允许的措施除外;

(b) 在中国与东盟各成员国根据 GATS 所做承诺的基础上,继续扩展服务贸易自由化的深度与广度;以及

(c) 增进各缔约方在服务领域的合作以提高效率和竞争力,实现各缔

约方各自服务供应商的服务供给与分配的多样化。

第五条 投资

为了促进投资并建立一个自由、便利、透明并具有竞争力的投资体制，各缔约方同意：

(a) 谈判以逐步实现投资机制的自由化；

(b) 加强投资领域的合作，便利投资并提高投资规章和法规的透明度；以及

(c) 提供投资保护。

第六条 早期收获

1. 为了加速实施本协议，各缔约方同意对下文第 3 款(a)所涵盖的产品实施"早期收获"计划(该计划为中国—东盟自贸区的组成部分)，"早期收获"计划将按照本协议中规定的时间框架开始和结束。

2. 就本条而言，应适用如下定义，除非文中另有解释：

(a) "东盟 6 国"指的是文莱、印度尼西亚、马来西亚、菲律宾、新加坡和泰国；

(b) "实施的最惠国关税税率"应包括配额内税率，并应：

(i) 对于 2003 年 7 月 1 日时为 WTO 成员的东盟成员国及中国，指其 2003 年 7 月 1 日各自的实施的最惠国关税税率；以及

(ii) 对于 2003 年 7 月 1 日时非 WTO 成员的东盟成员国，指其 2003 年 7 月 1 日对中国的实施税率；

3. "早期收获"计划中适用的产品范围、关税削减和取消、实施的时间框架、原产地规则、贸易补偿及紧急措施等问题应遵循下列规定：

(a) 产品范围

(i) 下面各章中 HS8 或 9 位税号的所有产品都应包括在"早期收获"计划中，除非一缔约方在本协议附件 1 的例外清单中将其排除，此种情况下该缔约方的这些产品可以得到豁免：

章	描述
01	活动物
02	肉及食用杂碎
03	鱼
04	乳品
05	其他动物产品
06	活树

07 食用蔬菜

08 食用水果及坚果

（ⅱ）已将某些产品纳入例外清单的任何一缔约方可以在任何时候修改例外清单，将例外清单的一项或多项产品纳入"早期收获"计划。

（ⅲ）本协议附件 2 中所列的特定产品应涵盖在"早期收获"计划中，这些产品的关税减让应仅对附件 2 中列明的缔约方适用。这些缔约方必须就该部分产品相互提供关税减让。

（ⅳ）对于附件 1 或附件 2 所列的未能完成适当的产品清单的缔约方，经相互同意可在不迟于 2003 年 3 月 1 日前完成。

（b）关税削减和取消

（ⅰ）"早期收获"计划中涵盖的所有产品都应按照规定划分为三类进行关税削减和取消，并按照本协议附件 3 中所列的时间框架执行。本款不应阻止任何缔约方自愿加速其关税削减或取消。

（ⅱ）所有实施的最惠国关税税率为零的产品，应继续保持零税率。

（ⅲ）实施税率降低到零的产品，税率应继续保持为零。

（ⅳ）一缔约方应享受所有其他缔约方就上文第 3 款（a）（ⅰ）所列的某一产品所作的关税减让，只要该缔约方的同一产品保持在第 3 款（a）（ⅰ）所列的"早期收获"计划中。

（c）临时原产地规则

适用于"早期收获"计划所涵盖产品的临时原产地规则应在 2003 年 7 月以前谈判并完成制定。临时原产地规则应由各缔约方根据本协议第三条（8）（b）谈判制定并实施的原产地规则替换和取代。

（d）WTO 条款的适用

WTO 中有关承诺的修订、保障措施、紧急措施和其他贸易补偿措施——包括反倾销措施、补贴及反补贴措施等方面的条款，应临时性地适用于"早期收获"计划涵盖的产品。一旦各缔约方根据本协议第三条第 8 款谈判达成的相关规定得以执行，上述 WTO 的条款应被这些相关规定替换和取代。

4. 除了本条上面各款中规定的货物贸易方面的"早期收获"计划以外，各缔约方应在 2003 年初探讨在服务贸易方面推行"早期收获"计划的可行性。

5. 为了推动各缔约方之间的经济合作，本协议附件 4 中规定的各项活动应予执行或视情况要求加快实施。

第 二 部 分

第七条 其他经济合作领域

1. 各缔约方同意在下列五个优先领域加强合作：
 (a) 农业；
 (b) 信息及通讯技术；
 (c) 人力资源开发；
 (d) 投资；以及
 (e) 湄公河盆地的开发。

2. 合作应扩展到其他领域，包括但不限于银行、金融、旅游、工业合作、交通、电信、知识产权、中小企业、环境、生物技术、渔业、林业及林业产品、矿业、能源及次区域开发等。

3. 加强合作的措施应包括但不应仅限于：
 (a) 推动和便利货物贸易、服务贸易及投资，如
  (i) 标准及一致化评定；
  (ii) 技术性贸易壁垒和非关税措施；以及
  (iii) 海关合作。
 (b) 提高中小企业竞争力；
 (c) 促进电子商务；
 (d) 能力建设；以及
 (e) 技术转让。

4. 各缔约方同意实施能力建设计划以及实行技术援助，特别是针对东盟新成员国，以调整它们的经济结构，扩大它们与中国的贸易与投资。

第 三 部 分

第八条 时间框架

1. 在货物贸易方面，关于本协议第三条中所列的关税削减或取消和其他问题的协议的谈判应于2003年初开始，2004年6月30日之前结束，以建立涵盖货物贸易的中国—东盟自贸区，对于文莱、中国、印度尼西亚、马来西亚、菲律宾、新加坡和泰国，建成自贸区的时间是2010年，东盟新成员国建成自贸区的时间是2015年。

2. 本协议第三条所列的关于货物贸易原产地规则的谈判应不迟于2003年12月结束。

3. 服务贸易和投资方面,各项协议的谈判应于 2003 年开始,并应尽快结束,以依照相互同意的时间框架付诸实施,实施时需要:

(a) 考虑各缔约方的敏感领域;

(b) 为东盟新成员国提供特殊和差别待遇及灵活性。

4. 对于本协议第二部分中所列的经济合作的其他领域,各缔约方应继续巩固实施本协议第七条中所列的现有的或经同意的各项计划,制定新的经济合作计划,并在经济合作的各个领域达成协议。各缔约方应迅速采取行动,以便以所有相关缔约方都能接受的方式和速度尽早实施。这些协议应包含实施其中各项承诺的时间框架。

第九条 最惠国待遇

中国自本协议签字之日起应给予所有非 WTO 成员的东盟成员国符合 WTO 规则和规定的最惠国待遇。

第十条 一般例外

在遵守关于此类措施的实施不在情形相同的各缔约方彼此或各缔约方之间构成任意或不合理歧视的手段或构成对中国—东盟自贸区内贸易的变相限制的要求前提下,本协定的任何规定不得阻止任何缔约方采取或实施保护其国家安全、保护具有艺术、历史或考古价值的文物所采取的措施,或保护公共道德所必需的措施,或保护人类、动物或植物的生命和健康所必需的措施。

第十一条 争端解决机制

1. 各缔约方应在本协议生效 1 年内,为实施本协议建立适当的正式的争端解决程序与机制。

2. 在上文第 1 款所称的争端解决程序与机制建立前,任何关于本协议的解释、实施和适用的争端,应通过磋商和/或仲裁以友好的方式加以解决。

第十二条 谈判的机构安排

1. 已建立的中国—东盟贸易谈判委员会(以下简称"中国—东盟 TNC")应继续负责执行本协议中所列的谈判计划。

2. 各缔约方在必要时可以建立其他机构来协调和实施依照本协议开展的任何经济合作活动。

3. 中国—东盟 TNC 和上述所有机构应通过中国对外贸易经济合作部(以下简称"中国外经贸部")与东盟经济高官会(简称 SEOM),定期向中国外经贸部部长和东盟经济部长会议(简称 AEM)汇报其谈判进度及成果。

4. 无论中国—东盟 TNC 于何时何地进行谈判,东盟秘书处和外经贸部应联合给以必要的行政支持。

第十三条 杂项条款

1. 本协议应包含所附附件及其内容,以及将来所有依照本协议通过的法律文件。

2. 除非本协议另有规定,本协议或依照本协议采取的任何行动不得影响或废止一缔约方依照其现为缔约方的协议所享受的权利和承担的义务。

3. 各缔约方应当努力避免增加影响实施本协议的约束或限制。

第十四条 修正

本协议的条款可经各缔约方以书面形式相互同意达成的修正案加以修订。

第十五条 交存方

对于东盟成员国,本协议应交存于东盟秘书长,东盟秘书长应及时向每一个东盟成员国提供一份经核证的副本。

第十六条 生效

1. 本协议于2003年7月1日生效。

2. 各缔约方应于2003年7月1日前完成使本协议生效的国内程序。

3. 如一缔约方未能在2003年7月1日之前完成使本协议生效的国内程序,该缔约方依照本协议的权利与义务应自其完成此类国内程序之日开始。

4. 一缔约方一俟完成使本协议生效的国内程序,即应以书面形式通报所有其他缔约方。

鉴此,我们签署《中华人民共和国与东南亚国家联盟全面经济合作框架协议》。

本协议以英文书就,一式两份,2002年11月4日签署于柬埔寨金边。

中华人民共和国总理 朱镕基(签字)
文莱达鲁萨兰国苏丹 哈吉·哈桑纳尔·博尔基亚(签字)
柬埔寨王国首相 洪森(签字)
印度尼西亚共和国总统 梅加瓦蒂·苏加诺普特丽(签字)
老挝人民民主共和国总理 本南·沃拉芝(签字)
马来西亚总理 马哈蒂尔·宾·穆罕默德(签字)
缅甸联邦国家和平与发展委员会主席兼总理 丹瑞大将(签字)

菲律宾共和国总统　格洛丽亚·马卡帕加尔·阿罗约(签字)
新加坡共和国总理　吴作栋(签字)
泰王国总理　他信·西那瓦(签字)
越南社会主义共和国总理　潘文凯(签字)
(附件,从略)

中华人民共和国政府和泰王国政府
关于促进和保护投资的协定

(1985年3月12日)

中华人民共和国政府和泰王国政府,

愿在平等互利原则的基础上扩大两国间的经济合作,特别是为一国国民和公司在另一国领土内的投资创造有利条件;

认识到根据国际协定鼓励和相互保护此种投资将有助于鼓励投资者经营的积极性和增进两国的繁荣,

达成协议如下:

第一条

本协定内:

一、"国民"一词系指依照缔约任何一方的有效法律,具有该缔约一方国籍的自然人。

二、"公司"一词系指依照缔约任何一方的有效法律在其领土内设立或组成的法人,不论其责任是否有限以及是否以营利为目的。

三、"投资"一词系指缔约任何一方依照其法律和法规所许可的各种财产,主要是:

(一)动产、不动产和其他财产的权利,如抵押权、留置权和质权;

(二)公司的股份、股票和债券或该类公司财产中的权益;

(三)对金钱的请求权或依合同具有金钱价值的行为请求权;

(四)知识产权和商誉;

(五)依法律或法律允许根据合同赋予的营业特许权,包括勘探、耕作、提炼或开发自然资源的特许权。

四、"收益"一词系指投资所产生的款项,特别包括但不限于利润、利息、资本利得、股息、提成费或酬金。

附录:中国、东盟经济关系(主要是投资关系)若干重要文献

第二条

一、本协定的优惠,只适用于业经缔约另一方主管部门书面专项批准的缔约一方国民和公司在缔约另一方领土内的投资。

二、缔约任何一方国民和公司得自由地为本协定生效之前或之后进行的任何投资申请上述批准。

三、行使批准的缔约一方在对任何投资给予批准时,得自由地规定适当的条件。

第三条

一、缔约各方在顾及其计划和政策的同时,应鼓励和促进缔约另一方国民和公司在其领土内的投资。

二、缔约一方国民和公司在缔约另一方领土内的投资,应依缔约另一方的法律享有最持久的保护和保障。

第四条

一、(一)缔约各方国民和公司在缔约另一方领土内的投资及其收益受到的待遇应是公平的,并不低于任何第三国国民和公司的投资及其收益所受到的待遇。

(二)缔约各方在其领土内给予缔约另一方国民和公司在管理、使用、享有或处置他们的投资方面的待遇应是公平的,并不低于给予任何第三国国民和公司的待遇。

二、缔约各方应遵守根据其法律对缔约另一方国民和公司的投资所作的除本协定以外的任何承诺。如果缔约一方的法律有改变,缔约另一方国民和公司应遵守新法律,但缔约一方应对上述国民和公司的适当利益给予合理安排。

第五条

一、(一)缔约任何一方只有为了公共利益并给予补偿,方可对缔约另一方国民或公司在其领土内的投资采取征收、国有化或其他类似措施。补偿应相当于被征收投资的适当价值,应能有效地兑现,不得无故迟延并应根据第六条第二款的规定自由转移。

(二)上述任何征收、国有化或类似措施的合法性,应由采取征收措施的缔约一方有管辖权的法院进行审查。

(三)在任何情况下,为确定本条所述的被征收投资财产的适当价值,缔约任何一方国民或公司的投资受到的待遇,应不低于缔约另一方给予任何第三国国民或公司的类似投资的待遇。

二、当缔约一方对依照有效法律在其领土内任何地方设立或组成的并由缔约另一方国民或公司持有股份的公司的财产进行征收时,该缔约一方应确保适用本条第一款的规定,以保证拥有此种股份的缔约另一方国民或公司得到本条所规定的补偿。

三、缔约一方国民或公司在缔约另一方领土内的投资,因该缔约另一方领土内发生战争或其他武装冲突、全国紧急状态、叛乱或骚乱而遭受损失,则在该缔约另一方可能采取的有关援助方面给予缔约一方国民或公司的待遇,应不低于在相同情况下给予任何第三国国民或公司的待遇。

四、在不损害本条上述规定的情况下,在处理上述任何事项中缔约一方国民和公司在缔约另一方领土内受到的待遇,应不低于任何第三国国民和公司所受到的待遇。

第六条

一、缔约任何一方应保证缔约另一方国民或公司自由转移其在缔约一方领土内的投资及其收益,包括:

(一)利润、股息、利息及其他合法收入;

(二)投资的清算款项;

(三)与投资有关的贷款的偿还款项;

(四)本协定第一条第三款第(四)项的许可证费;

(五)技术援助或技术服务费、管理费;

(六)在缔约一方领土内从事与投资有关活动的缔约另一方国民的正常收入;

(七)执行第五条而支付的征收补偿款项。

二、如缔约一方按第五条规定支付了巨额款项,有关的缔约一方可要求以合理的分期付款方式进行此项转移。

三、本条第一款所述的转移,应依照转移之日接受投资缔约一方官方汇率(卖价)以可自由转移的货币进行。

第七条

一、如缔约任何一方或其指定的代理人,对其国民或公司在缔约另一方领土内的任何投资或其中一部分承保了非商业风险,并根据该保险单向其国民或公司进行了支付,则缔约另一方应承认:

(一)该国民或公司根据法律或合法交易将其权利或请求权让给了缔约前者一方或其指定的代理人;

(二)缔约前者一方或其指定的代理人通过代位,有权行使其权利原有者投保范围内的权利或请求权。

二期缔约任何一方根据本条第一款第(一)项通过转让获得以缔约另一方合法货币或信用证支付的款项,则该款项和信用证应由缔约一方自由使用以偿付其在缔约另一方领土内的开支。该款项和信用证向境外的转移应受第六条第二款规定的管辖。

第八条

本协定所述给予不低于任何第三国国民和公司的待遇应无条件地给予并不得无故迟延,但不应被解释为缔约一方有义务将因下列情况可能提供的任何待遇、特惠或特权的优惠给予缔约另一方国民或公司:

(一)设立或扩大关税同盟、自由贸易区、共同对外关税同盟、货币联盟或区域性经济合作组织;

(二)通过某协议以便在合理的期限内成立或扩大此种联盟或区域;

(三)在同一地理区域内与第三国或多国旨在促进经济、社会、劳务、工业或货币方面等具体项目范围之内的地区性合作的任何安排;

(四)依照泰国投资促进法给予某特别的个人或公司以"受促人"的地位;

(五)依照中华人民共和国有关促进投资的法律给予某特别的个人或公司以"受惠人"的地位;

(六)完全或主要与税收有关的任何国际协定或安排,或国内立法。

第九条

一、缔约双方对本协定的解释或适用发生争端,如可能,应通过协商或谈判解决。

二、如缔约双方间的争端6个月内不能按此解决,则可应缔约任何一方的要求提交仲裁庭。

三、该仲裁庭应按下述方式逐案设立:

(一)缔约双方各委派1名仲裁员,该2名仲裁员推举1名与缔约双方均有外交关系的第三国国民由缔约双方批准委派为首席仲裁员。

(二)上述仲裁员应自缔约任何一方通知缔约另一方建议将争端提交仲裁庭之日起2个月内委派,首席仲裁员在四个月内委派。

四、如在本条第三款规定的期限内未能作出必要的委派,且无任何其他有关协议时,缔约任何一方可请求国际法院院长作出必要的委派。如该院长是缔约任何一方的国民或因其他原因不能履行此项职责,则应请求副院长作出必要的委派。如副院长是缔约任何一方的国民或也不能履行此项职责,则应请求非缔约任何一方国民的国际法院资深法官作出必要的委派。

五、(一)仲裁庭的决定应由多数票作出。该决定对双方均有拘束力。

(二)缔约各方应承担其仲裁员及其参与仲裁程序的费用,首席仲裁员的费用和其余费用由缔约双方平均负担。

(三)关于本款第(一)项和第(二)项规定以外的所有其他方面,均由仲裁庭自行规定其程序。

(四)仲裁庭应对其裁决的依据作出解释。

第十条

本协定于缔约双方相互通知已完成各自国内法律程序之日后第30天开始生效,有效期为10年。缔约任何一方有权在第9年期满后的任何时间提前12个月书面通知缔约另一方终止本协定,否则协定将不定期继续有效。然而对于在本协定有效期内批准的投资,其规定自终止之日起继续有效10年。

由各自政府正式授权的签署人在本协定上签字,以兹证明。

本协定于1985年(佛历2528年)3月12日在曼谷签订,一式两份,每份都用中文、泰文、英文写成,三种文本具有同等效力。

若在解释上发生分歧,以英文本为准。

中华人民共和国政府代表　姬鹏飞(签字)

泰王国政府代表　西提·沙越实拉(签字)

议　定　书

值此中华人民共和国政府和泰王国政府关于促进和保护投资的协定签字之际,双方授权代表议定如下各项,作为本协定的组成部分:

一、(一)关于本协定第六条第一款和第三款所述的自由转移,在中华人民共和国方面,应依照中华人民共和国的外汇管理法律和法规,从泰王国国民和公司的外汇存款账户或从由泰王国国民或公司在中华人民共和国领土内单独或者共同投资的企业的外汇存款账户中转移。

(二)若上述外汇存款账户中的外汇不够转移,属下列款项,应由中华人民共和国政府主管机关提供将当地货币兑换为可自由兑换的货币所需要的外汇以实现向境外的转移;

(1)本协定第六条第一款第(二)、(四)、(六)和(七)项所述的款项;

(2) 本协定第六条第一款第(三)项所述的款项,业经中国银行担保的;

(3) 本协定第六条第一款第(一)和(五)项所述的由泰王国国民和公司在中华人民共和国领土内单独或者共同投资的企业中获得的款项,而该企业已经中华人民共和国政府主管机关专项批准主要在中华人民共和国领土内销售其产品或提供服务的。

(三) 关于本协定第六条第一款第(一)、(三)和(五)项所述的款项转移,如果中华人民共和国的法律和法规有比上述规定更为优惠的规定,应适用于在中华人民共和国投资的泰王国国民和公司。

(四) 若本协定第六条第一款第(一)、(三)和(五)项所述的款项转移遇有困难,在中华人民共和国投资的泰王国国民和公司可以向中华人民共和国政府主管机关申请,上述主管机关将给予最善意的考虑并提供可能的帮助。

二、(一) 关于本协定第六条第一款和第三款所述的自由转移,在泰王国方面,应依照泰王国的法律和法规以及其作为国际货币基金组织成员相一致的权利和义务进行。

(二) 上述第二款第(一)项所述的转移,应根据泰王国政府主管机关的考虑在互惠的基础上进行,而泰王国政府主管机关将对中华人民共和国国民和公司的每项转移给予最善意的考虑以便提供优惠待遇。

由各自政府正式授权的签署人在本议定书上签字,以兹证明。

本议定书于1985年(佛历2528年)3月12日在曼谷签订,一式两份,每份都用中文、泰文、英文写成,三种文本具有同等效力。若在解释上发生分歧,以英文本为准。

中华人民共和国政府代表　姬鹏飞(签字)
泰王国政府代表　西提·沙越实拉(签字)

中华人民共和国政府和新加坡共和国政府关于促进和保护投资协定

(1985年11月21日)

中华人民共和国政府和新加坡共和国政府(以下各称"缔约一方"),愿为两国间的进一步经济合作,特别是在平等互利的原则基础上,为一

国国民和公司在另一国领土内的投资创造良好的条件,

认识到鼓励和相互保护这类投资将有助于激励国民和公司经营的主动性和增进两国的繁荣,

达成协议如下:

第一条 定义

本协定内:

一、"投资"一词系指缔约一方根据其法律和法规允许的各种资产,主要是:

(一)动产、不动产和其他任何财产权利,如抵押权、使用权、留置权或质权;

(二)公司的股份、股票、债券和类似利益;

(三)金钱的所有权或具有经济价值的任何合同的所有权;

(四)著作权、工业产权(如发明专利、商标、工业设计)、专有技术、工艺流程、商名和商誉;

(五)法律赋予或通过合同而具有的经济特许权,包括自然资源的勘探、耕作、提炼或开发的特许权。

二、"收益"一词系指由投资产生的金钱收益,包括利润、利息、资本利得、分红、提成费或费用。

三、"国民"一词:

(一)在中华人民共和国方面,系指按照其法律作为中华人民共和国公民的个人;

(二)在新加坡方面,系指在新加坡共和国宪法意义内的新加坡公民。

四、"公司"一词:

(一)在中华人民共和国方面,系指根据其法律在其领土内组成或设立的公司或其他法人;

(二)在新加坡方面,系指通过有效法律在新加坡共和国组成、设立或登记的公司、企业、社团或组织,而不论是否为法人。

第二条 协定的适用

一、本协定只适用于:

(一)对在中华人民共和国领土内的投资,是由中华人民共和国政府指定的机构书面专门批准,并按此条件,认为合适的新加坡共和国的国民和公司进行的全部投资。

(二)对在新加坡领土内的投资,是由新加坡共和国政府指定的机构书面专门批准,并按此条件,认为合适的中华人民共和国国民和公司进行的全部投资。

二、上款规定适用于本协定生效前和生效后缔约一方的国民和公司在缔约另一方领土内进行的全部投资。

第三条 促进和保护投资

一、缔约任何一方在其领土内,应鼓励并为缔约另一方国民和公司在符合其经济总政策条件下进行投资创造良好的环境。

二、依照第二条批准的投资,应根据本协定给予公正和公平的待遇和保护。

第四条 最惠国条款

除第五、六和十一条外,缔约任何一方对缔约另一方根据第二条规定允许在其领土内的投资或收益所给予的待遇不应低于其给予第三国国民和公司的投资或收益的待遇。

第五条 例外

一、本协定关于不低于给予任何第三国国民和公司的待遇的规定,不应解释为缔约一方有义务因下述原因所产生的待遇、优惠或特权而给予缔约另一方的国民和公司:

(一)任何地区性的海关、金融、关税或贸易方面的安排(包括自由贸易区)或可能导致实施这类地区性安排的协议;

(二)与同一地理区域的第三国或其他国家意在专门项目范围内进行经济、社会、劳务、工业或金融领域的地区性合作的安排。

二、本协定的规定不适用于缔约任何一方领土内的税收事项。该类税收事项应受缔约双方间的避免双重税收条约和缔约一方国内法律的管辖。

第六条 征收

一、缔约任何一方不应对缔约另一方的国民或公司的投资采取征收、国有化措施或其效果相当于征收、国有化的其他措施,除非这种措施是为法律所准许的目的、是在非歧视性基础上、是根据其法律并伴有补偿,该补偿应能有效的实现,并不得无故的迟延。该补偿应受缔约一方法律的制约,应是在采取征收、国有化或其效果相当于征收、国有化的其他措施前一刻的价值。补偿应自由兑换和转移。

二、征收、国有化的措施或其效果相当于征收、国有化的其他措施的合法性,应受影响的国民或公司的要求,可由采取措施的缔约一方的有关法院以其法律规定的形式进行审查。

三、如缔约一方对在其领土内的任何地区按其有效法律设立或组成的公司的财产进行征收、国有化或采取与征收、国有化具有相当效果的其他措施,而缔约另一方的国民或公司在上述公司内又占有股份,本条第一款的规定应保证适用,以确保给予缔约另一方占有股份的国民或公司第一款所规定的补偿。

第七条 损失补偿

缔约一方的国民或公司在缔约另一方领土内的投资,因缔约另一方领土内发生战争或其他武装冲突、国家紧急状态、暴乱、起义或骚乱而受到损失,缔约另一方如果予以恢复、赔偿、补偿或其他处理方面的待遇,不应低于其给予任何第三国国民或公司的待遇。

第八条 汇出

一、缔约一方应根据其法律和法规及在非歧视的基础上保证缔约另一方国民或公司自由转移其资本及来自投资财产的收益,包括:

（一）利润、资本利得、分红、提成费、利息和从投资中所得的其他经常性收入;

（二）投资的部分或全部清算款项;

（三）根据与投资有关的贷款协议的偿还款;

（四）与第一条第一款（四）项有关的许可证费;

（五）有关技术援助、技术服务或管理费用的支付;

（六）有关承包项目合同的支付款;

（七）缔约另一方国民在缔约一方领土内与投资有关而进行工作的工资;

二、本条上款规定不应影响本协定第六条所支付的补偿的自由转移。

第九条 兑换率

本协定第六条至第八条所述转移应使用转移之日自由兑换货币通用的市场汇率。如没有该汇率,则适用官方汇率。

第十条 法律

为避免误解,兹宣布,全部投资,除受本协定管辖外,应受投资所在地的缔约一方领土内的有效法律管辖。

第十一条 禁止和限制

本协定的规定不应以任何方式约束缔约任何一方为保护其根本的安全利益,或为保障公共健康,或为预防动、植物的病虫害,而使用任何种类的禁止或限制的权利或采取其他任何行动的权利。

第十二条　代位

一、如缔约任何一方（或由其指定的代理机构、机关、法定组织或公司）根据本协定就其国民或公司的全部或部分投资有关的请求权而向他们进行了支付，缔约另一方承认前者缔约一方（或由其指定的代理机构、机关、法定组织或公司）有权根据代位行使国民和公司的权利和提出请求权。代位的权利或请求权不应超过原投资者的权利或请求权。

二、缔约任何一方（或其指定的代理机构、机关、法定组织或公司）向其国民和公司进行的支付，不应影响该国民或公司根据第十三条向缔约另一方提出请求的权利。

第十三条　投资争议

一、缔约一方的国民或公司与缔约另一方之间就在缔约另一方领土内的投资产生的争议应尽量由当事方友好协商解决。

二、如果争议在6个月内未能协商解决，当事任何一方有权将争议提交接受投资的缔约一方有管辖权的法院。

三、第六条关于由征收、国有化或其效果相当于征收、国有化的其他措施发生的补偿款额的争议，有关的国民或公司在诉诸本条第一款的程序后6个月内仍未能解决，可将争议提交由双方组成的国际仲裁庭。

如果有关的国民或公司诉诸了本条第二款所规定的程序，本款规定不应适用。

四、上述国际仲裁庭应按下述方式专门组成：当事双方各任命1名仲裁员。该2名仲裁员再任命一位第3名仲裁员为主席。仲裁员和主席应在当事一方通知另一方将争议提交仲裁之日起的2个月和4个月内分别任命。

五、如果在第四款规定的期限内未能作出必要的任命，又无其他约定时，当事任何一方均可请求斯德哥尔摩商会仲裁院主席作出必要的任命。

六、除上述规定外，仲裁庭应参考1965年3月18日在华盛顿签字的"关于解决国家和他国国民之间投资争端公约"自行制定其仲裁程序。

七、仲裁庭应以多数票作出裁决。

八、仲裁庭的裁决是终局的，具有拘束力，双方应遵守裁决，并执行裁决条款。

九、仲裁庭应陈述裁决的依据，并应任何一方要求说明理由。

十、当事双方应各自负担其任命的仲裁员和参与仲裁程序的费用。仲裁庭主席为执行仲裁职责的费用以及仲裁庭的其他费用应由当事双方平均负担。但仲裁庭可以在其裁决中决定由一方负担较多费用。该决定对双方均具有拘束力。

十一、仲裁应尽量在新加坡进行。

十二、本条规定不应损害缔约双方对本协定的解释或适用发生争端时适用第十四条规定的程序。

第十四条 缔约双方之间的争端

一、缔约双方对本协定的解释或适用的争端,应尽可能通过外交途径解决。

二、如争端未能解决,应缔约任何一方的请求,应将争端提交仲裁。仲裁庭由3名仲裁员组成。缔约双方各任命一名仲裁员,作为首席仲裁员的第3名仲裁员由缔约双方协议任命。

三、在收到仲裁要求之日起的2个月内,缔约各方应任命其仲裁员,其后的2个月内,缔约双方应任命第3名仲裁员。

四、如在收到仲裁要求之日起的4个月内仲裁庭未能组成,且又无其他协议,则缔约任何一方可请求国际法院院长作出必要的任命。如院长是缔约任何一方国民或不能任命,则可请求副院长作出任命。如副院长是缔约任何一方的国民或不能任命,则可请求为非缔约任何一方国民的国际法院资深法官作出必要的任命,并依次顺延。

五、仲裁庭应以多数票作出裁决。

六、仲裁庭的裁决为终局的,缔约双方应遵守和执行裁决条款。

七、缔约各方应承担其仲裁员及其代表在仲裁程序中的费用,以及一半的首席仲裁员费用和其余费用,但仲裁庭可在其裁决中决定缔约一方承担较大比例的费用,此项决定对缔约双方均有拘束力。

八、此外,仲裁庭应自行制定其程序规则。

第十五条 其他义务

如果缔约任何一方的立法或现有的或在本协定后,缔约双方间确立的国际义务使缔约另一方国民或公司的投资处于比本协定更为优惠的待遇地位,该地位不应受本协定的影响。除本协定的规定外,缔约任何一方应依其法律尊重其或其国民或公司同缔约另一方国民或公司就投资方面的承诺。

第十六条 生效、有效期和终止

一、缔约任何一方应通过缔约另一方已完成其使本协定生效的国内法律程序。本协定应自缔约一方最后通知之日起第30天开始生效。

二、本协定有效期为15年。此后,除非本协定在最初14年满后,缔约任何一方书面通知缔约另一方终止本协定,本协定应继续有效。终止通知书在缔约另一方接到后1年,方为生效。

三、对于终止本协定的通知生效之日前的投资,第一条至第十五条的规定,从通知终止生效之日起,继续有效15年。

兹证明,双方政府各自授权代表签署本协定。

本协定于1985年11月21日在北京签订,一式两份,每份都用英文和中文写成,两种文本具有同等效力。

中华人民共和国政府代表　魏玉明(签字)

新加坡共和国政府代表　李显龙(签字)

换　　文

新加坡共和国贸易和工业部政务部长
李显龙准将阁下
阁下:

我荣幸地收到您于1985年11月21日的来函,内容如下:

"参照今日我们签署的中华人民共和国政府和新加坡共和国政府关于促进和保护投资协定第八条,我荣幸地确认双方的谅解是:如果在中华人民共和国投资的新加坡共和国的国民和公司,由于中华人民共和国管辖该转移的法律和法规的要求,不能进行第八条第一款所述的自由转移,他们可以向中华人民共和国政府主管部门申请,该部门应给予最优惠的考虑,并提供一切可能的帮助使转移能够进行。

请确认,上述正确地陈述了双方的谅解。"

我确认双方的上述谅解。

顺致崇高的敬意。

中华人民共和国政府代表　魏玉明(签字)
1985年11月21日

中华人民共和国对外经济贸易部
魏玉明副部长阁下
阁下:

参照今日签署的中华人民共和国政府和新加坡共和国政府关于促进和

保护投资协定第十三条,我荣幸地申明,双方的谅解是:中华人民共和国政府一旦成为1965年3月18日在华盛顿开放签字的《关于解决国家和他国国民之间投资争端公约》(简称《公约》)成员国,缔约双方应及时就扩大可由解决投资争端国际中心调解和仲裁的投资争议领域的可能性进行协商。关于该协商后缔约双方同意扩大的领域,中华人民共和国给予新加坡共和国的待遇,在同样情况下,不应低于给予其他国家的待遇。缔约双方同意的新规定应代替第十三条。

请确认,上述正确地陈述了双方的谅解。

顺致崇高的敬意。

新加坡共和国政府代表　李显龙(签字)
1985年11月21日

魏玉明于同日换文(致函李显龙):
"我确认双方的上述谅解。"

中华人民共和国政府和马来西亚政府关于相互鼓励和保护投资协定

(1988年11月21日)

中华人民共和国政府和马来西亚政府(以下称"缔约方"),

为发展两国间的经济合作,愿在相互尊重主权和平等互利原则的基础上,鼓励和保护缔约一方的投资者在缔约另一方领土内的投资,并为之创造良好的条件,

达成协议如下:

第一条　定义

在本协定内:

一、"投资"一词,系指根据接受投资缔约一方的法律和法规在其领土内作为投资的各种资产,主要是:

(一)动产和不动产及其他物权,如抵押权、留置权或质权;

(二)公司的股份、股票和债券或在该公司的其他形式的利益;

(三)金钱请求权或具有财产价值的行为请求权;

（四）版权、工业产权、专有技术、工艺流程、商名和商誉；

（五）法律授予的经营特许权，包括勘探或开发自然资源的特许权。

上述"投资"一词，

在马来西亚领土内的投资，系指根据马来西亚立法和行政实践，在由马来西亚适当的部归类为"批准项目"中进行的全部投资；

在中华人民共和国领土内的投资，系指根据中华人民共和国立法和行政实践，由中华人民共和国适当的审批机构批准的全部投资。

所投资产形式上的任何变化不应影响其作为投资的性质，但该变化不得违背对原投入资产的批准。

二、"收益"一词，系指由投资产生的款项，主要包括，但不限于利润、利息、资本利得、股息、提成费和酬金。

三、"投资者"一词，

在中华人民共和国方面系指：

（一）具有中华人民共和国国籍的自然人；

（二）根据中华人民共和国法律设立、其住所在中华人民共和国领土内的经济实体。

在马来西亚方面系指：

（一）依据马来西亚宪法，为马来西亚公民的任何人；

（二）在马来西亚领土内设立或合法组建的任何有限或无限责任公司或任何法人、社团、合伙或个体业主。

四、"自由兑换货币"一词，系指任何广泛使用于国际交易支付的货币，并且该货币在主要市场上随时有买主。

第二条　促进和保护投资

一、缔约一方应鼓励缔约另一方的投资者在其领土内投资并为之创造有利条件，并依据其法律赋予的权力接受此种投资。

二、缔约一方投资者在缔约另一方领土内的投资应始终受到公正和公平的待遇，并享受充分的保护和安全。

第三条　最惠国条款

一、缔约一方投资者在缔约另一方领土内投资的待遇，不应低于任何第三国投资者的投资所受到的待遇。

二、缔约一方投资者在缔约另一方领土内的投资，由于该另一方领土内的战争或其他武装冲突、全国紧急状态、叛乱、暴乱或骚乱遭受了损失，假如该缔约另一方采取任何恢复、补偿、赔偿或其他解决办法，所受待遇不应低于给予任何第三国投资者的待遇。

第四条 例外

本协定中有关不低于给予任何第三国投资者待遇的条款不应解释为缔约任何一方有义务因下述情况而产生的投资利益、特惠或特权给予缔约另一方的投资者：

（一）缔约任何一方已经或可能参加的任何现存或将来的关税同盟、自由贸易区、共同对外关税区、货币联盟或类似的国际协议或其他形式的区域合作；

（二）接受旨在合理时间内组成或扩大上述同盟或区域的协议；

（三）主要或全部是关于税收的国际协议或安排，或主要或全部是关于税收的国内立法；

（四）有关边境贸易的安排。

第五条 征收

一、缔约任何一方都不应对缔约另一方投资者的投资采取任何征收、国有化措施或其效果相当于征收或国有化的任何剥夺措施，除非符合下列条件：

（一）采取该措施是为公共目的并根据采取征收措施缔约一方的法律程序；

（二）该措施是非歧视性的；

（三）该措施伴有公平合理的补偿规定。

二、补偿应按征收公布或为公众知道前一刻投资的市场价值为基础计算。若市场价值不易确定，补偿应根据公认的估价原则和公平原则确定，尤其应把投入的资本、折旧、已汇回的资本、更新价值和其他有关因素考虑在内。补偿应以可自由兑换货币自由移转，支付不应无故迟延。

第六条 投资的汇回

一、缔约一方应按其法律和法规，允许以任何可自由兑换的货币转移下列款项并不得无故迟延：

（一）缔约另一方投资者从其投资中取得的净利润、股息、提成费、技术援助费和技术费、利息和其他经常性收入；

（二）缔约另一方投资者全部或部分清算其投资所得款项；

（三）缔约一方投资者向缔约另一方投资者偿还贷款的款项，该贷款已由缔约双方承认为投资；

（四）与承包项目有关的支付；

（五）缔约另一方国民在缔约一方领土内经允许从事与投资有关工作的收入。

二、本条第一款所述的转移应按下列汇率进行：

（一）在马来西亚方面，按转移之时通用的汇率。

（二）在中华人民共和国方面，按转移之日中华人民共和国的官方汇率。

三、缔约各方承诺给予本条第一款所述转移的待遇，应与第三国投资者产生于投资的转移的待遇相同。

第七条　投资争议的解决

一、如果投资者对被征收的投资的补偿款额有异议，可向采取征收措施的缔约一方主管部门提出申诉。在申诉提出后1年内仍未解决时，应投资者的请求，由采取措施的缔约一方有管辖权的法院或国际仲裁庭对补偿予以审查。

二、缔约一方与缔约另一方投资者之间关于该投资者在缔约一方领土内有关投资的争议或分歧应尽可能友好解决。

三、如果该争议或分歧自任何一方要求友好解决之日起6个月内未能按照本条第二款的规定解决，双方又未商定其他解决程序，有关投资者可选择下述一种或两种解决方法：

（一）向投资所在缔约一方的行政主管部门或机构申诉并寻求救济；

（二）向投资所在缔约一方有管辖权的法院提起诉讼。

四、有关补偿款额的争议和双方同意的其他争议，可以提交国际仲裁庭。

上述国际仲裁庭应按下述方式专门设立：争议双方应各委派1名仲裁员。该2名仲裁员应委派1名与缔约双方均有外交关系的第三国国民为仲裁庭主席。从争议一方通知另一方将争议提交仲裁之日起2个月内委派仲裁员，4个月内委派主席。

如果某项委派未在上款规定的期限内作出，又无其他约定，任何一方可以请求斯德哥尔摩商会仲裁院主席进行必要的委派。

仲裁庭应参考1965年3月18日在华盛顿签订的《关于解决国家和他国国民之间投资争端公约》或《联合国国际贸易法委员会仲裁规则》自行制定仲裁程序。

仲裁应根据本协定的规定、有关的国内立法、缔约双方间签订的协定和公认的国际法原则作出裁决。

仲裁庭应在有关双方共同选定的第三国工作,如果在仲裁庭最后一名仲裁员被委派后45天内未能选定工作地点,则在斯德哥尔摩工作。仲裁庭的裁决以多数票作出。裁决应是终局的,对双方均有拘束力。

仲裁庭作出裁决时,应陈述其法律依据,并应任何一方的要求,对其进行解释。

各方应负担其委派的仲裁员和其参与仲裁程序的费用。仲裁庭主席的费用由双方平均负担。

五、除本条上述规定外,缔约一方投资者与投资所在缔约另一方投资者之间的争议,可以根据双方订立的仲裁条款通过国际仲裁解决。

六、在仲裁程序终止之前和缔约一方不遵守或不履行仲裁庭作出的裁决之前,缔约任何一方不得通过外交途径追究已提交仲裁的事宜。

第八条 缔约双方之间争端的解决

一、缔约双方有关本协定的解释或适用的争端,应尽可能通过外交途径解决。

二、如在6个月内不能按上述方式解决争端,根据缔约任何一方的要求,应将争端提交仲裁庭。

三、仲裁庭应按下述方式逐案设立。缔约双方应在收到要求仲裁之日起的2个月内各委派1名仲裁员。该2名仲裁员应随后推举1名第三国的国民,由缔约双方批准任命为仲裁主席。仲裁主席应自其他两名仲裁员委派之日起的2个月内委任。

四、如果在本条第三款规定的期限内,未作出必要的委派,又无其他约定,缔约任何一方可以提请国际法院院长作出必要的委派,如国际法院院长是缔约任何一方的国民,或由于其他原因不能履行所述职责,应请副院长进行必要的委派。如副院长是缔约任何一方的国民或也不能履行此项职责,则请国际法院中非缔约任何一方国民的资深法官进行必要的委派。

五、仲裁庭应自行制定其程序规则。仲裁庭应根据本协定的规定和公认的国际法原则作出裁决,仲裁庭的裁决以多数票作出。裁决是终局的,对缔约双方均有拘束力。应缔约任何一方的请求,仲裁庭应说明其作出裁决的依据。

六、缔约双方应负担各自委派的仲裁员的费用。仲裁庭主席和仲裁庭的有关费用由缔约双方平均负担。

第九条 代位

如果缔约一方或其代表机构依对其投资者在缔约另一方领土内的某项

投资的担保向投资者作出支付,缔约另一方应承认该投资者的任何权利或请求权转让给了该缔约一方或其代表机构,并承认该缔约一方对上述权利或请求权的代位。代位的权利或请求权不得超过该投资者的原有权利或请求权。

第十条 住所位于第三国的投资者

如果为缔约一方投资者拥有或控制的某一第三国公司根据缔约另一方的法律和法规在该缔约另一方领土内进行了投资,只有在该第三国无权或放弃要求补偿的权利时,本协定的有关条款方可适用于此种投资。

第十一条 更优惠待遇

如果缔约一方根据其法律和法规给予缔约另一方投资者投资的待遇较本协定规定的待遇更为优惠,应从优适用。

第十二条 适用的投资

本协定适用于在其生效之前或之后缔约任何一方投资者根据缔约另一方的立法或法规在缔约另一方领土内进行的投资。

第十三条 生效、期限和终止

一、本协定于缔约双方相互通知各自已完成本协定生效所需的国内程序之日起30天后生效。

二、本协定有效期为15年,除非根据本条第三款规定予以终止,本协定应继续有效。

三、在本协定第一个15年有效期满后或此后的任何时间,缔约任何一方可终止本协定,但应提前1年书面通知缔约另一方。

四、对于本协定终止之日前进行或取得的投资,本协定所有其他条款的规定应自该终止之日起继续有效15年。

经各自政府正式授权的签字人签署本协定,以昭信守。

本协定于1988年11月21日在吉隆坡签字,一式两份,每份均用中文、马来文和英文写成,三种文本具有同等效力。如本协定的文本发生分歧,以英文本为准。

中华人民共和国政府代表　郑拓彬(签字)
马来西亚政府代表　拉菲达(签字)

换　文

中华人民共和国对外经济贸易部
郑拓彬部长阁下
阁下：

　　参照今日签署的中华人民共和国政府和马来西亚政府关于相互鼓励和保护投资协定第七条，我荣幸地申明，双方的谅解是：中华人民共和国政府一旦成为1965年3月18日在华盛顿开放签字的《关于解决国家和他国国民之间投资争端公约》（下称《公约》）的成员国时，缔约双方应及时就扩大提交按公约设立的解决投资争端国际中心调解和仲裁的投资争议领域的可能性进行协商。关于协商后缔约双方同意扩大的领域，中华人民共和国给予马来西亚的待遇，在同样情况下，不应低于给予其他国家的待遇。缔约双方同意的新规定应代替第七条。

　　请确认，上述正确地陈述了双方的谅解。

　　顺致崇高的敬意。

马来西亚政府贸易和工业部部长
拿汀·巴杜卡·拉菲达（签字）
1988年11月21日

马来西亚政府贸易和工业部
拿汀·巴杜卡·拉菲达部长阁下
阁下：

　　我荣幸地收到您于1988年11月21日的来函，内容如下：

　　"参照今日签署的中华人民共和国政府和马来西亚政府关于相互鼓励和保护的投资协定第七条，我荣幸地申明，双方的谅解是：中华人民共和国政府一旦成为1965年3月18日在华盛顿开放签字的《关于解决国家和他国国民之间投资争端公约》（下称《公约》）的成员国时，缔约双方应及时就扩大提交按公约设立的解决投资争端国际中心调解和仲裁的投资争议领域的可能性进行协商。关于协商后缔约双方同意扩大的领域，中华人民共和国给予马来西亚的待遇，在同样情况下，不应低于给予其他国家的待遇。缔约双方同意的新规定应代替第七条。

　　请确认，上述正确地陈述了双方的谅解。"

我确认双方的上述谅解。
顺致崇高的敬意。

中华人民共和国对外经济贸易部部长　郑拓彬（签字）
1988 年 11 月 21 日

中华人民共和国政府和菲律宾共和国政府
关于鼓励和相互保护投资协定

（1992 年 7 月 20 日）

中华人民共和国政府和菲律宾共和国政府（以下简称"缔约方"），

为发展两国的经济合作，愿在相互尊重主权和平等互利的基础上，鼓励和保护缔约一方的投资者在缔约另一方领土内投资，并为之创造良好的条件，

达成协议如下：

第一条

在本协定内：

一、"投资"一词系指在接受投资缔约一方领土内依照其法律和法规用作投资的任何种类的财产。主要包括：

（一）动产和不动产的所有权及其他财产权利；

（二）公司的股份或该公司中其他形式的权益；

（三）金钱的请求权或具有经济价值的行为请求权；

（四）著作权、工业产权、专有技术和工艺流程；

（五）依照法律授予的特许权，包括勘探和开发自然资源的特许权。

二、"投资者"一间系指：

在中华人民共和国方面：

（一）具有中华人民共和国国籍的自然人；

（二）依照中华人民共和国的法律设立，其住所在中华人民共和国领土内的经济实体；

在菲律宾共和国方面：

（一）符合菲律宾共和国宪法第四条规定的菲律宾公民；

（二）根据有效法律设立或组成并实际从事商业活动，其实际管理部门

位于菲律宾领土任何地方的公司,包括社团法人、合伙或其他社团。

基于维持公共秩序,保护基本的安全利益或承担与国际和平和安全有关的义务的需要,缔约双方可通过相互的协议把任何特别的公司从上述定义中排除。

三、"收益"一词系指由投资所产生的款项,如利润、股息、利息、提成费和其他合法收人。

第二条

一、缔约一方应鼓励缔约另一方的投资者在其领土内投资,并依照其法律和法规接受此种投资。

二、缔约一方应根据其现存法律为在其领土内从事与投资有关活动的缔约另一方国民获得签证和工作许可提供帮助和便利。

第三条

一、缔约一方的投资者在缔约另一方领土内的投资和与该投资者有关的活动应受到公正的待遇和保护。

二、本条第一款所述的待遇和保护,应不低于给予任何第三国投资者的投资和与投资有关的活动的待遇和保护。

三、本条第一款和第二款所述的待遇和保护,不应包括缔约另一方依照关税同盟、自由贸易区、经济联盟而给予第三国投资者的投资的任何优惠待遇,或由缔约任何一方根据其参加的地区性或分区性安排,或导致组成关税同盟或自由贸易区的措施,或避免双重征税协定或为了方便边境贸易而给予的其他优惠。

第四条

一、为了国家安全和公共利益,缔约任何一方可对缔约另一方投资者在其领土内的投资采取征收、国有化或其他类似措施(以下称"征收"),但应符合下列条件:

(一)依照国内法律程序;

(二)非歧视性的;

(三)给予公平合理的补偿。

二、本条第一款(三)所述的补偿,应等于宣布征收时被征收的投资财产的价值,应是可兑换和自由转移的。补偿的支付不应无故迟延。

三、如果投资者认为本条第一款所述的征收不符合采取该征收措施的缔约一方的法律,应投资者的要求,缔约一方有管辖权的法院应审查上述征收。

四、缔约一方的投资者在缔约另一方领土内的投资,如果由于战争、全国紧急状态、暴乱、骚乱或其他类似事件而遭受损失,若缔约后者一方采取有关措施,其给予该投资者的待遇不应低于给予第三国投资者的待遇。

第五条

缔约任何一方应依照其法律和法规,保证缔约另一方投资者转移在其领土内的投资和收益,包括:

（一）利润、股息、利息及其他合法收入;

（二）投资的清算款项;

（三）与投资有关的贷款的偿还款项;

（四）本协定第一条第一款第四项的提成费;

（五）技术援助或技术服务费,管理费;

（六）有关承包工程的支付;

（七）在缔约一方领土内从事与投资有关活动有缔约另一方国民的正常收入。

第六条

本协定第四条和第五条所述的转移应以可自由兑换的货币按转移之日通行的官方汇率进行。

第七条

如果缔约一方或其代理机构对其投资者在缔约另一方领土内的某项投资作了担保,并据此向投资者作了支付,缔约另一方应承认该投资者的权利或请求权转让给了缔约一方或其代理机构,并承认缔约一方对上述权利或请求权的代位。代位的权利或请求权不得超过原投资者的原有权利或请求权。

第八条

本协定适用于在其生效之前或之后缔约任何一方投资者依照缔约另一方的法律和法规在缔约另一方领土内进行的投资。

第九条

一、缔约双方对本协定的解释或适用所产生的争议应尽可能通过外交途径协商解决。

二、如争议在6个月内通过协商不能解决,根据缔约任何一方的要求,可将争议提交专设仲裁庭。

三、专设仲裁庭由3名仲裁员组成。缔约双方应在缔约一方收到缔约另一方要求仲裁的书面通知之日起的2个月内各委派1名仲裁员。该2名仲裁员应在其后的 2 个月内共同推举一名与缔约双方均有外交关系的第三国国民为第三名仲裁员,并由缔约双方任命为首席仲裁员。

四、如果在收到要求仲裁的书面通知后 4 个月内专设仲裁庭尚未组成,缔约双方间又无其他约定,缔约任何一方可以提请国际法院院长任命尚未委派的仲裁员。如果国际法院院长是缔约任何一方的国民,或由于其他原因不能履行此项职责,应请国际法院中非缔约任何一方国民的资深法官作出此项任命。

五、专设仲裁庭应自行制定其程序规则。仲裁庭应依据本协定的规定和缔约双方均承认的国际法原则作出裁决。

六、仲裁庭的裁决以多数票作出。裁决是终局的,对缔约双方具有拘束力。应缔约任何一方的请求,专设仲裁庭应说明其作出裁决的理由。

七、缔约双方应负担各自委派的仲裁员和出席仲裁程序的有关费用。首席仲裁员和仲裁庭的费用及其为履行职责所发生的有关费用由缔约双方平均负担。

第十条

一、缔约一方投资者与缔约另一方之间就在缔约另一方领土内的投资产生的争议应尽量由当事方友好协商解决。

二、如果缔约一方与缔约另一方投资者发生争议,并且未能在 6 个月内友好解决,投资者可将下列争议提交国际仲裁:

(一)有关本协定第四条所述的补偿额的争议和其他有关上述补偿的争议;

(二)当事双方同意提交国际仲裁的有关本协定其他问题的争议。

三、国际仲裁庭应逐案设立。如果当事双方无其他协议,则应在当事一方书面通知另一方其要求仲裁之日后 2 个月内各自任命 1 名仲裁员,该两名仲裁员应在其任命之日后 2 个月内协议推举 1 名与缔约双方均有外交关系的第三国的国民为首席仲裁员。如果上述任何仲裁员未能在规定的期限内被任命,可提请国际法院院长任命。如果国际法院院长是缔约一方国民或因其他原因不能履行此项职责,则由该法院 1 名非缔约任何一方国民的最资深法官作出任命。

四、当事各方应负担各自任命的仲裁员的费用。首席仲裁员为履行其职责所发生的费用及有关费用由双方平均分摊。

五、根据本协定的规定,仲裁庭应参照 1965 年 3 月 18 日在华盛顿签订的关于解决国家和他国国民之间投资争端公约制定其规则和程序。

六、仲裁庭以多数票作出裁决,裁决是终局的,具有拘束力。

第十一条

如果缔约一方根据其法律和法规给予缔约另一方投资者的投资或与投资有关的活动的待遇较本协定的规定更为优惠,应从优适用。

第十二条

一、缔约双方代表为下述目的应不时进行会谈:

(一)审查本协定的执行情况;

(二)交换法律情报和投资机会;

(三)解决有关本协定的争议;

(四)提出促进和保护投资的建议;

(五)研究与投资有关的其他事宜。

二、若缔约任何一方提出就本条第一款所列的任何事宜或对该协定的任何修改进行磋商,缔约另一方应及时作出反应。磋商可轮流在中华人民共和国和菲律宾共和国举行。

第十三条

一、本协定于缔约双方收到各自已完成国内法律程序的书面通知之日起的30天后生效,有效期为10年。

二、本协定有效期为10年。此后,除非本协定的第一个9年期满后,缔约任何一方书面通知缔约另一方终止本协定,本协定继续有效。终止通知在缔约另一方收到通知后1年生效。

三、第一至第十二条的规定对本协定终止之日前进行的投资自终止之日起有效5年。

由双方政府正式授权其各自代表签署本协定,以昭信守。

本协定于1992年7月20日在马尼拉签订,一式两份,每份都用中文和英文写成。两种文本具有同等效力。

中华人民共和国政府代表　　　　王文东(签字)
对外经济贸易部副部长
菲律宾共和国政府代表　　　　　莉莉娅·包迪斯塔(签字)
贸易工业部副部长

中华人民共和国政府和越南社会主义共和国政府
关于鼓励和相互保护投资协定

(1992年12月2日)

中华人民共和国政府和越南社会主义共和国政府(以下简称"缔约国双方"),

为发展两国的经济合作,愿在相互尊重主权和平等互利的基础上,鼓励和保护缔约国一方的投资者在缔约国另一方领土内的投资,并为之创造良好的条件,

达成协议如下:

第一条

在本协定内:

一、"投资"一词系指缔约国一方投资者依照缔约国另一方的法律和法规在后者领土内投资的各种财产,主要是:

(一)动产和不动产的所有权及其他财产权利;

(二)公司的股份或该公司中其他形式的权益;

(三)金钱请求权或具有经济价值的行为请求权;

(四)著作权、工业产权、专有技术和工艺流程;

(五)依照法律授予的特许权,包括勘探和开发自然资源的特许权。

二、"投资者"一词

在中华人民共和国方面,系指:

(一)具有中华人民共和国国籍的自然人;

(二)依照中华人民共和国的法律设立,其住所在中华人民共和国领土内的经济组织。

在越南社会主义共和国方面,系指:

(一)依照越南社会主义共和国法律为其国民的任何自然人;

(二)依照越南社会主义共和国法律设立并在其领土内有住所的任何法人。

三、"收益"一词系指由投资所产生的款项,如利润、股息、利息、提成费和其他合法收入。

第二条

一、缔约国一方应鼓励缔约国另一方的投资者在其领土内投资,并依照其法律和法规接受此种投资。

二、缔约国一方应在为其领土内从事与投资有关活动的缔约国另一方国民获得签证和工作许可提供帮助和便利。

第三条

一、缔约国一方的投资者在缔约国另一方领土内的投资和与投资有关的活动应受到公正与公平的待遇和保护。

二、本条第一款所述的待遇和保护,应不低于给予任何第三国投资者的投资和与投资有关的活动的待遇和保护。

三、本条第一款和第二款所述的待遇和保护,不应包括缔约国另一方依照关税同盟、自由贸易区、经济联盟、避免双重征税协定和为了方便边境贸易而给予第三国投资者的投资的任何优惠待遇。

第四条

一、缔约国任何一方不应对缔约国另一方投资者在其领土内的投资采取征收、国有化或其他类似措施(以下称"征收"),除非符合下列条件:

(一)为了公共利益;

(二)依照国内法律程序;

(三)所采取的措施是非歧视性的;

(四)给予补偿。

二、本条第一款(四)所述的补偿,应等于宣布征收前一刻被征收的投资财产的价值,应是可以兑换的和自由转移的。补偿的支付不应无故迟延。

三、缔约国一方的投资者在缔约国另一方领土内的投资,如果由于战争、全国紧急状态、暴乱、骚乱或其他类似事件而遭受损失,若缔约国后者一方采取有关措施,其给予该投资者的待遇不应低于给予第三国投资者的待遇。

第五条

一、缔约国任何一方应在其法律和法规的管辖下,保证缔约国另一方投资者转移在其领土内的投资和收益,包括:

(一)利润、股息、利息及其他合法收入;

(二)投资的全部或部分清算款项;

(三)与投资有关的贷款的偿还款项;

(四)本协定第一条第一款第四项的提成费;

（五）技术援助或技术服务费、管理费；

（六）与投资有关的承包工程的支付款项；

（七）在缔约国一方领土内从事与投资有关活动的缔约国另一方国民的收入。

二、上述转移,应依照转移之日接受投资缔约国一方的官方汇率进行。

第六条

如果缔约国一方或其代表机构对其投资者在缔约国另一方领土内的某项投资做了担保,并据此向投资者作了支付,缔约国另一方应承认该投资者的权利或请求权转让给了缔约国一方或其代表机构,并承认缔约国一方对上述权利或请求权的代位。代位的权利或请求权不得超过原投资者的原有权利或请求权。

第七条

一、缔约国双方对本协定的解释或适用所产生的争端应尽可能通过外交途径协商解决。

二、如在6个月内通过协商不能解决争端,根据缔约国任何一方的要求,可将争端提交专设仲裁庭。

三、专设仲裁庭由3名仲裁员组成。缔约国双方应在缔约国一方收到缔约国另一方要求仲裁的书面通知之日起的2个月内各委派1名仲裁员。该两名仲裁员应在其后的两个月内共同推举1名与缔约国双方均有外交关系的第三国国民为第三名仲裁员,并由缔约国双方任命为首席仲裁员。

四、如果在收到要求仲裁的书面通知后4个月内专设仲裁庭尚未组成,缔约国双方间又无其他约定,缔约国任何一方可以提请国际法院院长任命尚未委派的仲裁员。

如果国际法院院长是缔约国任何一方的国民,或由于其他原因不能履行此项任命,应请国际法院中非缔约国任何一方国民的资深法官履行此项任命。

五、专设仲裁庭应自行制定其程序规则。仲裁庭应依据本协定的规定和缔约国双方均承认的国际法原则作出裁决。

六、仲裁庭的裁决以多数票作出。裁决是终局的,对缔约国双方具有拘束力。应缔约国任何一方的请求,专设仲裁庭应说明其作出裁决的理由。

七、缔约国双方应负担各自委派的仲裁员和出席仲裁程序的有关费用。首席仲裁员和专设仲裁庭的有关的费用由缔约国双方平均负担。

第八条

一、缔约国一方的投资者与缔约国另一方之间就在缔约国另一方领土内的投资产生的争议应尽量由当事方友好协商解决。

二、如争议在 6 个月内未能协商解决,当事任何一方有权将争议提交接受投资的缔约国一方有管辖权的法院。

三、如涉及征收补偿款额的争议,在诉诸本条第一款的程序后 6 个月内仍未能解决,可应任何一方的要求,将争议提交专设仲裁庭。如有关的投资者诉诸了本条第二款所规定的程序,本款规定不应适用。

四、该仲裁庭应按下列方式逐案设立:争议双方应各任命 1 名仲裁员,该两名仲裁员推选 1 名与缔约国双方均有外交关系的第三国国民为首席仲裁员。头两名仲裁员应在争议任何一方书面通知另一方提出仲裁后的 2 个月内任命,首席仲裁员应在 4 个月内推选。如在上述规定的期限内,仲裁庭尚未组成,争议任何一方可提请依照 1965 年 3 月 18 日在华盛顿开放签字的《关于解决国家与他国国民投资争端公约》下设立的国际中心秘书长作出必要的委任。

五、仲裁庭应自行制定其程序。但仲裁庭在制定程序时可以参照解决投资争端国际中心仲裁规则。

六、仲裁庭的裁决以多数票作出。裁决是终局的,对争议双方具有约束力。缔约国双方根据各自的法律应对强制执行上述裁决承担义务。

七、仲裁庭应根据接受投资缔约国一方的法律(包括其冲突法规则)、本协定的规定以及缔约国双方均接受的普遍承认的国际法原则作出裁决。

八、争议各方应负担其委派的仲裁员和出席仲裁程序的费用,首席仲裁员的费用和仲裁庭的其余费用应由争议双方平均负担。

第九条

如果缔约国一方根据其法律和法规给予缔约国另一方投资者的投资或与投资有关的活动的待遇较本协定的规定更为优惠,应从优适用。

第十条

本协定应适用于在其生效之前或之后缔约国任何一方投资者依照缔约国另一方的法律和法规在缔约国另一方的领土内进行的投资。

第十一条

一、缔约国双方代表为下述目的应不时进行会谈:

(一)审查本协定的执行情况;

(二)交换法律情报和投资机会;

（三）解决因投资引起的争议；
（四）提出促进投资的建议；
（五）研究与投资有关的其他事宜。

二、若缔约国任何一方提出应本条第一款所列的任何事宜进行磋商，缔约国另一方应及时作出反应。磋商可轮流在北京和河内举行。

第十二条

一、本协定于缔约国双方相互书面通知已完成各自国内法律程序之日后下一个月的第一天开始生效，有效期为10年。

二、如缔约国任何一方未在本条第一款规定的有效期期满前1年书面通知缔约国另一方终止本协定，本协定将继续有效。

三、本协定第一个10年有效期满后，缔约国任何一方可随时终止本协定，但至少应提前1年书面通知缔约国另一方。

四、第一至第十一条的规定对本协定终止之日前进行的投资应继续适用10年。

由双方政府正式授权其各自代表签署本协定，以昭信守。

本协定于1992年12月2日在河内签订，一式两份，每份都用中文、越文和英文写成。三种文本具有同等效力。如解释上出现分歧，以英文本为准。

中华人民共和国政府代表　李岚清（签字）
越南社会主义共和国政府代表　窦玉春（签字）

中华人民共和国政府和老挝人民民主共和国政府关于鼓励和相互保护投资协定

（1993年1月31日）

中华人民共和国政府和老挝人民民主共和国政府（以下简称"缔约国双方"），

为发展两国的经济合作，愿在相互尊重主权和平等互利的基础上，鼓励和保护缔约国一方的投资者在缔约国另一方领土内的投资，并为之创造良好的条件，

达成协议如下：

第一条

在本协定内:

一、"投资"一词系指缔约国一方投资者依照缔约国另一方的法律和法规在后者领土内投资的各种财产,主要是:

(一)动产和不动产的所有权及其他财产权利;

(二)公司的股份或该公司中其他形式的权益;

(三)金钱请求权和具有经济价值的行为请求权;

(四)著作权、工业产权、专有技术和工艺流程;

(五)依照法律授予的特许权,包括勘探和开发自然资源的特许权。

二、"投资者"一词

对缔约国双方,系指:

(一)具有缔约国任何一方国籍的自然人;

(二)依照缔约国任何一方法律、法规设立的经济组织。

三、"收益"一词系指由投资所产生的款项,加利润、股息、利息、提成费和其他合法收入。

第二条

一、缔约国一方应鼓励缔约国另一方的投资者在其领土内投资,并依照其法律和法规接受此种投资。

二、缔约国一方应在为其领土内从事与投资有关活动的缔约国另一方国民获得签证和工作许可提供帮助和便利。

第三条

一、缔约国一方的投资者在缔约国另一方领土内的投资和与投资有关的活动应受到公正与公平的待遇和保护。

二、本条第一款所述的待遇和保护,应不低于给予任何第三国投资者的投资和与投资有关的活动的待遇和保护。

三、本条第一款和第二款所述的待遇和保护,不应包括缔约国另一方依照关税同盟、自由贸易区、经济联盟、避免双重征税协定和为了方便边境贸易而给予第三国投资者的任何优惠待遇。

第四条

一、缔约国任何一方不应对缔约国另一方投资者在其领土内的投资采取征收、国有化或其他类似措施(以下称"征收"),除非符合下列条件:

(一)为了公共利益;

(二)依照国内法律程序;

（三）所采取的措施是非歧视性的；

（四）给予适当和有效的补偿。

二、本条第一款（四）所述的补偿，应等于宣布征收前一刻被征收的投资财产的价值，应是可以兑换的和自由转移的。补偿的支付不应无故迟延。

三、缔约国一方的投资者在缔约国另一方领土内的投资，如果由于战争、全国紧急状态、暴乱、骚乱或其他类似事件而遭受损失，若缔约国后者一方采取有关措施，其给予该投资者的待遇不应低于给予第三国投资者的待遇。

第五条

一、缔约国任何一方应在其法律和法规的管辖下，保证缔约国另一方投资者转移在其领土内的投资和收益，包括：

（一）利润、股息、利息及其他合法收入；

（二）投资的全部或部分清算款项；

（三）与投资有关的贷款协议的偿还款项；

（四）本协定第一条产生的提成费；

（五）技术援助或技术服务费、管理费；

（六）有关承包工程的支付；

（七）在缔约国一方领土内从事与投资有关活动的缔约国另一方国民的收入。

二、上述转移，应依照转移之日接受投资缔约国一方的通行的汇率进行。

第六条

如果缔约国一方或其代表机构对其投资者在缔约国另一方领土内的某项投资做了担保，并据此向投资者作了支付，缔约国另一方应承认该投资者的权利或请求权转让给了缔约国一方或其代表机构，并承认缔约国一方对上述权利或请求权的代位。代位的权利或请求权不得超过原投资者的原有权利或请求权。

第七条

一、缔约国双方对本协定的解释或适用所产生的争端应尽可能通过外交途径协商解决。

二、如在6个月内通过协商不能解决争端，根据缔约国任何一方的要求，可将争端提交专设仲裁庭。

三、专设仲裁庭由3名仲裁员组成。缔约国双方应在缔约国一方收到缔约国另一方要求仲裁的书面通知之日起的 2 个月内各委派 1 名仲裁员。该两名仲裁员应在其后的 2 个月内共同推举 1 名与缔约国双方均有外交关系的第三国国民为第三名仲裁员,并由缔约国双方任命为首席仲裁员。

四、如果在收到要求仲裁的书面通知后 4 个月内专设仲裁庭尚未组成,缔约国双方间又无其他约定,缔约国任何一方可以提请国际法院院长任命尚未委派的仲裁员。

如果国际法院院长是缔约国任何一方的国民,或由于其他原因不能履行此项任命,应请国际法院中非缔约国任何一方国民的资深法官履行此项任命。

五、专设仲裁庭应自行制定其程序规则。仲裁庭应依据本协定的规定和缔约国双方均承认的国际法原则作出裁决。

六、仲裁庭的裁决以多数票作出。裁决是终局的,对缔约国双方具有拘束力。应缔约国任何一方的请求,专设仲裁庭应说明其作出裁决的理由。

七、缔约国双方应负担各自委派的仲裁员和出席仲裁程序的有关费用。首席仲裁员和专设仲裁庭的有关的费用由缔约国双方平均负担。但是,仲裁庭可以裁决缔约国一方承担较多的费用。

第八条

一、缔约国一方的投资者与缔约国另一方之间就在缔约国另一方领土内的投资产生的争议应尽量由当事方友好协商解决。

二、如争议在 6 个月内未能协商解决,当事任何一方有权将争议提交接受投资的缔约国一方有管辖权的法院。

三、如涉及征收补偿款额的争议,在诉诸本条第一款的程序后 6 个月内仍未能解决,可应任何一方的要求,将争议提交专设仲裁庭。如有关的投资者诉诸了本条第二款所规定的程序,本款规定不应适用。

四、该仲裁庭应按下列方式逐案设立:争议双方应各任命 1 名仲裁员,该 2 名仲裁员推选 1 名与缔约国双方均有外交关系的第三国国民为首席仲裁员。头 2 名仲裁员应在争议任何一方书面通知另一方提出仲裁后的 2 个月内任命,首席仲裁员应在 4 个月内推选。如在上述规定的期限内,仲裁庭尚未组成,争议任何一方可提请解决投资争端国际中心秘书长作出必要的委任。

五、仲裁庭应自行制定其程序。但仲裁庭在制定程序时可以参照解决投资争端国际中心仲裁规则。

六、仲裁庭的裁决以多数票作出。裁决是终局的,对争议双方具有约束力。缔约国双方根据各自的法律应对强制执行上述裁决承担义务。

七、仲裁庭应根据接受投资缔约国一方的法律（包括其冲突法规则）、本协定的规定以及缔约国双方均接受的普遍承认的国际法原则作出裁决。

八、争议各方应负担其委派的仲裁员和出席仲裁程序的费用，首席仲裁员的费用和仲裁庭的其余费用应由争议双方平均负担。但是，仲裁庭可以裁决一方承担较多的费用。

第九条

如果缔约国一方根据其法律和法规给予缔约国另一方投资者的投资或与投资有关的活动的待遇较本协定的规定更为优惠，应从优适用。

第十条

本协定应适用于在其生效之前或之后缔约国任何一方投资者的投资，该投资应依照缔约国另一方的法律和法规获得批准。

第十一条

一、缔约国双方代表为下述目的应不时进行会谈：

（一）审查本协定的执行情况；

（二）交换法律情报和投资机会；

（三）解决因投资引起的争议；

（四）提出促进投资的建议；

（五）研究与投资有关的其他事宜。

二、若缔约国任何一方提出就本条第一款所列的任何事宜进行磋商，缔约国另一方应及时作出反应。磋商可轮流在北京和万象举行。

第十二条

一、本协定于缔约国双方相互书面通知已完成各自国内法律程序之日后下一个月的第一天开始生效，有效期为10年。

二、如缔约国任何一方未在本条第一款规定的有效期满前1年书面通知缔约国另一方终止本协定，本协定将继续有效。

三、本协定第一个10年有效期满后，缔约国任何一方可随时终止本协定，但至少应提前1年书面通知缔约国另一方。

四、第一至第十一条的规定对本协定终止之日前进行的投资应继续适用十年。

由双方政府正式授权其各自代表签署本协定，以昭信守。

本协定于1993年1月31日在万象签订。一式两份，每份都用中文、老挝文和英文写成，三种文本具有同等效力。如解释上发生分歧，以英文本为准。

中华人民共和国政府代表　钱其琛（签字）
老挝人民民主共和国政府代表　奔·西巴色（签字）

中华人民共和国政府和印度尼西亚共和国政府
关于促进和保护投资协定

（1994年11月18日）

中华人民共和国政府和印度尼西亚共和国政府（以下称"缔约双方"），愿在相互尊重主权、平等互利原则的基础上和为发展两国间经济合作，为鼓励、保护并为缔约一方的投资者在缔约另一方领土内投资创造有利条件，

认识到促进和保护此种投资将有助于促进经营的积极性和增进两国的繁荣，

达成协议如下：

第一条　定义

本协定内：

一、"投资"一词系指缔约一方投资者依照缔约另一方的法律和法规在缔约另一方领土内所投入的各种财产，包括，但不限于：

（一）动产和不动产及其他权利，如抵押权、留置权或质权；

（二）公司的股份、股票和债券或公司财产中的利益；

（三）金钱请求权或其他具有财产价值的与投资有关的行为请求权；

（四）知识产权，包括著作权、商标、专利、工业设计、专有技术、商名、商业秘密和商誉；

（五）法律赋予或通过与投资有关合同而具有的经营特许权，包括勘探、耕作、提炼或开发自然资源的特许权。

二、"投资者"一词

在中华人民共和国方面，系指在印度尼西亚共和国领土内已经投资或正在进行投资的中华人民共和国的国民或公司；

在印度尼西亚共和国方面，系指在中华人民共和国领土内已经投资或正在进行投资的印度尼西亚共和国的国民或作为其国民的公司。

三、"公司"一词

在中华人民共和国方面,系指依照其法律设立,其住所在中华人民共和国领土内的经济组织;

在印度尼西亚共和国方面,系指依照其法律在印度尼西亚共和国领土内组成的有限责任公司或设立的任何法人。

四、"国民"一词

在中华人民共和国方面,系指具有中华人民共和国国籍的自然人;

在印度尼西亚共和国方面,系指按照印度尼西亚共和国法律是印度尼西亚国民的人。

五、"收益"一词系指由投资所产生的款项,特别是,但不限于,包括利润、股息、利息、资本利得、提成费或其他合法收入。

六、"中国"一词包括中华人民共和国的领土及根据国际法中华人民共和国拥有主权、主权权利或管辖权的领域;

"印度尼西亚"一词包括印度尼西亚共和国的领土及根据国际法印度尼西亚共和国拥有主权、主权权利或管辖权的领域。

第二条 投资的促进和保护

一、缔约一方应鼓励缔约另一方的投资者在其领土内投资并为之创造有利条件,并依照其法律和法规接受此种投资。

二、缔约任何一方投资者在缔约另一方领土内的投资应始终受到公正与公平的待遇并享受充分的保护和保障。

第三条 协定范围

本协定适用于中华人民共和国的投资者按照关于外国资本投资 1967 年 1 号法律和任何修改或替代之法律已先前获准进入印度尼西亚共和国领土内的投资,并适用于印度尼西亚共和国投资者按照中华人民共和国有关的法律和法规获准进入中华人民共和国领土内的投资。

任何关于中华人民共和国投资者在外国资本投资 1967 年 1 号法律通过前在印度尼西亚共和国领土内的投资的事宜可由缔约双方磋商。

第四条 最惠国条款

一、缔约任何一方在其领土内给予缔约另一方投资者实施的投资和产生的收益的待遇不应低于其给予任何第三国投资者实施的投资和产生的收益的待遇。

二、缔约任何一方在其领土内给予缔约另一方投资者在管理、使用、享有或处置其投资及与这些投资有关的任何活动的待遇,不应低于其给予任何第三国投资者的待遇。

三、上述所述的待遇不适用于缔约任何一方因参加关税同盟、共同市场、自由贸易区、经济多边或国际协定，或因缔约一方与第三国缔结的避免双重征税协定，或因边境贸易安排而给予第三国投资者的任何优惠或特权。

第五条　损害或损失补偿

缔约一方的投资者在缔约另一方领土内的投资，因缔约另一方领土内发生战争或其他武装冲突、革命、全国紧急状态、暴乱、起义或骚乱而受到损失，缔约另一方如果予以恢复、赔偿、补偿或其他处理方面的待遇，不应低于其给予任何第三国投资者的待遇。

第六条　征收

一、只有为了与采取征收的缔约一方国内需要相关的公共目的，并给予补偿，缔约任何一方投资者在缔约另一方领土内的投资方可被国有化、征收或采取与国有化或征收效果相同的措施（以下称"征收"）。此种补偿应等于投资在征收决定被宣布或公布前一刻的价值。此种补偿不应不适当地迟延，并应有效地实现和自由转移。

二、缔约一方依照有效法律对在其领土内任何地方设立或组成并由缔约另一方投资者持有股份的公司之资产进行征收时，应保证适用本条第一款的规定，从而保证拥有此种股份的缔约另一方投资者得到上一款规定的补偿。

第七条　投资汇回

一、缔约任何一方应根据其法律和法规就缔约另一方投资者的投资准许投资者在完成其全部纳税义务后，转移以下款项，并不得无故迟延：

1. 资本和用于维持及扩大投资的追加资本款额；
2. 经营净利润包括外国合伙人持股份额所得的股息和利息；
3. 与投资有关的贷款的偿还款项及利息；
4. 提成费和服务费的支付；
5. 外国持股人股票销售款项；
6. 损害或损失的补偿；
7. 投资者在清算时所得款项；
8. 被允许在缔约一方的领土内从事与投资有关工作的缔约另一方国民的收入。

二、若缔约任何一方的投资者与投资所在的缔约另一方的有关当局无其他协议，按照本条第一款进行的转移应允许是初始投资所用货币或任何其他可自由兑换货币。此种转移应按照转移当日通行的转移所用的货币汇率进行。

三、虽然有以上几款,但缔约任何一方可主张法律和法规所要求的货币转移报告。

第八条 代位

如果缔约一方或其任何指定机构对其投资者在缔约另一方领土内的某项投资就非商业性风险做了担保,并据此向投资者作了支付,缔约另一方应承认该投资者的权利转让给了缔约一方或其任何指定机构,缔约一方的代位不得超过该投资者的原有权利。

第九条 投资者与缔约一方之间的投资争议

一、缔约一方的投资者与缔约另一方之间就在缔约另一方领土内的投资产生的任何争议应友好解决。

二、如争议在6个月内未解决,当事任何一方可根据投资所在缔约一方的法律和法规将争议提交该缔约方有管辖权的法院。

三、如涉及因征收发生的补偿款额的争议,在诉诸本条第一款的程序后6个月内仍未能解决,争议可提交专设仲裁庭。如有关的投资者诉诸了本条第二款规定的程序,本款规定不应适用。

1. 该专设仲裁庭应按下列方式逐案设立:争议双方应各任命1名仲裁员,该2名仲裁员推选1名与缔约双方均有外交关系的第三国的国民为首席仲裁员。头2名仲裁员应在争议任何一方书面通知另一方提出仲裁后的2个月内任命,首席仲裁员应在4个月内推选。如在上述规定的期限内,仲裁庭尚未组成,争议任何一方可提请解决投资争议国际中心秘书长作出必要的委任。

2. 仲裁庭应自行制定其程序。但仲裁庭在制定程序时可以参照解决投资争端国际中心仲裁规则。

3. 仲裁庭的裁决以多数票作出。裁决是终局的,对争议双方具有约束力。

4. 仲裁庭应根据争议缔约一方的法律、本协定的规定以及缔约双方均接受的普遍承认的国际法原则作出裁决。

5. 争议各方应负担其委派的仲裁员和出席仲裁程序的费用,首席仲裁员的费用和仲裁庭的其余费用应由争议双方平均负担。

第十条 缔约双方之间的争议

缔约双方对本协定的解释或适用所产生的争端应通过外交谈判友好

解决。

第十一条　其他义务

如果缔约一方现在或将来的立法或缔约双方签署的国际协议为缔约另一方投资者的投资提供了较本协定的规定更为优惠的待遇,应从优适用。

第十二条　磋商与修改

一、缔约任何一方可要求就缔约双方同意讨论的事项进行磋商。

二、若认为有必要,并经双方同意,本协定可随时修改。

第十三条　生效、期限和终止

一、本协定自缔约双方以书面形式相互通知已完成各自国内法律程序之日起下一个月的第一天开始生效,有效期为10年。如缔约任何一方未在有效期期满前一年书面通知终止本协定,本协定将继续有效10年。

二、第一至第十二条的规定对本协定终止之日前进行的投资应继续适用10年。

由双方政府正式授权其各自代表签署本协定,以昭信守。

本协定于1994年11月18日在雅加达签订,一式两份,每份都用中文、印度尼西亚文和英文写成,三种文本具有同等效力。如解释上发生分歧,以英文本为准。

中华人民共和国政府代表　钱其琛(签字)
印度尼西亚共和国政府代表　阿里·阿拉塔斯(签字)

议　定　书

值此中华人民共和国政府和印度尼西亚共和国政府关于促进和保护投资协定(以下称"协定")签字之际,双方签字人议定如下各项,作为本协定的组成部分:

关于第九条:

一旦中华人民共和国成为1965年3月18日在华盛顿开放签字的《关于解决国家和他国国民之间投资争端公约》的成员国时,缔约双方将就提交"解决投资争端国际中心"进行调解或仲裁解决缔约一方投资者与缔约另一方之间的争议的种类达成一项补充协议。

该补充协议以换文形式达成,应是本协定的组成部分。

本议定书于1994年11月18日在雅加达签订,一式两份,每份都用中文、印度尼西亚文和英文写成,三种文本具有同等效力。如解释上发生分歧,以英文本为准。

中华人民共和国政府代表　钱其琛(签字)
印度尼西亚共和国政府代表　阿里·阿拉塔斯(签字)

中华人民共和国政府和柬埔寨王国政府
关于促进和保护投资协定

(1996年7月19日)

中华人民共和国政府和柬埔寨王国政府(以下称"缔约双方"),

为缔约一方投资者在缔约另一方领土内的投资创造有利条件,

认识到相互鼓励、促进和保护此种投资将有助于促进投资者投资的积极性和增进两国的繁荣,

愿在平等互利的原则的基础上,加强两国间经济合作,

达成协议如下:

第一条

本协定内:

一、"投资"一词系指缔约一方投资者依照缔约另一方的法律和法规在缔约另一方领土内所投入的各种财产,特别是,但不限于:

(一)动产、不动产及其他财产权利,如抵押权、质权;

(二)公司的股份、股票和任何其他形式的参股;

(三)金钱请求权或任何其他具有经济和财政价值的行为请求权;

(四)著作权、工业产权、专用技术、工艺流程、商标和商名;

(五)依照法律授予的特许权,包括勘探和开发自然资源的特许权。

二、"投资者"一词

在中华人民共和国方面,系指:

(一)具有中华人民共和国国籍的自然人;

(二)依照中华人民共和国的法律设立,其住所在中华人民共和国领土内的经济组织。

在柬埔寨王国方面,系指:

(一)具有柬埔寨王国国籍的自然人;

（二）依照柬埔寨王国法律设立，其住所在柬埔寨王国领土内的经济组织。

三、"收益"一词系指由投资所产生的款项，如利润、股息、利息、提成费和其他合法收入。

四、"领土"一词系指缔约一方在其法律中确定的领土及根据国际法缔约一方拥有主权、主权权利或管辖权的毗邻区域。

第二条

一、缔约一方应鼓励缔约另一方的投资者在其领土内投资，并依照其法律和法规接受此种投资。

二、缔约一方应根据其法律法规为在其领土内从事与投资有关活动的缔约另一方国民获得签证和工作许可提供帮助和便利。

第三条

一、缔约任何一方的投资者在缔约另一方的领土内的投资和与投资有关的活动应受到公正与公平的待遇和保护。

二、本条第一款所述的待遇和保护不应低于其给予任何第三国投资者的投资及与投资有关的活动的待遇和保护。

三、本条第一款和第二款所述的待遇和保护，不应包括缔约另一方依照关税同盟、自由贸易区、经济联盟、避免双重征税协定和为了方便边境贸易而给予第三国投资者的投资的任何优惠待遇。

第四条

一、缔约任何一方不应对缔约另一方的投资者在其领土内的投资采取征收、国有化或其他类似措施（以下称"征收"），除非符合下列条件：

（一）为了公共利益；

（二）依照国内法律程序；

（三）非歧视性；

（四）给予补偿。

二、本条第一款（四）所述的补偿，应等于宣布征收前一刻被征收的投资财产的价值，应是可以兑换的和自由转移的。补偿的支付不应无故迟延。

第五条

缔约一方的投资者在缔约另一方领土内，如果由于战争、全国紧急状态、暴乱、骚乱或其他类似事件而遭受损失，若缔约另一方采取补偿等有关措施，其给予投资者的待遇不应低于给予任何第三国投资者的待遇。

第六条

一、缔约任何一方应依照其法律和法规,保证缔约另一方投资者转移在其领土内的投资和收益,包括:

（一）利润、股息、利息及其他合法收入;

（二）投资的全部或部分清算款项;

（三）与投资有关的贷款协议的偿还款项;

（四）本协定第一条第一款第（四）项的提成费;

（五）技术援助或技术服务费、管理费;

（六）有关承包工程的支付;

（七）在缔约一方的领土内从事与投资有关活动的缔约另一方国民的收入。

二、上述转移应依照转移之日接受投资缔约一方通行的市场汇率进行。

第七条

如果缔约一方或其指定的任何代表机构就其投资者在缔约另一方领土内的任何投资做了担保,并据此向投资者作了支付,缔约另一方应承认该投资者的权利或请求权转让给了缔约一方或其代表机构,并承认缔约一方或其代表机构对上述权利或请求权的代位。代位的权利或请求权不得超过原投资者的原有权利或请求权。

第八条

一、缔约双方对本协定的解释或适用所产生的争端应尽可能通过外交途径协商解决。

二、如在6个月内通过协商不能解决争端,根据缔约任何一方的要求,可将争端提交专设仲裁庭。

三、专设仲裁庭由3名仲裁员组成。缔约双方应在缔约一方收到缔约另一方要求仲裁的书面通知之日起的2个月内各委派1名仲裁员。该2名仲裁员应在其后的2个月内,征得缔约双方同意,共同推举1名与缔约双方均有外交关系的第三国的国民为第三名仲裁员,并由缔约双方任命为首席仲裁员。

四、如果在收到要求仲裁的书面通知后4个月内仲裁庭尚未组成,缔约双方间又无其他约定,缔约任何一方可提请国际法院院长任命尚未委派的仲裁员。如果国际法院院长是缔约任何一方的国民,或由于其他原因不能履行此项任命,应请国际法院中非缔约任何一方国民的资深法官履行此项任命。

五、专设仲裁庭应自行制定其程序规则。仲裁庭应依照本协定的规定和缔约双方均承认的国际法原则作出裁决。

六、仲裁庭的裁决以多数票作出。裁决是终局的,对缔约双方具有拘束力。应缔约任何一方的请求,专设仲裁庭应说明其作出裁决的理由。

七、缔约双方应负担各自委派的仲裁员和出席仲裁程序的有关费用。首席仲裁员和专设仲裁庭的有关的费用由缔约双方平均负担。

第九条

一、缔约一方的投资者与缔约另一方之间就在缔约另一方领土内的投资产生的任何争议应尽量由当事方友好协商解决。

二、如争议在6个月内未能协商解决,当事任何一方有权将争议提交接受投资的缔约一方有管辖权的法院。

三、如涉及征收补偿款额的争议,在诉诸本条第一款的程序后6个月内仍未能解决,可应任何一方的要求,将争议提交专设仲裁庭。如有关的投资者诉诸了本条第二款所规定的程序,本款规定不应适用。

四、该仲裁庭应按下列方式逐案设立:争议双方应各任命1名仲裁员,该两名仲裁员征得双方同意后,推选1名与缔约双方均有外交关系的第三国国民为首席仲裁员。头2名仲裁员应在争议任何一方书面通知另一方提出仲裁后的2个月内任命,首席仲裁员应在4个月内推选。如在上述规定的期限内,仲裁庭尚未组成,争议任何一方可提请解决投资争端国际中心秘书长作出必要的任命。

五、仲裁庭应自行制定其程序。但仲裁庭在制定程序时可以参照解决投资争端国际中心仲裁规则。

六、仲裁庭的裁决以多数票作出。裁决是终局的,对争议双方具有约束力。缔约双方根据各自的法律应对强制执行上述裁决承担义务。

七、仲裁庭应根据接受投资缔约一方的法律(包括其冲突法规则)、本协定的规定以及普遍承认的国际法原则作出裁决。

八、争议各方应负担其委派的仲裁员和出席仲裁程序的费用,首席仲裁员的费用和仲裁庭的其余费用应由争议双方平均负担。

第十条

本协定应适用于在其生效之前或之后缔约任何一方投资者依照缔约另一方的法律和法规在缔约另一方的领土内进行的投资。

第十一条

一、缔约双方代表为下述目的应不时进行会谈：

（一）审查本协定的执行情况；

（二）交换法律情报和投资机会；

（三）解决因投资引起的争议；

（四）提出促进投资的建议；

（五）研究与投资有关的其他事宜。

二、若缔约任何一方提出就本条第一款所列的任何事宜进行磋商，缔约另一方应及时作出反应。磋商可轮流在北京和金边举行。

第十二条

一、本协定自缔约双方完成各自国内法律程序并以书面形式相互通知之日起下一个月的第一天开始生效，有效期5年。

二、如缔约任何一方未在本条第一款规定的有效期期满前1年书面通知缔约另一方终止本协定，本协定将继续有效。

三、本协定第一个5年有效期期满后，缔约任何一方可随时终止本协定，但至少应提前1年书面通知缔约另一方。

四、第一至第十二条的规定对本协定终止之日前进行的投资应继续适用10年。

由双方政府正式授权其各自代表签署本协定，以昭信守。

本协定于1996年7月19日在北京签订。一式两份，每份都用中文、高棉文和英文写成，三种文本具有同等效力。如解释上发生分歧，以英文本为准。

中华人民共和国政府代表　陈新华（签字）

柬埔寨王国政府代表　吉春（签字）

中华人民共和国政府和文莱达鲁萨兰国政府
关于鼓励和相互保护投资协定

（2000年11月17日）

中华人民共和国政府和文莱达鲁萨兰国政府（以下称"缔约双方"），

愿为缔约一方的投资者在缔约另一方领土内投资创造有利条件；

认识到相互鼓励、促进保护投资将有助于激励投资者的经营积极性及增进两国繁荣;

认识到基于投资的技术转让和人力资源发展的重要性;

愿在平等互利原则的基础上,加强两国间的经济合作;

达成协议如下:

第一条 定义

本协定内:

一、(一)"投资"一词系指缔约一方投资者依照缔约另一方的法律和法规在后者方领土内所投入的各种财产,特别包括,但不限于:

1. 动产、不动产及其他财产权利,如抵押权、留置权或质押权;

2. 公司的股份、股票、债券和任何其他形式的参股,以及由缔约一方发行的证券;

3. 金钱请求权或其他具有金钱价值的与投资有关的合同项下的行为请求权;

4. 工业产权和知识产权,特别是著作权、专利、注册外观设计、商标、商名、商业秘密、工艺流程、专有技术和商誉;

5. 法律或合同授予商业特许权,包括勘探、耕作、提炼或开发自然资源的商业特许权。

作为投资的财产发生任何形式上的变更,不影响其作为投资的性质。

(二)"领土"一词系指任何缔约一方根据国际法行使主权或管辖权的领土及海岸毗邻的海域。

二、"投资者"一词,系指国民和公司。

(一)"国民"一词系指:

1. 在文莱达鲁萨兰国方面,系指根据适用文莱达鲁萨兰国法律取得文莱达鲁萨兰国国民地位的自然人;

2. 在中华人民共和国方面,系指根据中华人民共和国法律具有中华人民共和国国籍的自然人;

(二)"公司"一词系指正当设立、组建或组织的,具有或不具有法人资格的任何实体,包括合伙、公司、个体业主、商号、协会或其他组织。

1. 根据缔约一方法律在其境内设立并具有有效的经营场所;或

2. 根据第三国法律设立,且在本款第1项定义的缔约一方的国民或公司在公司中享有实质或控制利益;

不论其行为是否以营利为目的,是否采取有限或无限责任的形式。

本款第 2 项的规定仅在第三国放弃或没有行使保护上述公司的权利时,方能适用。

三、"收益"一词系指由投资合法产生的款项,特别包括,但不限于:利润、财务所得、资本利得、股息、利息、提成费和费用。

第二条 促进投资

一、缔约一方应鼓励缔约另一方的投资者在其领土内投资,并依照其法律和法规接受此种投资。

二、缔约一方的人员为了在缔约另一方领土内从事与投资有关的活动提出的入境、停留的申请,缔约另一方应根据其国内法律给予善意的考虑。对于工作许可的申请也应给予善意考虑。

第三条 保护和待遇

一、缔约任何一方的投资者在缔约另一方的领土内的投资和与投资有关的活动应受到公正与公平的待遇。

二、缔约任何一方的投资者在缔约另一方领土内的投资,应始终受到充分的保护和保障。缔约任何一方均不得采取任何任意的或歧视性的措施,损害缔约另一方的投资者在其领土内对投资的管理、维持、使用或享有。投资和再投资的收益应与投资享受同等保护。

三、本条第一款和第二款中所述的待遇和保护不应低于其给予任何第三国投资者的投资及与投资有关的活动的待遇和保护。

四、本条第一款、第二款和第三款所述的待遇和保护,不应包括依照现存的和将来的关税同盟、自由贸易区、经济联盟、避免双重征税任何协定或安排以及方便边境贸易的协定而给予第三国投资者的任何优惠待遇。

第四条 征收

一、除非为了公共目的,非歧视的并给予适当的补偿,缔约任何一方的投资者在缔约另一方领土内的投资不得被直接或间接地征收、国有化或采取与征收或国有化效果相同的措施(以下称"征收")。

二、第一款所述的补偿,应等于被征收的投资在征收行为发生或已为公众所知前一刻的真正价值,以时间在前者为准,并应当包括直至付款之日按当时通行的商业贷款利率计算的利息。补偿应不迟延支付,并应有效地兑换和自由转移。主张其全部或部分投资已被征收的投资者应有权依照采取征收的缔约一方法律,要求合适的司法或独立行政机构迅速审理以决定该征收其投资的价值是否符合本款规定的原则。

三、依照有效法律在缔约一方领土之内任何地方设立或组成的且缔约另一方投资者投资的公司之投资被征收时,缔约一方根据其法律法规,应当保证:(1)适用本条第一、二款的规定,对该公司进行补偿;或(2)适用本条第一、二款的规定,直接对缔约另一方的投资者进行补偿。

但条件是,本款在任何时候均不被解释为要求缔约一方同时依第1与第2项给予补偿。

第五条 损害或损失补偿

一、缔约一方的投资者在缔约另一方领土内的投资,如果由于战争或其他武装冲突、全国紧急状态、暴乱、骚乱而遭受损失,缔约另一方在恢复、补偿或其他有价值的报酬方面给予该投资者的待遇不应低于其给予任何第三国国民或公司的待遇。

二、在不损害本条第一款的情况下,缔约一方的投资者在缔约另一方领土内,在上款所述事态下遭受损失或损害,由于:

(一)缔约另一方的军队或当局征用了其财产;

(二)缔约另一方的军队或当局非因战斗行动或情势必须而毁坏了其财产。

应予以恢复或给予公平与充分的补偿。

三、本条发生的支付应以可兑换的货币自由转移,并应按照第六条汇回。

第六条 汇回

一、缔约任何一方应按照其法律和法规,保证缔约另一方投资者转移在其领土内的投资和收益,包括:

(一)利润、股息、利息及其他合法收入;

(二)初始资本投资和增资的全部或部分销售或清算产生的款项;

(三)与投资有关的贷款协议的偿还款项;

(四)本协定第一条第三款提及的提成费;

(五)技术援助或技术服务费、管理费;

(六)有关承包工程的支付;

(七)在缔约一方的领土内从事与投资有关工作的缔约另一方国民的收入。

(八)本协定第四条和第五条规定的赔偿之支付。

二、货币的转移应以该资本初始投资时的可兑换货币或缔约一方相关投资者与缔约另一方同意的任何其他可兑换货币不迟延地实施。转移应按照接受投资的缔约方在转移之日的市场兑换率进行。在市场兑换率不存在的情况下,汇率应等于支付日国际货币基金组织用于有关货币兑换特别提款权的汇率套算的交叉汇率。

第七条 代位

如果缔约一方依照其对在缔约另一方领土内某项投资的保证向其投资者作了支付,如果缔约一方领土内的投资在依法设立的制度下就非商业风险进行了投保且保险人依照有关投资的保证作了支付,则在不损害缔约前者一方根据本协定第八条的权利的情况下,投资在其领土内的缔约另一方应当承认缔约前者一方的国民或公司的任何权利或请求权,依法或通过合法交易转让给了缔约前者一方或适当的保险人。缔约另一方还应承认缔约前者一方或保险人代位主张与原权利人同等的权利或请求权。对该已转让的请求权的转移支付,本协定第五条和第六条应加以必要的变更后适用。

第八条 缔约双方的争议解决

一、缔约双方对本协定的解释、适用所产生的争端应尽可能通过外交途径协商和谈判解决。

二、如争端在9个月内不能解决,根据缔约任何一方的要求,应将争端提交专设仲裁庭解决。

三、专设仲裁庭应由3名仲裁员组成。自缔约一方收到缔约另一方要求仲裁的书面通知的2个月内,缔约双方应各指派1名仲裁员。该2名仲裁员应在书面通知收到之日起4个月内,同意1名与缔约双方均有外交关系的第三国的国民为仲裁庭首席仲裁员。

四、如果自收到要求仲裁的书面通知之日起4个月内尚未组成仲裁庭,又无任何其他协议,缔约任何一方可请求国际法院院长作出必要的指派,如院长是缔约任何一方国民,或因其他原因不能履行此项职责,则应请求非缔约任何一方国民的国际法院最资深法官作出必要的任命。

五、仲裁庭应自行制定其程序规则。仲裁庭应根据本协定的规定和缔约双方均承认的国际法原则作出裁决。

六、仲裁庭的裁决以多数票作出。裁决是终局的,并对双方具有约束力。应缔约任何一方的请求,专设仲裁庭应说明其作出裁决的理由。

七、缔约双方应负担各自指派的仲裁员和出席仲裁程序的有关费用。首席仲裁员和专设仲裁庭的有关费用应由缔约双方平均分担。仲裁庭可就费用事宜自行作出其他规定。

八、仲裁庭应在缔约双方均认可的中立国举行会议。

第九条　投资争议的解决

一、缔约一方的投资者与缔约另一方之间关于投资产生的争议应尽量由争议双方友好协商解决。

二、如争议自争议当事一方提出之日起 6 个月内未能解决，争议缔约一方在此同意将争议提交仲裁解决，但条件是争议缔约一方可要求用尽当地行政争议程序。如果争议经争议双方同意被提交当地法院，则本款规定不适用，此提交应经争议双方同意。

三、该仲裁庭应按下列方式逐案设立：当事双方应各任命 1 名仲裁员，该两名仲裁员应同意由 1 名与缔约双方均有外交关系的第三国的国民作为首席仲裁员。前 2 名仲裁员应在争议一方收到另一方提出要求仲裁书面通知之日后的 2 个月内任命，首席仲裁员应在上述之日起 4 个月内任命。如在上述规定的期限内仲裁庭未设立，争议任何一方可邀请巴黎国际商会的国际仲裁的主席作出必要的任命。

四、仲裁庭应自行制定其程序。但仲裁庭在制定程序时可以参照"解决投资争端国际中心"的仲裁规则。

五、仲裁庭的裁决以多数票作出。裁决是终局的，对争议双方具有拘束力。缔约双方应承诺将根据其各自的国内法律执行上述裁决。

六、仲裁庭应根据接受投资缔约一方的法律包括冲突法规则、本协定的规定以及为缔约双方所接受的普遍承认的国际法原则作出裁决。

七、争议各方应承担其指派的仲裁员及出席仲裁程序的代表的费用。首席仲裁员和仲裁庭的有关费用应由缔约双方平均分担。仲裁庭可就费用事宜自行作出其他规定。

八、在仲裁程序或仲裁裁决执行期间，争议缔约一方不得以缔约另一方的投资者已经根据保险合同接受了全部或部分损失补偿为由予以反对。

九、仲裁庭应在缔约双方均认可的中立国举行会议。

十、根据本条第二款的规定，以及在缔约双方均已经成为《解决国家与他国国民之间投资争端公约》缔约国的情况下，除非争议当事方另有其他约定，争议应当根据上述公约提交仲裁。缔约各方在此声明接受此程序。

第十条　其他义务

一、如果缔约一方根据其法律和法规给予缔约另一方投资者的投资或与投资有关的活动的待遇较本协定的规定更为优惠，应从优适用。

二、缔约各方应遵守其已承担的关于缔约另一方投资者在其境内的投资的其他义务。

第十一条 适用范围

本协定适用于在其生效之前或之后缔约任何一方投资者依照缔约另一方的法律和法规在缔约另一方的领土内进行的投资。

第十二条 磋商

一、缔约双方代表为下述目的应随时进行会谈：

（一）审查本协定的执行情况；

（二）交流法律信息和投资机会；

（三）解决因投资产生的争议；

（四）提出促进投资的建议；和

（五）研究与投资有关的其他事宜。

二、若缔约一方提出就本条第一款所列任何事宜进行磋商，缔约另一方应及时作出反应，磋商可轮流在中华人民共和国和文莱达鲁萨兰国举行。

第十三条 临时措施

即使缔约方之间发生了冲突，在不损害行使国际法一般原则的允许的采取临时措施的权利的前提下，本协定的规定仍然有效。不论双方是否重新建立外交关系，缔约双方之间的冲突一旦实际结束，上述措施应当立即取消。

第十四条 生效、期限和终止

一、本协定自缔约双方完成各自国内法律程序并以书面形式相互通知之日起下一个月的第一天开始生效，有效期为10年。

二、如缔约任何一方未在本条第一款规定的有效期期满前1年书面通知缔约另一方终止本协定，本协定将继续有效。

三、本协定第一个10年有效期满后，缔约任何一方可随时终止本协定，但至少应提前1年书面通知缔约另一方。

四、对本协定终止之日前进行的投资，第一条至第十三条的规定应自终止之日起继续适用10年。

五、所附议定书应作为本协定的组成部分。

由双方政府正式授权其各自代表签署本协定，以昭信守。

本协定于2000年11月17日在斯里巴加湾签订，一式两份，每份都用中文、马来文和英文写成，三种文本同等作准。若解释上发生分歧，以英文本为准。

中华人民共和国政府代表 石广生（签字）

文莱达鲁萨兰国政府代表 拉赫曼（签字）

议 定 书

值此签署中华人民共和国和文莱达鲁萨兰国关于相互促进和保护投资协定之际,签署该协定的缔约方代表另同意下列规定,作为本协定的组成部分:

一、关于第三条——保护和待遇

(一)为了第三条(保护和待遇)和第五条(损害或损失补偿)之目的,任何限制原材料、辅助材料、能源、燃料或生产资料的购买或任何方式的经营,妨碍在所在国境内外的营销,以及采取任何具有相似效果的措施,应视为"待遇低于"。在上述条款中,为了公共安全与秩序、公共卫生或道德而采取的措施,不应视为"待遇低于"。

(二)本协定的第六条(保护和待遇)不得要求缔约一方根据其税法将仅给予本国投资者的税收优惠、税收减免扩大到给予缔约另一方的投资者。

二、关于第三条——汇回

如转移在转移手续正常所需时限内完成,则该转移应视为是按照第六条第二款"不迟延"地进行。无论基于任何原因,上述期限应自提出相关要求之日起不超过4个月。

中华人民共和国政府和缅甸联邦政府
关于鼓励促进和保护投资协定

(2001年12月12日)

中华人民共和国政府和缅甸联邦政府(以下称"缔约双方")

愿为缔约一方的投资者在缔约另一方领土内投资创造有利条件,

认识到相互鼓励、促进和保护投资将有助于激励投资者经营的积极性和增进两国繁荣,

愿在平等互利原则的基础上,加强两国间的合作,

达成协议如下:

第一条 定义

本协定内:

一、"投资"一词系指缔约一方投资者依照缔约另一方的法律和法规在

缔约另一方领土内所投入的各种财产,包括但不限于:

(一)动产、不动产及抵押、质押等其他财产权利;

(二)公司的股份、债券、股票或其他形式的参股;

(三)金钱请求权或其他具有经济价值的行为请求权;

(四)知识产权,特别是著作权、专利、商标、商名、工艺流程、专有技术和商誉;

(五)法律或法律允许依合同授予的商业特许权,包括勘探、耕作、提炼或开发自然资源的特许权。

作为投资的财产发生任何形式上的变化,不影响其作为投资的性质。

二、"投资者"一词,系指:

(一)根据缔约任何一方的法律,具有其国籍的自然人;

(二)经济实体,包括根据缔约任何一方的法律设立或组建且住所在该缔约一方境内的公司、协会、合伙及其他组织。

三、"收益"一词系指由投资所产生的款项,如利润、股息、利息、提成费和其他合法收入。

第二条 促进和保护投资

一、缔约一方应鼓励缔约另一方的投资者在其领土内投资,并依照其法律和法规接受此种投资。

二、缔约一方投资者在缔约另一方境内的投资,应享受持续的保护和安全。

三、在不损害其法律法规的前提下,缔约一方不得对缔约另一方投资者在其境内投资的管理、维持、使用、享有和处分采取任何不合理的或歧视性的措施。

四、缔约一方应依据其法律和法规,为在其领土内从事与投资有关活动的缔约另一方国民获得签证和工作许可提供帮助和便利。

第三条 投资待遇

一、缔约一方的投资者在缔约另一方的领土内的投资应始终享受公平与平等的待遇。

二、在不损害其法律法规的前提下,缔约一方应给予缔约另一方投资者在其境内的投资及与投资有关活动不低于其给予本国投资者的投资及与投资有关活动的待遇。

三、缔约一方给予缔约另一方投资者在其境内的投资及与投资有关活动的待遇,不应低于其给予任何第三国投资者的投资及与投资有关活动的待遇。

四、本条第一款至第三款所述的待遇,不应解释为缔约一方有义务将由下列原因产生的待遇、优惠或特权给予缔约另一方投资者:

(一)关税同盟、自由贸易区、经济联盟以及形成关税同盟、自由贸易区、经济联盟的任何国际协议;

(二)任何全部或主要与税收有关的国际协议或安排。

第四条 征收

一、缔约任何一方对缔约另一方的投资者在其领土内的投资不得采取征收、国有化或其他类似措施(以下称"征收"),除非符合下列条件:

(一)为了公共利益;

(二)依照国内法律程序;

(三)非歧视性的;

(四)给予补偿。

二、本条第一款所述的补偿,应等于采取征收或征收为公众所知的前一刻被征收投资的价值。该价值应根据普遍承认的估价原则确定。补偿包括自征收之日起到付款之日按正常商业利率计算的利息。补偿的支付不应迟延,并应有效兑换和自由转移。

第五条 损害与损失赔偿

缔约一方的投资者在缔约另一方领土内的投资,如果由于战争、全国紧急状态、武装冲突、暴乱或其他类似事件而遭受损失,缔约另一方给予其恢复原状、赔偿、补偿或采取其他措施的待遇,不应低于它给予本国或任何第三国投资者的待遇。

第六条 资本和收益的汇回

一、缔约任何一方应按照其法律和法规,保证缔约另一方投资者转移在其领土内的投资和收益,包括:

(一)利润、股息、利息及其他合法收入;

(二)全部或部分出售或清算资产获得的款项;

(三)与投资有关的贷款协议的偿还款项;

(四)本协定第一条第一款第(四)项的提成费;

(五)技术援助或技术服务费、管理费;

(六)有关承包工程的支付;

(七)在缔约一方的领土内从事与投资有关活动的缔约另一方国民的收入。

二、本条第一款的规定不损害投资者依据第四条获得的补偿的自由转移。

三、上述转移应以可自由兑换的货币按照转移当日接受投资缔约一方通行的市场汇率进行。

第七条 代位

如果缔约一方或其指定的机构对其投资者在缔约另一方领土内的某项投资做了担保,并据此向投资者作了支付,缔约另一方应承认该投资者的权利和请求权依照法律程序转让给了缔约前者一方或其指定机构,并承认缔约前者一方或其指定机构对上述权利和请求权的代位。代位的权利不得超过该投资者的原有权利。

第八条 缔约双方间争议解决

一、缔约双方对本协定的解释或适用所产生的争议,应尽可能通过外交途径协商解决。

二、如果争议在6个月内未能友好解决,根据缔约任何一方的要求,可将争议提交仲裁庭解决。

三、仲裁庭由3名仲裁员组成,应按下列方式逐案设立:自收到仲裁要求之日起2个月内,缔约双方应各自任命1名仲裁员。该2名仲裁员应选定一位与缔约双方均有外交关系的第三国国民担任首席仲裁员。首席仲裁员的任命应在自前2名仲裁员任命之日起2个月内作出。

四、如果仲裁庭未能在自书面仲裁申请提出之日起4个月内组成,缔约双方间又无其他约定,缔约任何一方可提请国际法院院长作出必要的任命。如果国际法院院长是缔约任何一方的国民,或由于其他原因不能履行此项任命,应请国际法院中非缔约任何一方的国民且无其他不胜任原因的最资深法官履行此项任命。

五、仲裁庭应自行决定其程序。仲裁庭应按照本协定以及缔约双方都承认的国际法的规定作出决定。

六、仲裁庭的裁决应以多数票作出。裁决是终局的,对缔约双方均有拘束力。应任何缔约一方的请求,仲裁庭应对其所作的裁决进行解释。

七、争议各方应承担其委派的仲裁员及出席仲裁程序的代表的费用。首席仲裁员和其他费用应由争议双方平均承担。

第九条 缔约一方投资者与缔约另一方争议解决

一、缔约一方投资者与缔约另一方之间就在缔约另一方领土内的投资产生的任何法律争议,应尽可能由争议双方当事人通过协商友好解决。

二、如争议自协商解决之日6个月内,未能通过协商友好解决,缔约一方的投资者可以将争议提交缔约另一方有管辖权的法院解决。

三、任何争议自协商之日起6个月内,未能按照本条第一款的规定通过协商友好解决,应任何一方的请求,可将争议提交:

(一)依据1965年3月18日在华盛顿签署的《解决国家和他国国民之间投资争端公约》设立的"解决投资争端国际中心";或

(二)专设仲裁庭。

条件是争议提交上述仲裁程序之前,作为争议一方当事人的缔约方可以要求有关投资者用尽该缔约方的法律和法规所规定的国内行政复议程序。

但是,如果投资者已经诉诸了本条第二款规定的程序,则本款规定不适用。

四、在不损害本条第三款规定的前提下,该款第二项规定的专设仲裁庭应按照下列方式逐案设立:争议双方应各任命1名仲裁员,该2名仲裁员应共同提名一位与缔约双方均有外交关系的第三国国民作为首席仲裁员。前两名仲裁员应在争议一方书面通知另一方要求仲裁之日起2个月内任命,首席仲裁员应在4个月内任命。如在上述规定的期限内仲裁庭尚未组成,争议任何一方可邀请"解决投资争端国际中心"秘书长作出所需的任命。

五、专设仲裁庭应自行制定其程序。但仲裁庭在制定程序时,可以参照"解决投资争端国际中心"的仲裁规则。

六、本条第三款第(一)项和第(二)项所指的仲裁庭应以多数票作出裁决。裁决是终局的,对争议双方具有拘束力。缔约双方应承担执行裁决的义务。

七、本条第三款第(一)项和第(二)项所指的仲裁庭,应依照争议缔约一方的法律(包括其冲突法规则)、本协定的规定和可适用的国际法原则作出裁决。

八、争议各方应承担其委派的仲裁员及出席仲裁程序的代表的费用。首席仲裁员和其他费用应由争议双方平均承担。仲裁庭可裁决争议双方中的一方承担较高比例的费用。

第十条 其他义务

一、如果缔约一方的立法或缔约双方之间现行或其后设立的国际义务使缔约一方投资者的投资享受比本协定规定的更优惠待遇的地位,该地位不受本协定的影响。

二、缔约任何一方应恪守其与缔约另一方投资者就投资所作出的承诺。

第十一条 适用

本协定应适用于缔约一方投资者在缔约另一方境内依照缔约另一方法律法规于本协定生效前或生效后作出的投资,但不适用本协定生效前引起的争议。

第十二条 缔约双方之间的关系

无论缔约双方之间是否存在外交或领事关系,本协定的规定都将得到适用。

第十三条 磋商

一、缔约双方为下列目的应随时进行会谈:

(一)审查本协定的执行情况;

(二)交流法律信息和投资机会;

(三)解决因投资产生的争议;

(四)提出促进投资的建议;

(五)研究与投资有关的其他事宜。

二、若缔约一方提出就本条第一款所列任何事宜进行磋商,缔约另一方应及时作出反应。磋商将轮流在北京与仰光进行。

第十四条 生效

一、本协定自缔约双方完成各自国内法律程序并以书面形式相互通知之日起下一个月的第一天开始生效,有效期为10年。

二、如果缔约任何一方未在本条第一款规定的有效期届满前1年书面通知缔约另一方终止本协定,本协定将继续有效。

三、本协定第一个10年有效期届满后,缔约国任何一方可随时终止本协定,但至少应提前1年书面通知缔约另一方。

四、对本协定终止之日前所作出的投资,本协定第一条至第十三条的规定应自本协定终止之日起继续适用10年。

由双方政府正式授权其各自代表签署本协定,以昭信守。

本协定于2001年12月12日在仰光签订,一式两份,每份都用中文、缅文和英文写成,三种文本同等作准。若文本解释发生分歧,以英文本为准。

中华人民共和国政府代表 石广生(签字)

缅甸联邦政府代表 吴梭达(签字)

中华人民共和国政府和新加坡共和国政府关于合作开发建设苏州工业园区的协议

（1994年2月26日）

中华人民共和国政府和新加坡共和国政府（以下简称"双方"），为了发展两国间的友好关系，扩大经济技术合作，增进两国人民的友谊，根据平等互利的原则，就两国有关机构合作开发建设苏州工业园区事宜，经过友好协商，达成协议如下：

第一条

双方支持中国江苏省苏州市和新加坡开发财团合资在中国开发建设苏州工业园区。该园区在苏州市城东金鸡湖地区，首期开发面积8平方公里。目标是在苏州建设一个以高新技术为先导、现代工业为主体、第三产业和社会公益事业配套的具有一定规模的现代化工业园区。

第二条

中方支持江苏省苏州市人民政府在苏州工业园区建设中借鉴运用新加坡在经济发展、城市规划、建设和管理以及其他公共行政管理方面的成功经验；新方支持新加坡机构向江苏省苏州市提供经济和公共行政管理软件。

第三条

双方表示苏州工业园区借鉴运用新加坡的经济和公共行政管理方面的知识和经验，应结合中国的国情和实际需要，有选择地逐步进行；合作中，新加坡机构官员尊重中华人民共和国的主权；开发、建设和管理园区的活动应符合中华人民共和国宪法和有关法律规定。

第四条

为此项目建立中新两国政府的联合协调理事会，两国政府各委派1名副总理负责，两国政府有关部门、中方江苏省人民政府和苏州市人民政府及新方裕廊镇管理局的负责人参加，负责协调苏州工业园区借鉴运用新加坡经济和公共行政管理经验中的重大问题。理事会下设苏州市和裕廊镇管理局双边工作委员会，委员会双方定期联系，就借鉴运用新加坡经济和公共行政管理经验的工作进行协商，并分别向理事会中的两国副总理报告工作。

第五条

双方应本着新加坡李光耀资政及中国李岚清副总理互致函件所阐述之

精神进行合作,落实园区项目。

本协议自签字之日起生效。有效期至合作项目履行完毕。

本协议于1994年2月26日在北京签订,一式两份,每份都用中文和英文写成,两种文本同等作准。

中华人民共和国政府代表　李岚清(签字)
新加坡共和国政府代表　李光耀(签字)

东盟六国政府关于促进和保护投资的协定

(1987年12月25日)

文莱达鲁萨兰政府、印度尼西亚共和国政府、马来西亚政府、菲律宾共和国政府、新加坡共和国政府和泰王国政府(以下简称缔约方),为了加速本区域的工业化进程,增进技术和投资的流动,并给缔约一方的投资者在其他缔约方领土内的投资创造良好的条件,达成协议如下:

第一条　定义

一、"国民"应符合缔约各方根据各自宪法和法律所下的定义。

二、"公司"系指根据缔约任何一方领土内有效法律的规定组成或设立的公司、合伙企业或其他形式的企业团体。

三、"投资"系指各种形式的财产,尤其应包括:

(1) 动产、不动产及其他产权,如抵押权、留置权和质权;

(2) 公司的股票、债券或其他财产的权益;

(3) 金钱的请求权或根据合同具有经济价值的任何行为的请求权;

(4) 知识产权和商誉;

(5) 根据法律或合同给予的商业特许权,包括勘探、培植、提炼或开发自然资源的特许权。

四、"收益"系指投资所产生的金额,尤其是指利润、资本利息、股息、提成费或酬金。

五、"可兑换货币"系指美元、英镑、马克、法郎、日元或在国际事务中广泛用于支付和在主要交易市场广泛交易的其他任何货币。

六、"东道国"系指接受投资的缔约方。

附录:中国、东盟经济关系(主要是投资关系)若干重要文献

第二条 适用范围

一、本协定适用于经东道国正式书面批准和登记,并符合本协定宗旨的缔约任何一方的国民或公司在缔约另一方领土内的直接投资,由这些投资派生出的或与其有直接关联的投资。

二、本协定不影响根据本条第一款规定不属于本协定范围内的缔约方投资的权利和义务。

三、本协定也适用于在协定生效前的投资,假如类似投资经东道国正式书面批准和登记,并在本协定生效后符合其宗旨。

第三条 一般义务

一、缔约各方应本着与本国目标一致的态度,鼓励其他缔约方在自己领土内的投资,并为其创造良好的条件。所有与本协定有关的投资都应遵守本协定的规定,接受东道国法律的管辖,包括对投资的登记和估值的规定。

二、缔约一方的国民或公司在其他缔约方领土内的投资应始终得到公平合理的待遇,享受东道国领土内提供的全面保护和安全措施。

三、缔约各方应遵守其在其他缔约方国民或公司特定投资中所承担的特定责任而产生的任何义务。

第四条 待遇

一、缔约各方在其领土内应保证给予其他缔约方投资者的合法投资全面的保护,不得用不公正或歧视性的措施损害该投资的管理、维护、受益、使用、扩建、处置和清算。

二、缔约任何一方投资者作出的所有投资在任何其他缔约方领土内应享有公平合理的待遇。这一待遇不应低于其给予最惠国投资者的待遇。

三、缔约任何一方在缔约另一方领土内的投资者,如果与其投资有联系的有关投资活动用于战争或全国紧急状态而遭受损失,缔约另一方在恢复原状、补偿或其他有价补救措施方面,应给予该投资者不低于其给予第三国投资者的待遇。按照第七条的规定,本款规定的支付补偿应是可有效实现的,可自由转移的。

四、任何两个以上的缔约方在本协定的结构内可协商给予国民待遇。按最惠国原则不得给予其他任何当事方国民待遇的请求权。

第五条 例外

本协定条款不适用于缔约各方领土内的税务。税务由缔约方之间避免双重征税条约和缔约各方国内法管辖。

第六条 征收和补偿

一、缔约任何一方国民或公司在缔约另一方领土内的投资,只有为了公共使用、公共目的或公共利益,并按照正当的法律程序,在不予歧视并给予充分补偿的基础上,方可实行征收或国有化,或采取任何类似的其他措施。补偿应与受影响的投资在没收措施公开前的市场价格相当,并以可自由兑换的货币形式从东道国自由转移。补偿不得无理延迟,应即刻解决并支付。受影响的国民或公司有权根据实行征收的缔约方的法律敦促该缔约方的司法机关或其他独立的权力机构根据本款阐述的原则进行审查。

二、缔约一方征收按照其领土内有效法律组成或设立的某个公司财产中,有缔约另一方的国民或公司共有的财产时,应适用本条第一款的规定,保证给予该国民或公司遭到征收的财产一定的补偿。

第七条 资本和收益的转移

一、缔约各方应按照其法律和规章允许下列所得以任何可自由兑换的货币自由转移;不得无理延迟:

(1) 其他缔约方国民或公司的投资所增加的资本、净利、股息、提成费、技术援助费和技术服务费、利息和其他收入;

(2) 其他缔约方国民或公司任何投资的全部或部分清算所得款项;

(3) 缔约双方都承认作为投资由缔约一方国民或公司给予缔约另一方国民或公司的借款的偿付款;

(4) 在缔约一方领土内因某项投资而受雇佣和被允许工作的其他缔约方国民的收入。

二、适用上述转移的汇率应是汇款时通行的汇率。

三、缔约方承诺给予本条第一款所述的转移不低于给予任何第三国国民或公司投资的转移待遇。

第八条 代位

如果缔约方中任何一方根据其对在缔约另一方领土内的某项投资所做的保证,向其国民或公司任何一方支付了款项,缔约方后者应根据第九条和第十条不侵害缔约方前者各项权利的规定,承认该国民或公司转让给缔约方前者的任何权利或请求权,并承认缔约方前者对该权利或请求权的代位。但这未必意味着缔约方后者承认由此产生的任何案件的是非曲直部分或任何请求权。

第九条 缔约方之间的争端

一、缔约方之间对本协定的解释和适用发生的任何争端,应尽可能在争端方之间友好解决,并将结果向东南亚国家联盟经济部长汇报。

二、如果争端未能解决,应将其提交给东南亚国家联盟经济部长解决。

第十条 仲裁

一、缔约任何一方和任何其他缔约一方的国民或公司之间直接由于某项投资而产生的任何法律争端,应尽可能在争端方之间友好解决。

二、如果在该争端开始后6个月内未能解决,任何一方都可选择提交调解或仲裁,该决定对另一方具有约束力。争端可以提交"国际投资争端解决中心"(ICSID)、"联合国国际贸易法委员会"(UNCI-TRAL)、"吉隆坡地区仲裁中心"或东南亚国家联盟任何其他地区仲裁中心,争端方为实施仲裁目的彼此同意指定无论上述哪个机构均可。

三、如果争端方在3个月期限内不能对适当的仲裁机构达成协议,则成立一个由3方成员组成的仲裁庭。争端方各委任1名仲裁员,再由这2名仲裁员推举1名第三方缔约国的国民为仲裁庭首席仲裁员,并经争端方的批准。仲裁员和首席仲裁员应自该仲裁庭成立之日起分别在2个月和3个月之内委任。

四、如果仲裁庭在上述第三款规定的期限内没有成立,又无任何其他有关约定,争端的任何一方可请求国际法院院长作出必要的委任。

五、仲裁庭应根据多数票作出裁决,该裁决应具有约束力。争端方应各自承担其委派的仲裁员的费用,并平均分担首席仲裁员的费用及其他有关费用。在其他方面,仲裁庭可制定自己的程序。

第十一条 协商

缔约任何一方对本协定范围内的任何有关投资事项提出要求,均应彼此协商一致,否则将影响协定的履行。

第十二条 修改

本协定所有条款都可以在协商一致同意的基础上通过书面修改作出变更。所有修改应在所有缔约方接受的基础上方有效。

第十三条 生效

一、本协定自第六国批准文本存放后第30天生效,有效期为10年。

二、如缔约任何一方未在协定期满前6个月通过外交途径书面通知终止本协定,则本协定继续有效。但是,对于在本协定有效期内作出的投资,本协定的规定自协定终止之日起10年内对该投资继续有效,并不妨害此后国际法规则的适用。

第十四条 杂项规定

一、本协定在签字和批准时不得附带保留条件。

二、本协定应存放于东南亚国家联盟秘书处秘书长处,秘书长应立即向缔约各方提供协议副本。

三、缔约各方应将其批准文本存放于东南亚国家联盟秘书处秘书长处,秘书长应立即通知缔约各方存放批准文本。

兹为证明,经正式授权的各政府签署人为本协定签字。

本协定于 1987 年 12 月 25 日在菲律宾马尼拉签订,原件一份,用英文写成。

   文莱达鲁萨兰政府发展大臣　伊斯梅尔(签字)
   印度尼西亚共和国政府
   经济、财政、工业和监督建设统筹部长　阿利瓦达哈纳(签字)
   马来西亚政府贸易和工业部长　帕多卡(签字)
   菲律宾共和国政府贸易和工业部长　乔斯(签字)
   新加坡共和国政府财政部长　理查德(签字)
   泰王国政府总理府部长　阿伦(签字)

东盟投资区框架协议

(1998 年 10 月 7 日)

东南亚国家联盟成员国文莱、印度尼西亚、老挝、马来西亚、缅甸、菲律宾、新加坡、泰国和越南的政府:

重申 1992 年 1 月 28 日在新加坡签署的《加强东盟经济合作框架协议》中所有成员国通过在贸易自由化和促进东盟内贸易和投资流动方面的联合努力保持经济持续增长和发展的重要性;

回顾 1995 年 12 月 15 日东盟第 5 次首脑会议决定建立东盟投资区(AIA),以提高东盟直接投资的吸引力和竞争力;

肯定各成员国在 1987 年《东盟投资促进和保护协议》和 1996 年《加强对东盟投资信心的草案》中的承诺;

回忆建立东盟自由贸易区的决定和东盟工业合作计划的实施,以鼓励向该地区更多的投资;

承认直接投资对于经济、产业、基础设施和技术持续发展是一项重要的财政来源;因此,东盟需要吸引更高的和持续的直接投资;

决定东盟通过在2010年1月1日前形成一个更自由的、更透明的投资环境实现建立一个竞争的东盟投资区;

牢记在2010年前建立一个竞争的东盟投资区的措施将促成"东盟2020"。

已同意以下条款:

第一条　定义

本协议中:

"东盟投资者"指:

(i) 成员国公民;或

(ii) 成员国的任何法人,

在其他成员国进行投资,其有效东盟股权和所有其他东盟股权的累计值符合国民股权要求、国内法律和颁布的国家政策的股权要求以及东道国关于投资要求中的最低股权比例。

定义中,任何成员国的国民或法人的股权应看作是东道国国民或法人的股权。

在东盟成员国投资的"有效东盟股权"指进行该项投资的东盟成员国的国民或法人最终拥有的股权。当东盟投资者的股权结构使形成最终的持有结构判断困难时,该成员国可以使用有效股权决定原则和程序。必要时投资协调委员会应制定相关方针。

"法人"指任何依据任一成员国适用的法律成立或组建的合法实体,盈利的或非盈利的,私有的或国有的,包括任何公司、联合公司、合伙企业、合资、独资或协会。

"措施"指法律、法规、规则、程序、决议,行政活动,或成员国采取的任何影响投资的行为。

"国民"指拥有成员国与适用法律一致的公民身份的自然人。

第二条　适用范围

本协议适用于所有直接投资,以下除外:

1. 证券投资;

2. 其他东盟协议,如《东盟服务业框架协议》,所涉及的投资。

第三条　目标

本协议的目标是:

1. 在东盟成员国间营造一个更自由、更透明的投资环境,建立一个竞争的东盟投资区以便:

(1) 大量增加东盟和非东盟对东盟的投资流量;

(2) 联合促进东盟成为一个最具吸引力的投资区;

(3) 加强和提高东盟经济部门的竞争力;

(4) 逐步减少和取消阻碍东盟投资流动和投资项目运行的投资管制和限制;

2. 确保上述目标的实现有利于在 2020 年前投资的自由流动。

第四条 特征

AIA 应是如下的一个区域:

1. 一项东盟投资合作协调计划将促进东盟和非东盟对该地区的投资;

2. 在 2010 年前将国民待遇扩大到东盟投资者,在 2020 年前扩大到所有投资者,本协议下例外条款除外;

3. 在 2010 年前向东盟投资者放开所有产业,在 2020 年前向所有投资者放开,本协议下例外条款除外;

4. 商业部门在东盟投资和与之相关的活动中的合作努力方面的作用更大;

5. 在成员国间存在资本、熟练劳动力和专业技术人员以及技术的自由流动;

6. 资本、熟练劳动力和专业人员、技术可在成员国间自由流动。

第五条 总义务

为了实现第三条中的目标,各成员国应做到:

1. 确保措施和计划能够在公平和共同受益的基础上执行;

2. 采取适当的措施以保证各成员国投资法律、法规和行政程序的透明和一致性,以建立和维护一个可预见的东盟投资王国;

3. 开始便利化、促进和自由化程序,该程序将不断地、显著地促进更自由、更透明投资环境目标的实现;

4. 采取适当的措施来增强成员国对直接投资流动的环境吸引力;

5. 采取合理的行动保证地方政府和当局在其管辖范围内遵守本协议的条款。

第六条 纲要和行动计划

1. 执行本协议下的义务,各成员国应该联合发展并执行以下纲要:

(a) 在日程 I 中列出的合作和便利化计划;

（b）在日程 II 中列出的促进和意识计划；

（c）在日程 III 中列出的自由化计划。

2. 成员国应向 AIA 委员会（按照本协议第十六条成立）递交实施上述计划的行动计划。

3. 行动计划应每 2 年修订一次，以保证本协议的目标能够实现。

第七条 行业开放和国民待遇

1. 根据本条款，每个成员国应做到：

（a）立即向东盟投资者放开所有行业；

（b）立即向东盟投资者及其投资给予不低于给予本国投资者和投资的待遇（国民待遇），此待遇涉及到所有行业和影响投资的措施，这些措施包括但不只限于准入、公司建立、采购、扩张、管理、运行和投资的部署。

2. 每个成员国应在签署本协议 6 个月之内，递交关于任何行业或者影响投资的措施（参见上述第一段）的一份暂时例外清单和一份敏感清单，清单的内容涉及成员国不能向东盟投资者开放或不能给予国民待遇。清单构成本协议的一个附件。如果一个成员国因无可非议的理由在规定的期间内不能提交任何清单的话，该成员国可向东盟投资区委员会申请展期。

3. 暂时例外清单应每 2 年重审一次，所有成员国（越南、老挝和缅甸除外）在 2010 年前逐步取消暂时例外清单。越南应在 2013 年前逐步取消暂时例外清单，老挝和缅甸在 2015 年前逐步取消暂时例外清单。

4. 敏感清单应在 2003 年 1 月 1 日前重审，之后由东盟投资委员会决定重审时间间隔。

第八条 最惠国待遇

1. 根据本协议第七条和第九条，每个成员国应立即无条件地向其他成员国的投资者和其投资给予不低于给予任何其他成员国投资者和投资的优惠待遇，最惠国待遇涉及到所有影响投资的措施，包括但不只限于准入、公司建立、采购、扩张、管理、运行和投资的部署。

2. 对于本协议中未涉及到的投资，在任何现有的或未来的协议或安排中给予一个成员国的优惠待遇，应以最惠国待遇为基础扩展到所有其他成员国。

第九条 最惠国待遇的放弃

1. 当某一成员国暂时不准备就本协议第七条让步，而其他成员国已经就第七条让步，那么前者应自动放弃让步权。然而如果给予让步的成员国愿意先行放弃，那么前者仍旧能够享受这些让步。

2. 鉴于越南、老挝和缅甸加入东盟较晚,本条款第一段中的规定只对越南适用3年,老挝和缅甸5年(从本协议生效日起计算)。

第十条 日程计划、附件和行动计划的修正

1. 对日程计划Ⅰ和Ⅱ以及对行动计划的任何修正应经过投资协调委员会(CCI)的批准,该委员会依据本协议第十六条(4)款成立。

2. 对于在日程计划Ⅲ和行动计划及其附件中所作承诺的任何修正都要经东盟投资区委员会的斟酌,并与《东盟通知程序草案》的规定一致。

第十一条 透明度

1. 各成员国应通过出版物或其他方式使东盟投资区委员会获得由于本协议的实施相关或影响协议实施的措施、法律、法规和行政指导方针。同时适用于各成员国签署的与投资有关或影响投资的国际协议。

2. 各成员国应及时并至少每年向东盟投资区委员会汇报任何会显著影响投资或本协议下的承诺的新法律、法规和行政指导方针及其变化。

3. 本协议并不要求各成员国提供机密信息,披露阻止法律执行的信息,与公共利益相悖的信息,或损害特殊的公共或私人企业的合法商业利益的信息。

第十二条 其他协议

1. 各成员国应承认1987年《东盟投资促进和保护协议》和1996年相应草案中的权利和义务。如果本协议的条款比上述协议和草案的条款更好或更强,则本协议条款有效。

2. 本协议或任何行动不影响各成员国已签署的协议中的权利和义务。

3. 本协议不影响各成员国加入其他不违反本协议原则、目标和条件的协议的权利。

第十三条 一般例外

鉴于要求措施的实施不能造成如条件有效或隐含的资本流动限制等形式的,任意或不合理的歧视方式,本协议不能被解释为阻止各成员国采用或执行这些措施:

1. 必要措施以保护国家安全和公共道德;

2. 必要措施以保护人类、动物或植物的生命或健康;

3. 必要措施以获得法律或法规的一致性,而这些法律法规与本协议的条款不一致,包括如下方面:

(1)阻止欺骗和欺诈活动或处理未履行投资协议的财产。

(2)关于处理和分发私人资料时保护个人的私有财产,以及保护个人档案和账户的机密性。

（3）安全。

4. 确保对成员国投资和投资者征缴直接税的公正和有效。

第十四条　紧急安全措施

1. 如果实施本协议下的自由化计划造成某成员国受损或受到严重的威胁，该成员国可在一定程度上和一定时期内采取紧急安全措施以使其阻止或补偿损失。采取的措施应是临时的和非歧视的。

2. 按照本条款采取的紧急安全措施时，应在采取措施日起14天内告知东盟投资区委员会。

3. 东盟投资区委员会制定严重损害和严重损害威胁的定义，以及制定根据本条款建立紧急安全措施的程序。

第十五条　收支平衡的安全措施

1. 如果某成员国遇到严重的收支失衡和外部金融困难或相应的威胁，则该成员国可以采取或保持投资限制，且该成员国已经就此作出特别承诺，其中包括与承诺相关的转移支付。认识到经济发展或经济转型成员国面对的收支平衡的特别压力必然会促使该成员国使用限制措施，以保证维持一定水平的、足够经济发展或经济转型计划实施的金融储备。

2. 根据本条款采取保持收支平衡的措施时，应在采取措施日起14天内告知东盟投资区委员会。

第一段中相关措施包括：

（a）不应在成员国间歧视；

（b）应与国际货币基金组织协议条款一致；

（c）应避免其他任何成员国不必要的商业、经济和金融利益损失；

（d）不应超出处理第一段中所述情况的必要措施；

（e）应是暂时的，当第一段中所述特殊情况改善时，应逐步取消。

3. 采用收支平衡措施的成员国应在通知日起90天内与东盟投资区委员会和其他成员国进行磋商，以检查该成员国采取的收支平衡措施。

4. 东盟投资区委员会决定适用于本条款程序的原则。

第十六条　机构安排

1. 由东盟经济部长（AEM）负责成立一个东盟投资区委员会（AIA Council），由负责投资的各部长和东盟秘书长组成。东盟投资机构的领导人应参加东盟投资区委员会的会议。

2. 东盟投资区委员会应在本协议签署的同时成立。

3. 东盟投资区委员会监督、协调和重审本协议的实施,在所有相关事宜上辅助东盟经济部长。

4. 东盟投资区委员会的职能是负责建立一个投资协调委员会(CCI),由负责投资的高官和其他相关政府机构的高官组成。

5. 投资协调委员会通过高级经济官员会议向东盟投资区委员会报告。

6. 东盟秘书处是东盟投资区委员会和投资协调委员会的秘书处。

第十七条 争端解决

1. 关于出现的任何争端、成员国间对本协议或相关安排存在的解释和应用分歧,可使用《东盟争端解决机制草案》解决。

2. 必要时,可为了本协议制定特别争端解决机制,该机制构成协议的完整部分。

第十八条 修正

经所有签字政府和东盟秘书长一致同意可对本协议作任何修正,并在提交批准或同意文件后生效。

第十九条 补充协议或安排

本协议下的日程安排、行动计划、附件和任何其他安排或协议构成本协议的完整部分。

第二十条 新成员的准入

东盟的新成员就协议条件与签字国达成一致,并将同意文件递交东盟秘书长,即可加入本协议。

第二十一条 最后条款

1. 本协议在收到所有签字政府和东盟秘书长的批准或同意文件后方可生效。签字政府在签署本协议后的6个月内递交批准文件或同意文件。

2. 本协议由东盟秘书长存放,并由其立即向各成员国提交一份经核准的副本。

东盟投资区框架协议修正议定书

(2001年9月14日)

文莱达鲁萨兰国,柬埔寨王国,印度尼西亚共和国,老挝人民民主共和国,马来西亚,缅甸联邦,菲律宾共和国,新加坡共和国,泰王国和越南社会主义共和国等东南亚国家联盟成员国政府;

忆及我们1998年10月7日在菲律宾签署《东盟投资区框架协议》，通过营造一个利于投资自由化的更自由化和透明化的投资环境，以致力于建立一个具有竞争力、充满活力的东盟投资区。

我们满意地看到，1999年4月30日，柬埔寨王国的加入使得东盟投资区现已扩展到10个东南亚国家。

依照1998年12月16日在越南河内举行的第六届东盟会议上所达成的《东盟领导人联合声明》第八节关于Bold措施的协议，以及1999年3月5日在泰国举行的东盟投资区委员会第一次会议达成的关于扩展和进一步明确协议的适用范围的协议，对《东盟投资区协议》作出修正。

考虑到《东盟投资区框架协议》第十八条有关对协议修正的相关规定；就如下方面达成一致：

第一条

协议第二条修改为：

1. 本协议适用于所有直接投资，以下除外：

（a）证券投资；

（b）由其他东盟协议所调整的与投资相关的问题。

2. 在不损害第1款规定的前提下，本协议也应当适用于以下行业及与之相关的服务领域的直接投资：

（a）制造业

（b）农业

（c）渔业

（d）林业

（e）采矿业和采石业

3. 本协议也应当更进一步地适用于经所有成员国一致同意的其他行业及与之相关的服务业的直接投资领域。

第二条

协议第七条修改为：

（a）加一款作为第4款：

"不管第3款的规定除柬埔寨、老挝和越南外，其他成员国关于制造业的暂时例外清单应当在2003年前逐步取消，上述三国应当在2010年前取消。"

（b）将原第4款改为第5款。

第三条

将第八条修改为:

(a) 增加一款作为第 4 款:

"成员国应当将有关授予优惠待遇的与投资有关的协议或安排,在签订该协议或协议终效时,通知东盟投资区委员会。"

(b) 将原第 4 款改为第 5 款。

第四条

第九条第 2 款应当修改为:

考虑到越南、老挝和缅甸、柬埔寨等新成员国的新近加入,本条第 1 款自本协议生效之日起:

(a) 3 年后适用于越南社会主义共和国;

(b) 5 年后适用于柬埔寨、老挝和缅甸。

第五条

1. 签字国政府应当自签署本议定书之日起 6 个月内向东盟秘书长提交批准书,本议定书自批准书提交之日起生效。

2. 本议定书应当提交给东盟秘书长,并由其尽快为各成员国提供一个经核准的副本。

亚太经济合作组织非约束性投资原则

(1994 年 11 月)

根据 APEC 以开放的地区主义为基本原则的精神,APEC 成员:

认识到投资对亚太地区经济发展、推动增长、创造就业机会和促进技术流动的重要性;

强调改善成员内部环境,促进吸引外资的重要性,例如保持低通货膨胀水平下的稳定增长,完善基础设施,充分开发人力资源和保护知识产权;

反映出多数 APEC 成员既对外投资,也是外来投资的接受者;

以促进投资增长,包括对中小企业投资的增长以及发展支持产业为目的;

认识到正如成员经济体的投资体制所反映的那样,各成员发展水平和前进步伐存在差异性,并且承诺为促进成员投资体制的改善及进一步自由化继续努力;

不损害双边与多边适用的条约和其他国际协定;

认识到全面执行《乌拉圭回合与贸易有关的投资措施协议》的重要性,并寻求遵循以下非约束性原则。

透明度

各成员经济体将以迅速、透明和可随时得到的方式,使其所有与投资有关的法律、法规、行政指导准则和政策可以公开获得。

对外来投资经济体的非歧视待遇

在不违背有关国际义务和原则的前提下,各成员经济体在投资实体的建立、扩大和经营方面,对来自任何经济体的投资者所给予的待遇,将不低于在类似情况下给予任何其他经济体投资者的待遇。

国民待遇

各成员经济体在投资实体的建立、扩大经营和保护方面给予外来投资者的待遇,将不低于在类似情况下给予成员内投资者的待遇。成员内部法律、法规和政策规定的例外情况除外。

投资鼓励措施

各成员经济体将不把放宽健康、安全和环境保护方面的规定作为鼓励外来投资的措施。

实绩要求

各成员经济体将最大限度地减少使用那些扭曲或限制贸易与投资扩展的实绩要求。

征用和赔偿

除非为公共目的,在非歧视的基础上,依据每个成员的法律和国际法原则,并给予及时、充分和有效的赔偿,各成员经济体将不对外来投资者采取征用或具有类似效果的其他措施。

汇出与兑换

各成员经济体将继续推动自由化,以实现以可自由兑换的货币自由、迅速地转移外来投资资金的目标。这些资金包括利润、分红、提成费、偿还贷款的款项及清算所得资金。

争议的解决

各成员经济体同意,对于与外来投资有关的争议,双方将通过协商和谈判加以解决。如果用这种方式不能解决,则根据成员的国际承诺或双方共同接受的其他仲裁程序,通过仲裁寻求解决。

人员入境与居留

各成员根据有关法律、法规的规定,允许重要的外来技术和管理人员为从事与外来投资有关的活动而临时入境和居留。

避免双重征税

各成员经济体将努力避免与外来投资有关的双重征税。

投资者行为

在外来投资者与国内投资者一样遵守所在国的法律、法规、行政指导准则和政策的情况下,成员接受外来投资将更为方便。

清除资本输出的障碍

各成员经济体同意最大限度地减少影响外资流动的行政与机构障碍。

参 考 文 献

（一）主要中文文献

[1] 杨紫烜主编:《经济法》,北京大学出版社、高等教育出版社1999年版。

[2] 杨紫烜主编:《国际经济法新论——国际协调论》,北京大学出版社2000年版。

[3] 杨紫烜主编:《经济法研究》(第1、2、3卷),北京大学出版社2000、2001、2003年版。

[4] 萧灼基主编:《经济分析与展望》,经济科学出版社2003年版。

[5] 张士元等:《企业法》,法律出版社1997年版。

[6] 程信和:《经济法与政府经济管理》,广东高等教育出版社2000年版。

[7] 张守文:《经济法理论的重构》,人民出版社2002年版。

[8] 余劲松、吴志攀主编:《国际经济法》,北京大学出版社、高等教育出版社2000年版。

[9] 陈安主编:《国际经济法学专论(上编 总论)》、《国际经济法专论(下编 分论)》,高等教育出版社2002年版。

[10] 李岚清主编,曾培炎、何椿霖、吴仪副主编:《中国利用外资基础知识》,中共中央党校出版社、中国对外经济贸易出版社1995年版。

[11] 石广生主编:《中国加入世界贸易组织知识读本(一)、(二)、(三)》,人民出版社2001年版。

[12] 韩德培主编:《国际私法》,高等教育出版社、北京大学出版社2000年版。

[13] 姚梅镇主编:《比较外资法》,武汉大学出版社1993年版。

[14] 沈四宝等编著:《国际商法》,对外经济贸易大学出版社2002年版。

[15] 曾华群主编:《国际投资法学》,北京大学出版社1999年版。

[16] 王贵国:《国际投资法》,北京大学出版社2001年版。

[17] 刘笋:《国际投资保护的国际法制——若干重要法律问题研究》,法律出版社2001年版。

[18] 徐泉:《国际贸易投资自由化法律规制研究》,中国检察出版社2004年版。

[19] 彭有轩:《国际直接投资理论与政策研究》,中国财政经济出版社2003年版。

[20] 刘光溪:《入世博弈共赢—互补性竞争与规则性合作》,上海财经大学出版社2004年版。

[21] 韦民著:《民族主义与地区主义的互动—东盟研究新视角》,北京大学出版社2003年版。

[22] 宫占奎、孟复、刘晨阳等著:《中国与东盟经济一体化:模式比较与政策选择》,中国对外经济贸易出版社2003年版。

[23] 王勤等著:《中国与东盟经济关系新格局》,厦门大学出版社 2003 年版。
[24] 唐希中等著:《中国与周边国家关系(1949—2002)》,中国社会科学出版社 2003 年版。
[25] 徐长文主编:《中国领跑东亚区域经济合作》,中国海关出版社 2003 年版。
[26] 陈乔之等著:《冷战后东盟国家对华政策研究》,中国社会科学出版社 2001 年版。
[27] 陈乔之主编:《东亚区域经济合作研究》,中国社会科学出版社 2002 年版。
[28] 何勤华、李秀清主编:《东南亚七国法律发达史》,法律出版社 2002 年版。
[29] 汪慕恒等著:《东盟国家外资投资发展趋势与外资投资政策演变》,厦门大学出版社 2002 年版。
[30] 廖少康等:《东盟区域经济合作研究》,中国对外经济贸易出版社 2003 年版。
[31] 张蕴岭、赵江林主编:《亚太区域合作的发展》,世界知识出版社 2003 年版。
[32] 张蕴岭、周小兵主编:《东亚合作的进程与前景》,世界知识出版社 2003 年版。
[33] 马晋强主编:《当代东南亚国际关系》,世界知识出版社 2000 年版。
[34] 中华人民共和国外交部国际司、外经贸部国际司、国家经贸委外经司、中国 APEC 研究院:《亚太经济发展报告(2002)》,南开大学出版社 2002 年版。
[35] 张蕴岭、孙士海主编:《亚太地区发展报告》No.3(2002),社会科学文献出版社 2002 年版。
[36] 张蕴岭、孙士海主编:《亚太地区发展报告》No.4(2003),社会科学文献出版社 2003 年版。
[37] 中华人民共和国对外贸易经济合作部、国际贸易经济合作研究院编:《2002—2003 中国对外经济贸易蓝皮书》,中国对外经济贸易出版社 2003 年版。
[38] 贺圣达等主编:《中国—东盟自由贸易区建设与云南面向东南亚开放》,云南人民出版社 2003 年版。
[39] 李光文主编:《中国—东盟合作协定与东盟商务实用指南》(上卷、下卷),广西人民出版社 2004 年版。
[40] 陈乔之总主编、王子昌著:《东亚区域合作的动力与机制》,中国社会科学出版社 2004 年版。
[41] 杨丽艳:《区域经济一体化法律制度研究》,法律出版社 2004 年版。
[42] 申华林主编:《东盟国家法律概论》,广西民族出版社 2004 年版。
[43] 汪新生主编:《中国—东南亚区域合作与公共治理》,中国社会科学出版社 2005 年版。
[44] 王贵国主编:《区域安排法律问题研究》,北京大学出版社 2004 年版。
[45] 饶戈平主编:《全球化进程中的国际组织》,北京大学出版社 2005 年版。

(二) 主要中译文献

[1] 〔美〕罗素·W.库珀著:《协调博弈——互补性与宏观经济学》,张军等译,中国人民

大学出版社 2001 年版。
[2]〔美〕道格拉斯·G.拜尔、罗伯特·H.格特纳、兰德尔·皮克著:《法律的博弈分析》,严旭阳译,法律出版社 1999 年版。
[3]〔英〕肯·宾默尔著:《博弈论与社会契约》第 1 卷:《公平博弈》,王小卫等译,见上海财经大学出版社 2003 年版。
[4]〔德〕K.茨威格特、H.克茨著:《比较法总论》,潘汉典等译,法律出版社 2003 年版。
[5]上海社会科学院法学研究所编译室编译:《各国宪政和民商法要览·亚洲分册》,法律出版社 1987 年版。
[6]〔英〕施米托夫:《国际贸易法文选》,赵秀文选译,中国大百科全书出版社 1993 年版。
[7]〔美〕理查德·A.波斯纳:《法律的经济分析》,蒋兆康译,中国大百科全书出版社 1997 年版。
[8]〔德〕柯武刚、史漫飞:《制度经济学(社会秩序与公共政策)》,韩朝华译,商务印书馆 2002 年版。
[9]伯纳德·霍克曼、迈克尔·考斯泰基:《世界贸易体制的政治经济学——从关贸总协定到世界贸易组织》,刘平等译,法律出版社 1999 年版。
[10]巴吉拉斯·拉尔·达斯著:《世界贸易组织协议概要(贸易与发展问题和世界贸易组织)》,法律出版社 2000 年版。
[11]世界贸易组织秘书处编:《贸易走向未来(世界贸易组织概要)》,法律出版社 1999 年版。
[12]〔美〕菲利普·科特勒、〔印尼〕赫马万·卡塔查亚著:《重塑亚洲——从泡沫经济到可持续经济》,段盛华等译,上海远东出版社 2001 年版。
[13]约瑟夫·E.斯蒂格利茨、沙希德·尤素福编:《东亚奇迹的反思》,王玉清等译,中国人民大学出版社 2003 年版。
[14]〔美〕艾德华·H.列维著:《法律推理引论》,庄重译,中国政法大学出版社 2002 年版。
[15]〔美〕约翰·奥德尔著,《世界经济谈判》,孙英春译,世界知识出版社 2003 年版。
[16]〔美〕约索夫·S.奈、约翰·D.唐纳胡主编:《全球化世界的治理》,王勇、门洪华等译,世界知识出版社 2003 年版。

(三) 主要外文文献

[1] Jeannie Henderson, Reassessing ASEAN, Adelphi Parer 328 (Oxford: Oxford University Press for the iiss, 1999).
[2] Hadi Soesastro, heaston Southeast Asia in A New Regional International Setting, Chapter II, Jakarta, 1997.
[3] Mya Than (ed), ASEAN Beyond the Regional Challenges and Initiation, ISAS,

Singapore, 2001.
[4] Jake Lloyd Smith, "Asia's China Syndrome", South China Morning Post, August 30, 2001.
[5] Jayant Menon, The Exansion of AFTA: Widening and deepening Asian-pacific Economic Literature, V01ume 12, Numberz, November 1998.
[6] The Speech of kofi Annan, Secretary General, United Nations addressed at Yale University, New Haven, USA oct, 2002.
[7] The Economist, the Unfinishecl Recesion, September, 2002.
[8] Business Week, 2003.
[9] ASEAN Statistical Yearbook 2003.
[10] Alan Collins, The Security Dilemmas of Southeast Asia, Singapore: Institute of Southeast Asian Studies, 2000.
[11] Association of Southeast Asian Nation Nations ASEAN Documents Series 2002.
[12] China and southeast ASIA Edited By Ho Khai Leong and Samuel c. y. ku 2004.
[13] Terrorism and the Real Issues, Mahathir Mohamad, Printed and bound in Malaysia.
[14] ASEAN +3 DOCUMENTS SERIES 1999—2004
[15] Sheng Lijun(2003), China-ASEAN Free Trade Agreement: Origins, Developments and Strategic Motivation, Sin-gapore: Institute of Southeast Asian Studies.
[16] ESCAP(2002), Greater Mekong Subregion Business Handbook, New York, United Nations.
[17] Adam Malik, "Regional Cooperation in International politics", in Regionalism in Southeast Asia Jakarta: csis, 1975.
[18] Amitav Acharya, Constructing a Security Community in Southeast Asia: ASEAN and the Problem of Order NY and London: Routledge, 2001.

（四）主要浏览官方网站

[1] http://www.mofcom.gov.cn/gbdqk.shtml/
[2] http://www.fmprc.gov.cn/
[3] http://www.aseansec.org/
[4] http://www.caexpo.org/
[5] http://www.news.xinhuanet.com
[6] http://www.justice.gov.hk/choice.htm.
[7] http://www.jmprensa.macau.gov.mo.
[8] http://www.Indonesia.go.id/
[9] http://www.mfaic.gov.kh
[10] http://www.bkpm.go.id/en

[11] http://www.mfa.laogov.net/
[12] http://www.pmo.gov.my/website/webab.nsf/
[13] http://www.myarmar.com/
[14] http://www.thaigov.go.th/
[15] http://www.cpv.org.vn/
[16] http://www.gov.ph/
[17] http://www.gov.sg/
[18] http://www.cafta.org.cn/
[19] http://www.asean.gxxw.com/

(五)相关重要文件

[1]《中华人民共和国与东盟国家领导人联合宣言》(2003年10月8日)。
[2]《中国与东盟全面经济合作框架协议》(2002年11月4日)。
[3]《中国与东盟全面经济合作框架协议修改议定书》(2003年10月6日)。
[4]《中国与东盟全面经济合作框架协议货物贸易协议》(2004年11月29日)。
[5]《中国与东盟关于争端解决机制的协议》(2004年11月29日)。
[6] 中国与泰国(1985年)、新加坡(1985年)、马来西亚(1998年)、菲律宾(1992年)、越南(1992年)、老挝(1993年)、印度尼西亚(1994年)、柬埔寨(1996年)、文莱(2000年)、缅甸(2001年)分别签订的双边投资协定。
[7]《东盟投资区框架协议》(1998年10月8日);《东盟投资区框架协议修改议书》(2001年9月14日)东盟六国《关于促进和保护投资协定》(1987年12月)。
[8] WTO《与贸易有关的投资措施协议》(1994年)。
[9]《亚太经济合作组织非约束性投资原则》(1994年11月)。

后　　记

  2001年2月,北京街道两旁的树木还没有吐芽,走进燕园,却已感觉到扑面而来的春意。未名湖的冰已经融化,迎春花也含苞欲放。此时,我的经济学研究刚刚结题,正协助一家侨资公司处理两起在内地投资引起的与政府职能部门的经济纠纷,其中涉及多方面的法律问题令我疑惑不解。我的经济学导师萧灼基教授提议我向时任全国人大代表、全国人大法律委员会委员、著名法学家杨紫烜教授请教。在一个雨过天晴的下午,我拜访了杨老师,一些涉及多重法律关系的复杂问题经杨老师分析,立即清晰明了、严谨准确,令我折服。后来,这两起经济纠纷都得到了有效解决。第二年,我有幸考取了杨老师的博士研究生,开始了三年的经济法学研究。

  也是在同年的11月,中国与东盟国家的关系进入一个全面发展的新阶段,时任中国国务院总理的朱镕基与东盟10国领导人在柬埔寨首都金边签署了《中国—东盟全面经济合作框架协议》,确立了在2010年建设中国—东盟自由贸易区,并在经济、社会、文化、教育、科技、旅游、交通等各领域开展全方位合作。这是中国对外开放的一个大手笔。十几年来,我行走于中国和东盟国家之间,特别关注中国在加入世界贸易组织后的改革和开放举措;关注中国在经济全球化和区域一体化进程中的体制调整和法制建设问题;关注中国如何与周边国家、特别是与东盟建立和谐关系问题;关注中国与东盟区域合作战略性举措带来的机遇与挑战。这一年,我的目光更多地聚焦在中国与东盟国家经贸合作中的法律问题上。

  我的研究方向是涉外投资法,在10+1框架下,将中国与东盟在投资领域法律机制研究作为博士论文选题。这是我和导师经过多次讨论后选定的。在此领域,国内外尚无系统研究,实属填补空白。我注意到,国内外对中国—东盟之间的投资关系,大多从经济上或从单个国家分别论述,而从法律上综合论述的尚少。因此,我便试图进行一次整合研究,并将博弈理论作为研究方法之一运用其中。

  中国与东盟发展投资关系,不仅是理论问题,更是实践问题。因此,在研究和写作的过程中,我始终注重理论和实践的紧密结合。在理论上探索区域经济一体化条件下相互投资法律调整的规律性,在实践上提出区域经

后记

济一体化条件下发展相互投资的对策建议。

博士论文答辩通过后,在扩展成专著时虽然作了部分修订,增添了一些新内容,但是,在这部专著付梓时,中国与东盟之间关系发展的一些新动向仍未及写进去。这也正说明本书所研究的,是一个全新的、动态的问题。只有随着中国—东盟自由贸易区的建设进程,与时俱进,不断研究和创新。

值此专著出版之际,我要向给予我指导、帮助、支持和鼓励的老师和同仁表示诚挚的谢意。他们对我的赞赏令我惭愧和不安,大有"盛名之下,其实难副"之感;他们的鼓励又令我自信和坚定,在遇到困难时有"知难而进,愈挫愈奋"之志。在此,感谢导师杨紫烜教授,在我攻读博士学位的三年时间里,导师循循善诱,诲人不倦。学术上严格要求、坚持己见,学风上尊重学生、百家争鸣的大家风范令我敬佩。导师还不吝笔墨为我的专著赐序,令我感怀于心。感谢张士元教授、程信和教授、张守文教授、王全兴教授、曾筱清博士,他们给予了我贯穿始终的帮助。感谢中山大学程信和教授和他的博士研究生谭珊颖、张永忠、黄宁同学,他们提出了许多宝贵意见,给予了我无私的、真诚的、实实在在的帮助。感谢国家发展改革委员会经济研究所常修则教授,常教授从经济学角度提出的意见和建议极具价值。感谢接受我访问的东盟秘书长王景荣先生、博鳌亚洲论坛秘书长龙永图先生,他们的见解,在宏观上给了我很大启发。感谢《国际商报》"中国—东盟商务周刊"前主编周济胜先生、主编石柱先生邀请我主持中国—东盟问题专家论坛,使我的理论研究与实际紧密结合起来,同时又为理论研究提供了现实的依据。感谢外交部挂职中国—东盟博览会副秘书长的龚勋先生、商务部亚洲司吴正平先生、商务部国际司罗志扬先生在提供参考资料等多方面给予的帮助。感谢师兄陈乃新教授、师姐薛建兰教授、李蕾博士给我的鼓励和鞭策。感谢北京大学出版社杨立范副总编、邹记东副主任、责任编辑吕亚萍女士为专著的出版所作的大量细致的工作。最后,我要特别感谢萧灼基老师在经济学方面给予我的指导,如果没有经济学的功底,我的此项研究是难以完成的。

中秋已过,北国的红叶尚未染色,我的眼前又浮现出那个在我身后给予力量,在我信心不足时给予支持,在我面临困扰时给予勇气,使我自始至终保持了原创活力的人。谨将感激珍藏于心,不以言表。

呼书秀
2005 年 9 月于北京光大寓所

经济法论丛

1. 信用规制论　　　　　　　　　　　　李晓安　阮俊杰　著
2. 宏观调控权运行的法律问题　　　　　　　　　邢会强　著
3. 工伤保险法律制度研究　　　　　　　　　　　郑尚元　著
4. 环境权:环境法学的基础研究　　　　徐祥民　田其云　等著
5. WTO竞争政策与中国反垄断立法　　　　　　　王先林　著
6. 中国与东盟发展相互投资的法律机制研究　　　呼书秀　著

卷首语

- 引用说明
- 发展中国家对外贸易面面观
- 工程建设六西格玛
- 内外兼顾,稳妥谨慎
- 后WTO 看浙江民营出口
- 中国宏观经济运行及近期调控问题